Knaur

Von Christian Jacq sind außerdem erschienen:

Das Gesetz der Götter
Das Testament der Götter
Im Bann des Pharaos
Der Gefangene der Wüste
Das verborgene Wissen der Magier
Nofretete's Tochter

Über den Autor:

Christian Jacq ist Schriftsteller und Ägyptologe
und hat in Frankreich für seine historischen Romane zahlreiche
Auszeichnungen erhalten. Seine »Ramses«-Romane eroberten
innerhalb kürzester Zeit die internationalen Bestsellerlisten.

CHRISTIAN JACQ

DAS TAL DER KÖNIGE

Geschichte und Entdeckung
eines Monuments der Ewigkeit

Aus dem Französischen von
Dr. Bettina Küsel

Knaur

Die französische Originalausgabe erschien 1992 unter dem Titel
»La vallée des rois« bei Librairie Académique Perrin, Paris

Besuchen Sie uns im Internet:
www.droemer-knaur.de

Vollständige Taschenbuchausgabe März 2000
Droemersche Verlagsanstalt Th. Knaur Nachf., München
Copyright © 1992 Librairie Académique Perrin, Paris
Copyright © 1998 der deutschsprachigen Ausgabe
Europäische Verlagsanstalt/Rotbuch Verlag, Hamburg
Alle Rechte vorbehalten. Das Werk darf – auch teilweise –
nur mit Genehmigung des Verlages wiedergegeben werden.
Umschlaggestaltung: Agentur ZERO, München
Umschlagabbildung: AKG, Berlin
Druck und Bindung: Ebner Ulm
Printed in Germany
ISBN 3-426-77478-X

2 4 5 3 1

Inhalt

Übersichtskarte des Tals der Könige und
eine Liste der Gräber *8*

Einleitung *11*

1. Der Ort und sein Geheimnis *14*
2. Wird das Tal überleben? *18*
3. Entstehung, Blüte und Niedergang des Tals der Könige *22*
4. Was ist ein Königsgrab? *35*
5. Die Bruderschaft der Erbauer *46*
6. Vom Verlassen des Tales zur arabischen Invasion *55*
7. Von der Eroberung durch die Araber bis zur ersten Ausgrabung *63*
8. James Bruce und Ramses III. *69*
9. Die ägyptische Expedition und Amenhotep III. *76*
10. Belzoni, der Goldsucher *82*
11. Der genaue Mister Burton *101*
12. Wilkinson, der Numerierer *105*
13. Champollion entziffert das Tal *109*
14. Das Wellental *115*
15. Das Versteck von Deir el-Bahari *120*
16. Das Grab Ramses' IV. oder Die Alchimie des Lichtes *131*
17. Thutmosis III. (Nr. 34) und der glückliche Herr Loret *135*
18. Amenhotep II. (Nr. 35) oder Das zweite Königsversteck *144*
19. Thutmosis I., der Begründer, und das erneute Glück Lorets *150*

20. Ein nubischer Krieger, ein Bürgermeister von Theben und drei Sänger *154*
21. Theodore Davis, Howard Carter und Thutmosis IV. *163*
22. Das unglaubliche Grab der Königin-Pharaonin Hatschepsut *168*
23. Der Pharao des Exodus *172*
24. Die ersten Schritte Ayrtons und Ramses IV. *177*
25. Das unberührte Grab von Juja und Tuja (Nr. 46) *182*
26. Der Erfolg Ayrtons: Ein Pharao, Hunde und ein Wesir *186*
27. Das geheimnisvolle Grab Nr. 55 und der Pharao mit der goldenen Maske *192*
28. Könige, Archäologen und ein kleiner Schatz *198*
29. Das Grab von Haremhab (Nr. 57) *204*
30. Ein Künstler im Unglück und eine Königin-Pharao *210*
31. Carter, Amenhotep I. und der große Krieg *214*
32. Von der Schwärmerei zur Niederlage: Die Niederlage Carters *220*
33. Tutanchamun oder Der Triumph Carters *228*
34. Von den ersten Schätzen bis zum Tode Carnarvons *233*
35. Fall und Erlösung Howard Carters *240*
36. Das Rätsel Tutanchamun *247*
37. Die unauffindbaren Gräber *252*
38. Die »Privatgräber« *256*
39. Die Botschaft des Tales *260*

Zusammenfassung *267*

Anhang

Der Besuch des Tals der Könige 270
Chronologie des Neuen Reiches 271
Aufstellung der Könige, Zeiten der Herrschaft und
 Numerierung der Gräber im Tal der Könige 272
Aufstellung der Gräber nach Ordnungsnummer
 und Entdeckungsdatum 274
Die ungefähre Länge der Königsgräber 277
Entwicklung der Ausmaße der Türen und Gänge der
 Königsgräber 278
Plan der Königsgräber 279
Verteilung und Art der Texte in den Königsgräbern 290
Bibliographie 292

Das Tal der Könige

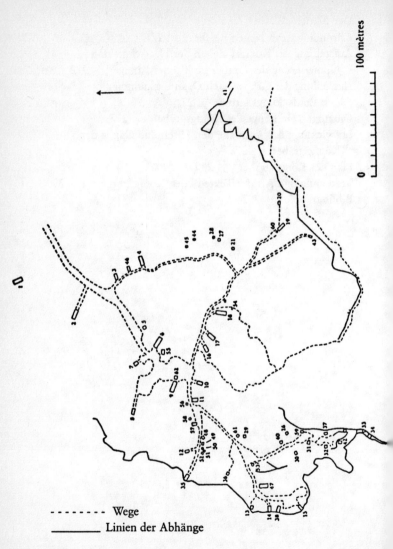

- - - - - Wege
———— Linien der Abhänge

(Nach E. Hornung, The Valley of the Kings)

Aufstellung der Gräber im Tal der Könige

1. Ramses VII.
2. Ramses IV.
3. nicht beendetes Projekt für Ramses III.
4. Ramses XI.
5. Meryatum
6. Ramses IX.
7. Ramses II.
8. Meremptah
9. Ramses V. und Ramses VI.

10. Amenmesse
11. Ramses III.
12. ?
13. Baja
14. Tausret und Sethnacht
15. Setoy II.
16. Ramses I.
17. Setoy I.
18. Ramses X.
19. Mentuhirkhopshef
20. Hatschepsut

21. ?
22. Amenhotep III.
23. Aja
24. Begräbnisbrunnen
25. Begräbnisbrunnen
26. Begräbnisbrunnen
27. Gang mit vier Grabstätten
28. Gang mit einem Grab
29. Begräbnisbrunnen
30. Begräbnisbrunnen, mehrere Kammern
31. Begräbnisbrunnen
32. Gang
33. Gang
34. Thutmosis III.
35. Amenhotep II.

36. Maherpa
37. Gang und Kammer
38. Thutmosis I.
39. Begräbnisbrunnen

40. Begräbnisbrunnen
41. Begräbnisbrunnen
42. Sennefer; Thutmosis II. (?)
43. Thutmosis IV.
44. Begräbnisbrunnen
45. Userhat
46. Juja und Tuja
47. Grab von Siptah
48. Amenemope
49. Gang und Grab
50. Begräbnisbrunnen
51. Begräbnisbrunnen
52. Begräbnisbrunnen
53. Begräbnisbrunnen
54. Versteck von Tutanchamun
55. Teje (?), Semenchkare (?), Amenhotep IV. (?)
56. »Das Goldgrab«
57. Haremhab
58. Begräbnisbrunnen
59. ?
60. In (?), Sitre
61. Begräbnisbrunnen
62. Tutanchamun

Weitere Einzelheiten und Entdeckungsdaten siehe Anhang, S. 274.

Einleitung

»Tal der Könige... wie könnte allein schon der Name nicht zum Träumen einladen!« schrieb Howard Carter, der Entdecker des Grabes Tutanchamuns. »Von all den Herrlichkeiten Ägyptens gibt es nicht eine, die ebenso die Vorstellungskraft anregt. Hier, weitab von den Geräuschen des Lebens, in diesem wüstenartigen Tal, von einem Berggipfel beherrscht wie von einer natürlichen Pyramide, liegen an die dreißig Könige.«

Das Tal der Könige ist der am meisten besuchte Ort des pharaonischen Ägypten. Trotzdem gab es bis heute noch nicht all seine Geheimnisse preis.

Die Entdeckung der Gräber ist eine einzige Heldensaga, die es lohnt, erzählt zu werden: Abenteurer, Schatzsucher und Wissenschaftler, die aus unterschiedlichsten Gründen berühmt wurden, verband eine unersättliche Leidenschaft mit diesem Tal. Im Laufe dieses Buches werden wir erstaunliche Persönlichkeiten kennenlernen, die hier auf der Suche nach den Geheimnissen der Könige Ägyptens einen großen Teil ihres Daseins verbrachten. Zu graben, um einen mehr oder weniger durch die Texte und Objekte bekannten Pharao zu finden, dem Weg eines Phantoms zu folgen, das plötzlich Wirklichkeit wird, in einer Jahrtausende alten Erde zu wühlen, um zu einer unberührten Gruft vorzustoßen, Malereien und Reliefs von unsagbarer Schönheit zu bewundern, Texte zu lesen, die den Weg für die Wiederauferstehung eröffnen... Was hat dieses Tal nicht schon alles erlebt, was hat es nicht schon alles hervorgebracht!

Während fünf Jahrhunderten und drei Dynastien, der XVIII., XIX. und der XX., von 1552 bis 1069 vor Christi, hat das Tal die Mumien der Herrscher aufgenommen, die der brillanten Periode der ägyptischen Geschichte ihre Prägung gaben, die später als das »Neue Reich« bekannt wurde – der Begriff stammt aus der preußischen Geschichtsschreibung des 19. Jahrhunderts. Auch die Mumien einiger Würdenträger, denen es erlaubt war, für immer den Machthabern nahe zu sein, sind im Tal der Könige entdeckt worden.

Während des »Neuen Reiches« war Ägypten ein blühendes und mächtiges Land, sozusagen der Leuchtturm der Mittelmeerzivilisationen.

Wenn wir die Geschichte der Ausgrabungen und der Ausgrabenden erzählen, werden unvermeidlich die Regierungen und Persönlichkeiten der Könige lebendig, die Theben zu ihrer Hauptstadt und das Tal zu ihrer ewigen Ruhestätte machten.

Ich habe aufgehört, meine Wallfahrten zum Tal zu zählen. Mit jeder Reise ist das Wiedersehen intensiver, tiefgründiger. Je mehr man das Tal kennt, um so genauer studiert man es, desto mehr fasziniert es. Keiner seiner Sonnenaufgänge, keine seiner Abenddämmerungen ist den anderen ähnlich oder läßt den Betrachter unberührt. Seine Steine haben die Trauerfeierlichkeiten für die Thutmosis', Amenhoteps und Ramses' gesehen, seine kargen Hänge haben die Erinnerung an diesen geheimnisvollen Moment bewahrt, als ihre Seelen wieder zum Licht strebten, aus dem sie hervorgegangen waren. Jedes Grab hat seinen eigenen Geist, seine Farben, seinen Duft aus dem Jenseits, seine Nachricht. Jeder Schritt ist eine Entdeckung der gleichzeitig strengen und sanften Göttlichkeit, die das Tal beschützt, jener Göttin der Stille, die die mächtige Stimme der Ahnen zu hören erlaubt.

Am Ende dieses Jahrhunderts, in dem das Tal der Könige trotz und wegen seiner Berühmtheit zu verschwinden droht, in dem Augenblick, in dem das berühmte Grab Tutanchamuns und die Gräber so vieler anderer zerfallen, ist es fraglich, ob wir diesen Zerfall aufhalten und das Tal noch retten können.

Das Tal ist wie eine Seite im Buch der Geschichte und des Geistes, die in Stein graviert wurde und durch die Riten lebendig wird, die dank der Flachreliefs vor unseren Augen gefeiert werden. Im Herzen dieser »ehrwürdigen Totenstadt der Tausende von Jahren des Pharao« lächelt die Königin des Westens, gastlich und friedlich, und eröffnet die schönen Pfade zur Ewigkeit.

Der Tod existiert nicht in Ägypten; deshalb ist das Tal kein Ort des Sterbens, sondern ein Gesang auf die Auferstehung und eine Hymne an das Licht, an die Sonne, die in der Dunkelheit verschwindet und wiedergeboren wird, nachdem sie diese besiegt hat. Genauso steht es um das Abenteuer des Tals: Es ist eine ewige Wiedergeburt.

1
Der Ort und sein Geheimnis

Der Weg ins Tal der Könige führt über Luxor in Hoch-Ägypten, sechshundert Kilometer von Kairo entfernt. Am Ostufer des Nils erhebt sich die riesige Tempelstadt des Karnak, zu der auch der Tempel in Luxor zählt. Vor kurzem noch ein kleines, friedliches und verschlafenes Städtchen, hat sich Luxor heute zu einer Tourismusfabrik entwickelt, in die Dutzende von Kreuzfahrtschiffen strömen. Von diesem Ostufer aus geht der Blick über den Steilhang und das libysche Gebirge, das sich geheimnisvoll und ungezähmt, beinahe feindlich, am Westufer erhebt. Hinter dieser gebirgigen Grenze, manchmal im morgendlichen Nebel verloren, hinter den Felstälern von Deir el-Bahari, versteckt sich das Tal der Könige. Es ist das Herz einer einsamen und ausgedörrten Region, die von *el-Qurn*, »dem Horn«, überragt wird. Der »Gipfel«, der die Form einer Pyramide hat, beherrscht diese Niederung und wacht über die königlichen Grabmäler. Hier lebt die Göttin der Stille, von der die Handwerker, die die Gräber erbauten und dekorierten, streng geprüft wurden. Das Tal ist der Beginn eines Wadi, das von den Regenfällen in den Kalkstein gegraben wurde. Heute ist hier ein Talkessel, in dem oft eine unerträgliche Hitze herrscht. Um hierher zu kommen, muß man der Straße folgen, die vom Anlegeplatz aus ein Anbaugebiet durchquert, sich dann ohne jede Überleitung durch die Wüste schlängelt und später in einer Landschaft aus Felsen und Hügeln verschwindet. Diesem Weg folgten vor mehr als dreitausend Jahren die Beisetzungsprozessionen, die die Könige Ägyptens zu ihrer letzten Ruhestätte führten. Im

Norden des Tempels von Setoy I., in Gurna, wird das Gebirge eine schützende Barriere. Es nötigt dem Pilgerer Respekt ab.

Das Tal, in der Vorzeit durch Sturzbäche und Stürme geformt, teilt sich in zwei Arme. Der breitere im Westen beherbergt nur vier Gräber, darunter zwei königliche Ruhestätten. Der östliche Arm, der als das eigentliche Tal der Könige bezeichnet wird, erhielt den arabischen Namen *Bîban el-Muluk*, »die Pforten der Könige«.

Der Eingang zu dieser Stätte war ein schmaler, von den abrupt abfallenden Steilhängen begrenzter Durchgang, der in eine Art Amphitheater mündete. Ein speziell ausgebildetes Polizeicorps wachte über diesen steinernen Eingang, der heute für den Bau einer modernen Straße erweitert wurde.

Hinter der Stille spürt man ein geheimes, unveränderliches Leben. Vereinzelte Sperber, Fledermäuse, Wüstenfüchse und Hunde sind die einzigen Gäste dieser mineralischen, den Veränderungen der Zeit trotzenden Landschaft. Die Inszenierung der Natur ist von einer überraschenden Perfektion. Die Mauern aus Stein scheinen besonders hoch, der Eindruck der Abgeschiedenheit ist absolut, obwohl die Anbaugebiete und die äußere Welt relativ nahe sind. Der Ton schwingt erstaunlich nach, und die Schritte der Spaziergänger hallen von Steilhang zu Steilhang wider.

Der Zustrom von Touristen und der Einbruch der modernen Welt beeinträchtigen keineswegs den heiligen Charakter des Ortes. Das Tal wurde nach einem Geist und in einem Universum geschaffen, das sich von unserem radikal unterscheidet. Dort herrschte ein König-Gott, Pharao, und die Wirtschaft war auf den Wohlstand des Tempels und auf Solidarität ausgerichtet. Es gab keine Sorge um Rentabilität oder materiellen Gewinn. Das Wesentliche bestand darin, den Brennpunkt zu finden, in dem sich Himmel und Erde harmonisch vereinigten. Das Tal ist einer der Orte auf Erden, wo diese Vereinigung auf das deutlichste spürbar ist. Wie Romer schreibt, handelt es sich um einen »sorgfältig ausgewählten und kontrollierten Platz für die großen kosmischen Dramen«, deren wichtigstes der Tod und die Wiederauferstehung Pharaos sind.

Das Tal ist keineswegs düster oder bedrückend. Mal scheint das Licht direkt auf seine Felsen und Abhänge, mal hüllt das Tal sich und seine Gräber in einen friedlichen Schleier. Das Tal ist nicht menschlich, denn es befindet sich jenseits der menschlichen Existenz. »Anthropophage Landschaft« schrieb Flaubert mit Recht, da es den Menschen verzehrt, um das Göttliche zum Vorschein zu bringen. Ist das Tal nicht »das schöne Abendland«, das sichtbar gewordene Jenseits auf Erden?

Auf dem Siegel des Tals, das auf die Türen zu den Gräbern gemeißelt ist, findet man den Schakal Anubis über neun gefesselten Feinden. Sie symbolisieren die Kräfte des Bösen und die zerstörerischen Mächte, die beherrscht und unterdrückt werden müssen. Anubis, Hüter der Geheimnisse der Mumifizierung, ist auch der richtige Führer auf dem Weg in die andere Welt.

Warum übt das Tal eine derartige Anziehungskraft, eine solche Faszination auf uns aus? Vielleicht, weil es die Antworten auf die wesentlichsten Probleme verschweigt und uns – mehr oder minder bewußt – an seinem Geheimnis teilhaben läßt. Fünf Jahrhunderte lang wurde es in den Stein gemeißelt und von den Mauern der Gräber offenbart: In Ägypten war die Existenz Pharaos auf Erden nur eine Passage zwischen dem Licht, woher er kam, und dem Paradies, wohin er als Wesen »mit der rechten Stimme« gelangte.

Um ein Leben in Ewigkeit, außerhalb von Zeit und Raum, zu erreichen, brauchte man eine Wissenschaft des Jenseits, die im Diesseits praktizierbar war. Der Weitergabe dieser Wissenschaft sind die Gräber des Tales gewidmet. Es ist nicht ein König, der wiederersteht, sondern Pharao, und mit ihm sein Volk. An diesem Ort wird das Spiel zwischen Leben und Tod inszeniert. Das Tal ist ein Ort des physischen Lebens, da die Heimstätten der Pharaonen dank der

Hieroglyphen und Bilder beeindruckende Lehrbücher darstellen.

Forbin, der Direktor der Museen der Restauration, schrieb über das »heilige Tal«: »Alles um mich herum sagte, daß der Mensch nur existiert durch seine Seele; König durch das Denken, zerbrechliches Atom durch seine Hülle, allein die Hoffnung auf ein anderes Leben kann ihn zum Sieger dieses ewigen Kampfes zwischen dem Unglück seines Daseins und dem Gefühl seiner himmlischen Herkunft machen... An diesem dunklen Ort fühlte ich mich unter der Macht Aladins, unter einem magischen Charme, es schien, als würde ich durch das Licht der Wunderlampe geleitet und stünde kurz davor, in ein großartiges Geheimnis eingeweiht zu werden.«

Diese abgeschlossene, scheinbar so sterile Welt trug einen außerordentlichen Namen: sekhet aât, »die große Wiese«. Dieses einfache Detail macht den enormen Unterschied zwischen dem ägyptischen Verständnis des Todes und dem unsrigen deutlich. Die Steine des Tals und die Gräber verkörpern das überirdische Paradies. Für den aufmerksamen Betrachter ist dies die märchenhafte Wiese, in der Pharao eine ungetrübte Ewigkeit verbringt, nachdem er die letzten Prüfungen bestanden hat.

2
Wird das Tal überleben?

Früher war die Luft hier zu jeder Jahreszeit trocken, und die geringe Feuchtigkeit wurde schnell von den Sonnenstrahlen aufgesogen.

Die ägyptische Sonne, in der sich die Macht von Rê verkörpert, war ein wesentlicher Faktor für die Konservierung der Monumente. Als die Gräber geschlossen wurden, herrschte in ihrem Inneren eine beinahe konstante Temperatur, ganz gleich, wie warm oder kalt es draußen war, von einigen Abweichungen, die durch die Lage der Außentür entstanden, abgesehen. Dank des Klimas des Tales wurden die Zerfallsprozesse gestoppt. Deshalb konnten die Entdecker die einzigartige Qualität der Malereien und Reliefs bewundern, die damals noch nicht durch Vandalismus zerstört worden waren. Sogar die während der Antike aufgebrochenen Gräber, wie das von Ramses III., die also für die Außenluft geöffnet waren, behielten ihre Frische noch jahrhundertelang. Jetzt jedoch ist das Tal der Könige in Gefahr und wird ohne schnelles Handeln verschwinden. Woher kommt diese Gefahr?

Stürmische Regenfälle haben seit jeher einige Gräber bedroht; selten, aber sehr ergiebig, trugen sie Erdreich mit und lösten Ströme von Schlamm und Steinchen aus, die in die Gräber eindrangen. Schon seit der Antike wurden Schutzmaßnahmen, vor allem der Bau von kleinen Mauern, getroffen.

Wenn sich der Himmel über Theben, damals von ungetrübtem Blau, heutzutage immer mehr bezieht, liegt das an einer unbarmherzigen Veränderung des Klimas. Die Erschaffung des riesigen Nasser-Sees, der Nubien und seine Traditionen zerstört hat, war ein Irrtum mit dramatischen Konsequenzen, die man heute erst zu erkennen beginnt. In Zukunft wird es mehr und mehr regnen, und der Feuchtigkeitsgehalt wird ansteigen. Der Tempelsandstein wird angegriffen werden, Malereien und Hieroglyphen werden verschwinden. Die Ökologie wird mehr und mehr zu einer globalen Frage, selbst wenn die »Grüne« Partei Ägyptens nur einige hundert Mitglieder hat, in einem Land, in dem die Umweltverschmutzung wahre Verwüstungen anrichtet. Für manche bedeutet die Errichtung des Assuan-Staudamms auf lange Sicht das Todesurteil für Ägypten. Die Rettung der Denkmale müßte logischerweise Priorität haben, da der Tourismus einer der wichtigsten Bestandteile der ägyptischen Wirtschaft ist, abgesehen von der Notwendigkeit, solch künstlerische und geistliche Schätze zu bewahren. Die Grabmale der Pharaonen tragen durch das Geld, das sie anziehen, dazu bei, die Lebenden zu ernähren.

Eine andere Gefahr sind die Gebirgsstöße des Thebanischen Gebirges. Obwohl die Erdbeben selten sind, vermutet man, daß ein Beben zu Beginn der christlichen Ära die Tempel des Karnak beschädigt hat. Der Kalkstein des Tals ist an einigen Stellen rissig geworden, und auch der Untergrund der Malereien hat Sprünge bekommen.

Plünderungen und willkürliche Zerstörungen haben mehrere Gräber für immer beschädigt. Die sogenannte »wissenschaftliche« Plünderung hat nur einen einzigen Vorteil: die Bewahrung der in einem Museum ausgestellten Reliefs. Champollion und Rosellini entfernten widerstrebend Reliefs aus dem Grabmal von Setoy I. Heute kann man sie im Louvre und in Florenz bewundern, und es wäre schön, wenn sie wieder an ihren Ursprungsort zurückkehren würden. Es gehört mit zu den undankbaren Aufgaben eines Ägyptologen, ein Inventar derjenigen Figuren und Szenen zu machen, die dem Tal entrissen und in Museen überall in der Welt zerstreut wurden. Leider wurden eine Menge

Skulpturen und Objekte zerstört, und Tausende von Objekten, die zum »Begräbnismobiliar« der größten Könige gehörten, sind für immer verlorengegangen. Man darf auch die vielen Privatsammlungen nicht außer acht lassen, die Werke aus dem Tal enthalten, also nur von einzelnen Privilegierten betrachtet werden können.

Das Beste und Schlechteste von allem ist der Tourismus. Das Beste, weil es Ägypten Devisen einbringt, die Sprachen, Gepflogenheiten und die Kulturen mischt und zu gleicher Zeit die islamischen Glaubensfanatiker abstößt; das Schlechteste, weil die Gräber des Tales nicht für Tausende hastiger Besucher gedacht sind, die sich wenig der unwiderruflichen Zerstörung bewußt werden, die sie verursachen. Ganz zu schweigen von gewissen Horden von Barbaren, die sich den Schweiß an den Reliefs abwischen oder das in kleine Plastiktüten gepackte Eis – zur Erfrischung gedacht – an den Grabmauern zerschlagen.

Seit 1850 gibt es zu viele Besucher. Die Agentur Cook entwickelte seit 1840 eine Reisepolitik, die Ägypten für Besucher anziehend machte. Sie pries ein strahlendes Land, ein angenehmes Klima im Winter, gesunde und belebende Luft in der Region um Luxor, besonders für die Heilung von Atembeschwerden geeignet, Luxushotels, gut eingerichtete Kreuzfahrtschiffe...

Welcher wohlhabende Aristokrat konnte einem solchen Angebot widerstehen? Die Reise nach Ägypten wurde zur mondänen Verpflichtung. 1880 war Luxor bereits eine stark besuchte touristische Station.

Die königlichen Gräber wurden zum »Muß«. Die dümmsten Besucher schrieben ihre Namen mit Ruß auf die Mauern, während der gleiche Ruß aus ungeschickt gehandhabten Fackeln die Decken schwärzte. Die Installierung elektrischer Leitungen beendete diese Plage, ließ aber die Anzahl der Besucher durch die nun leichter zugänglichen Gräber weiter ansteigen.

Heute wird die Lage als katastrophal eingeschätzt. Malereien, die noch im letzten Jahrhundert sichtbar waren, sind verschwunden. Die Hieroglyphentexte verblassen. Photographische Rettungsaktionen wurden vor allem vom Institut Ramses durchgeführt, das mit sehr bescheidenen Mitteln alles festhält, was noch sichtbar ist. Mehrere Spezialisten sagen voraus, daß die Meisterwerke des Tals in einigen Jahrzehnten verschwunden sind, wenn keine ernsthaften Rettungsmaßnahmen durchgeführt werden.

Eine denkbare Lösung besteht darin, die Touristen mehr bezahlen zu lassen. Wer verzichtet schon, einmal vor Ort! Das radikalste Mittel wäre die vorübergehende oder sogar definitive Schließung einzelner Gräber, wie das Tutanchamuns, das zu den beschädigsten gehört. Danach muß natürlich noch eine Sanierung geplant werden. Auch der Aufbau photographischer Nachbildungen ist im Gespräch. Sie im Tal aufzubauen, würde jedoch sicher dessen Zauber zerstören. In der Debatte stehen sich die betroffenen Autoritäten gegenüber, ohne daß bisher eine eindeutige Richtung gefunden wurde. Die Frage ist klar: Wie kann das Tal der Könige gerettet werden und gleichzeitig zugänglich bleiben?

3
Entstehung, Blüte und Niedergang des Tals der Könige

Die Entstehung des Neuen Reiches

Die Geschichte des Tales ist mit der des Neuen Reiches verbunden. Das Neue Reich umfaßt drei Dynastien, die XVIII., die XIX. und die XX. (um 1552 bis 1069 v. Chr.). Dieses »Neue Reich«, das aus Ägypten das Zentrum der Zivilisation und der Weisheit machte, entstand in einer Folge dramatischer Umstände.

Gegen 2050 vor Christi wurde Theben zu einer wichtigen Stadt. Auf dem Westufer erhob sich schon das erste Karnak, während die Toten noch am Ostufer beigesetzt wurden. Die Herrscher der XI. Dynastie ließen ihre Gräber in das Gebirge des Westens graben, obwohl sich die Hauptstadt in Mittelägypten befand, wo noch kleine Pyramiden errichtet wurden. Am Ende der XVII. Dynastie kam es zur Invasion der Hyksos, asiatischer Völkerstämme, die den Norden des Landes bewohnten. In Theben schwelte gegen Ende der XVII. Dynastie, nach langen Jahren der Okkupation, der Aufstand. Es bildete sich eine Befreiungsarmee, die entschlossen war, den Eindringling zu verjagen und die »Beiden Erden« zu vereinigen.

Der Prinz Ahmosis besiegte die Hyksos und wurde der Gründer der XVIII. Dynastie. Er wurde wahrscheinlich in Theben beigesetzt, aber nicht im Tal der Könige, da das Tal unter seiner Herrschaft nicht eingeweiht wurde. Der Ort seiner Grabstätte bleibt bis heute ein Geheimnis.

Die Regierungszeit von Ahmosis währte lange, ungefähr

ein Vierteljahrhundert (1552–1526), und er gab seinem Land eine politische Philosophie, dazu bestimmt, künftige Invasionen zu vermeiden. Ihre Hauptidee bestand darin, eine Pufferzone zwischen Ägypten und den asiatischen Ländern zu lassen und regelmäßig Mannschaften dorthin zu schicken, um Komplotte und Aufstände zu vermeiden. Man wollte nicht kolonisieren, sondern abschrecken. Jeder Versuch einer Aggression sollte im Keim erstickt werden, auch wenn es ringsum nur so von Abenteurern und Kriegsführern wimmelte.

Das Ägypten des Neuen Reiches liebte den Frieden und scheute keine Mittel, ihn zu erhalten. Es praktizierte eine einfallsreiche Außenpolitik. Auch Reichtümer und Tribute wurden angenommen. War es nicht der Gott des Karnak, Amon, »der Versteckte«, der Pharao siegreich gemacht hat? Nichts ist zu schön für seine Grabstätte. Das Neue Reich feierte die Herrlichkeit Amons; Ahmosis, »Der vom Mond Geborene«, hatte den ersten Schritt gemacht.

Der Erfinder Amenhotep I.

Zwanzig Jahre lang, nach anderen Zeitschreibungen vielleicht noch länger, regierte Amenhotep I. über die aufs neue geeinten Zwei Erden. Er war der erste König des Neuen Reiches, der Amon in seinen Namen aufgenommen hatte, der soviel bedeutet wie »Das verborgene Prinzip (Amon) ist in der Entfaltung *(hotep)*«. Die Lage seines Grabes ist mit Problemen behaftet; sicher ist jedoch, daß dieser friedlich regierende Pharao der erste war, der das Königsgrab, das in der Wüste gegraben wurde, vom Tempel trennte, in dem der Kult der Mächtigkeit des Königs, umgestaltet und vergöttlicht, gefeiert wurde.

Diente diese Neuerung dazu, spektakulär auf der Symbolik der Zweiheit zu bestehen, die die Geschichte der ägyptischen Zivilisation kennzeichnet? Tempel und Grabstätte, die sich in Form und Lage unterschieden, waren in der Idee miteinander verbunden. Unlösbar sollten sie zwei sich ergänzende Elemente einer Energie bilden, in der die Lebensmacht über den Tod hinaus zirkulierte. Das Grab war der geheime Ort, an dem die Seele Pharaos verschwunden war. Der Tempel war der sichtbare Ort, an dem Eingeweihte die Riten vollzogen.

Amenhotep I. wurde als der Beschützer der Stätte des Tales und der Totenstadt des Abendlandes angesehen. Die Erbauer sprachen gerne über ihn wie über einen guten Geist, der sie inspirierte und ihre Hand führte.

Der Begründer, Thutmosis I., und sein Meister, Ineni

Obwohl die Herrschaft Thutmosis' I. keine fünfzehn Jahre dauerte (1506–1493), war er von besonderer Bedeutung, da er, wie es scheint, der erste Pharao war, der sein Grab in das Tal der Könige graben ließ. »Der von Toth – dem Gott der Weisheit, des Wissens und der heiligen Wissenschaften – Geborene« verfügte über die notwendigen Kenntnisse, um einen so außerordentlichen Platz einzuweihen.

Sein wichtigster Mitarbeiter war der Baumeister Ineni, der im Geheimen und in der Stille arbeitete. »Ich allein«, erklärte er in einem ebenso berühmten wie rätselhaften Text, »habe den Bau des Grabes überwacht. Niemand hat es gesehen. Niemand hat es gehört. Ich habe aufmerksam darüber gewacht, daß die Arbeiten gut erbracht werden und das Perfekteste entsteht; ich habe die Mauern verputzen lassen: Das Werk wurde allem unvergleichlich, was die Ahnen je gesehen haben.« Der Baumeister verfügte über eine legendäre Weisheit. Er erfüllte dem König seinen Wunsch und machte das königliche Grabmal unberührbar.

Wenn auch die ewige Ruhestätte für Thutmosis I. dennoch entdeckt wurde, stellt sie uns doch vor ernsthafte Probleme der Identifizierung. Das Grab Inenis dagegen ist gut bekannt. Es wurde in das »Tal der Adligen« gegraben und trägt die Nummer 81. Man entdeckte es gegen Ende des 19. Jahrhunderts. Ineni, ein geachteter und einflußreicher Architekt, Direktor des doppelten Hauses des Goldes und des Geldes, Direktor des zweifachen Speichers Amons, Erbauer des ersten Grabes des Tals, des Hauptteils des Amon-Tempels in Karnak, Baumeister unter Amenhotep I., Thutmosis I., Thutmosis II., Thutmosis III. und Hatschepsut, der alte und mit Ehren überhäufte Würdenträger, Weiser unter den Weisen, wählte als letzte Ruhestätte ein im Mittleren Reich unvollendetes Grab! Statt eines glänzenden Denkmals nahm er den Weg der Demut und der Tradition, indem er in die Fußstapfen seiner Ahnen trat. Man weiß auch, daß er das Grab seines Sohnes Nefer, »Des Perfekten«, in Dra Abu el-Naga einrichtete.

Das Rätsel um Thutmosis II.

Thutmosis II., der Nachfolger Thutmosis' I., ist ein sehr geheimnisvoller König. Die Fachleute der Zeitrechnung sind selbst über die Dauer seiner Regierungszeit uneins: drei Jahre, acht oder sogar zwölf? Von ihm und von seiner Politik weiß man fast nichts. Sein Grab, von dem man lange Zeit annahm, es sei die Grabstätte Nr. 42 im Tal, befindet sich vielleicht ganz woanders. Wäre es möglich, daß dieser rätselhafte Pharao die von Thutmosis eingeführte Tradition gebrochen hat, indem er eine andere Ruhestätte aussuchte, vielleicht in Deir el-Bahari? Es gibt mehr Fragen als Antworten.

Thutmosis III. und die Blütezeit des Tals

Mit Thutmosis III., der mehr als fünfzig Jahre regierte, setzte sich das Tal definitiv durch. Von da an wählten alle Monarchen Ägyptens mit Ausnahme von ein oder vielleicht zwei Königen diesen Ort als ihre letzte Ruhestätte.

Seit dieser Epoche wurde das Tal als heilig und besonders wertvoll behandelt. Soldaten und Polizei wachten über das Tal. Keinem Ungeweihten gelang es, seinen Eingang zu betreten, der sich zwischen zwei Felsen hindurchschlängelte. Jedes Grab mußte in der Verschwiegenheit gegraben und gestaltet werden; die Zugänge wurden anschließend vermauert, blockiert und unkenntlich gemacht. Ein Plan, der zu den Staatsgeheimnissen zählte, wurde in den Archiven des Palastes und des Hauses des Lebens aufbewahrt.

Wie viele Gräber?

Zweiundsechzig Gräber wurden in das Tal gegraben, achtundfünfzig davon in das eigentliche Tal der Könige und vier in den westlichen Teil. Es gibt Anfänge von nicht zu Ende geführten Gräbern, die vielleicht für Könige bestimmt waren, und andere Typen von Grabmalen für nicht königliche Personen, denen so ein großes Privileg eingeräumt wurde.

Beinahe alle Gräber wurden mehr oder weniger ausgeplündert mit Ausnahme von dreien: die Gräber der Eltern der Königin Teje, der großen königlichen Gemahlin von Amenhotep III., Vater des berühmten Echnaton; das Grab von Maherpa, eines Soldaten, und das Grab Tutanchamuns, das 1922 von Howard Carter entdeckt wurde. Ihre Schätze wurden ins Museum von Kairo transportiert, wo sie in nebeneinanderliegenden Sälen ausgestellt sind; man kann zahlreiche Gemeinsamkeiten zwischen den wunderschönen Objekten der Eltern Tejes und denen Tutanchamuns feststellen.

Die Zeit der Ramessiden

Von Ramses I. bis zu Ramses XII., von 1295 bis 1069 v. Chr., liegen zweihundertsechsundzwanzig Jahre, zwei Dynastien (die XIX. und die XX.) und eine Folge von märchenhaften Grabmälern im Tal. Nach der Regierung von Ramses III. (1186–1154) kam es aber auch zu einer langsamen Untergrabung der Macht des Pharao und zu einem Niedergang der Wirtschaft. Ramses III. war es gelungen, zwei Invasionsversuche zurückzuweisen und den Wohlstand in den Zwei Erden aufrechtzuerhalten. Seine Nachfolger mußten erleben, wie die Herrlichkeit des Neuen Reiches langsam bröckelte. Während der XIX. Dynastie, jener des großen Ramses' II., hatten wahrscheinlich schwere Überschwemmungen einen Teil des Tales verwüstet und erhebliche Schäden an den am ungünstigsten gelegenen Gräbern angerichtet.

Während die Eingänge der Gräber der XVIII. Dynastie sorgfältig unter der Erde verborgen wurden, bevorzugten die Ramessiden eine andere Lage. Der Zugang zum Grab wurde ein majestätisches und weithin sichtbares Tor. Natürlich befand sich das Tal unter strenger Überwachung, aber die Schwächung der Zentralgewalt und innere Spannungen machten gerade diese Grabmale für Diebe zu einer leichten Beute.

Das Tal der Königinnen

Das Wesen, das im Tal der Könige beigesetzt ist, ist ein Pharao, ein Begriff aus zwei ägyptischen Worten, *per âa*, was »der große Tempel« bedeutet. Er ist weder Mann noch Frau, sondern ein kosmisches Wesen, das damit beauftragt ist, die göttliche Regel auf der Erde zu verwirklichen und die Ordnung gegen die Unordnung durchzusetzen. Eine Frau konnte genausogut wie ein Mann Pharao werden. Das Tal der Könige beherbergt zwei Gräber von Frauen, die zu dieser hohen Aufgabe erzogen wurden, Hatschepsut und Tausret.

Die großen Königsgemahlinnen der XIX. und der XX. Dynastie wurden in einem besonderen Tal bestattet, das sich im Südosten des Tales der Könige befindet, gegenüber dem Dorf Deir el-Medina. In dieser am nördlichsten gelegenen Totenstadt des Thebanischen Gebirges wurden mindestens achtzig Gräber gegraben, die auch die Königstöchter und die Söhne Ramses' III. aufgenommen haben. Wahrscheinlich war das »Tal der Königinnen« ursprünglich für die Prinzen, Prinzessinnen und deren Lehrer vorgesehen. Die erste große königlichen Gattin, die dort ihre Ruhestatt fand, hieß Sat-Rê, »Tochter des göttlichen Lichts«. Sie war die Mutter von Setoy I. und die Frau Ramses' I.

Wie es mehrere Ägyptologen unterstrichen haben, ist das Tal der Königinnen die einzige thebanische Totenstadt, die zum Nil und zu den Kulturen offen ist. Es ist die einzige, die damit der Welt zugewandt ist. Bei der Verzierung der Gräber wurde seltener auf die Episoden der Reise der Sonne ins Jenseits zurückgegriffen, man verwandte vor allem Szenen aus dem *Buch der Toten* und betonte die letzte Etappe der Wiederauferstehung des königlichen Wesens.

In der Sohle des Tales der Königinnen wurde eine enge Schlucht geschaffen, die den Schoß der Göttin Hathor darstellen sollte, der Herrscherin des Abendlandes, der Sterne und der Wiedergeburt.

Während der Regenfälle bildete sich ein Wasserfall in der Grotte; so wurde an das Kommen des himmlischen Wassers erinnert, das den Tod in Ewigkeit verwandelt. Auf monumentale Weise wurde so auch der Uterus der kosmischen Kuh symbolisiert, aus dem die vom Gericht des Osiris als gerecht anerkannten Wesen auferstanden.

Das Tal der Königinnen nannte sich *ta sekhet neferu*, was »Platz der Lotusse« bedeutet und ein Symbol der Sonnen-Wiedergeburt darstellt. Man kann es auch als »Platz der

Wiederauferstehung« übersetzen. Wenn die Seele den Weg der Prüfungen einschlug, dann ging das Tal der Könige »heraus« in das Tal der Königinnen. Die verschiedenen Sektoren der thebanischen Totenstadt sind also nicht zufällig ausgewählt, sondern so angeordnet, daß hier die Riten des Jenseits begangen werden konnten.

Die Zeit der Plünderungen

Mit der Herrschaft von Ramses IX. (1125–1107) trat Ägypten in eine Krisenperiode. Eine libysche Invasion rief soziale und wirtschaftliche Spannungen hervor. Die Arbeiter hatten Hunger und streikten. Die thebanische Region wurde zu einem Gebiet der Ausschreitungen, und der Zentralgewalt glitt die Kontrolle immer mehr aus den Händen. Im Jahre 9 der Herrschaft Ramses' IX. wurde ein für das pharaonische Ägypten scheußliches Verbrechen begangen: Einige Königsgräber wurden geplündert. Die Herrlichkeit der königlichen Grabstätten hatte zu allen Zeiten die Begierde von mehr oder weniger organisierten Diebesbanden geweckt, aber ihre Versuche, in die Gräber von Sethoy I. und Ramses II. einzudringen, waren durch die noch herrschenden Sicherheitsmaßnahmen im Tal vereitelt worden.

Die Grabräuber des Jahres 9 trauten sich nicht ohne weiteres an das Tal heran. Wahrscheinlich mit Hilfe hoher Funktionäre drangen sie in die Gräber der XVII. Dynastie und einige Grabmale des Tales der Königinnen ein. Ein Streit entbrannte beim Teilen der Beute. Einer der Banditen war zu geschwätzig. Die ganze Bande wurde festgenommen. Lange Untersuchungen begannen. Khaemuaset, der Wesir und Gouverneur von Theben, wollte die ganze Wahrheit ans Tageslicht bringen und inspizierte eine Vielzahl von Gräbern. Zu seiner großen Befriedigung konnte er feststellen, daß die letzte Ruhestätte Amenhoteps I. unbeschädigt war und daß das Tal der Könige keinen Schaden genommen hatte. Das Gericht wurde im Tempel von Maât – dem universellen Maß – abgehalten, der im Gebiet des Karnak, im Inneren des Gebäudes von Montu erbaut worden war. Die siebzehn Angeklagten bekannten sich schuldig. Sie hatten einen Tunnel gegraben, um in die Gewölbe des Königs Sobekemsaf III., der Königin Nubkhas und einiger Privatgräber vorzudringen. Nachdem sie die Sarkophage beschädigt und den Toten ihre Schmuckstücke abgerissen hatten, verbrannten sie die Mumien.

Die Grabschänder gehörten zum Tempelpersonal des Westufers. Kein einziger war in die Riten der Bruderschaft von Deir el-Medina eingeweiht, die damit beauftragt war, die Gräber des Tals der Könige zu bauen und auszugestalten. Die Handwerker hatten ihre Gelübde der Geheimhaltung also eingehalten.

Die Hinrichtung der Schuldigen genügte nicht, um die Ordnung wiederherzustellen. Ramses X., dessen Regierungszeit unbekannt ist, schien eine gewisse Kontrolle über Nubien auszuüben und dadurch die Zügel des Landes noch im Griff zu haben. Sein Grab, das die Nummer 18 trägt, wurde nie über den ersten Flur hinaus erkundet und bleibt eine der Grabungsstellen der Zukunft des Tals.

Der Letzte der Ramessiden, Ramses XI., der 1098 v. Chr. auf den Thron stieg, war mit immer schwerwiegenderen Unruhen konfrontiert. Hunger, Unsicherheit, Streiks, Einfälle der Libyer, Machtmißbrauch der örtlichen Machthaber gehören zu den Beschreibungen dieser Zeit. Die Zentralgewalt wankte.

Im Laufe einer langen Entwicklung wurden aus den Hohepriestern Amons die Prinzen des südlichen Ägyptens. Theben wurde ihr Eigentum. Das Land war aufs neue in zwei Teile gespalten.

Um das 18. Jahr der Herrschaft Ramses' XI. brachen Grabräuber die Gräber des Tals der Könige auf. Sie hielten sich nicht mehr an die Vorwarnung, die von Ursu, Würdenträger Amenhoteps III., ausgesprochen wurde: »Der, der meinen Leichnam in der Totenstadt schändet und der meine Statue in meinem Grabmal zerbricht, wird ein von Rê Verfluchter sein; er wird kein Wasser auf dem Altar von Osiris erhalten und kann seine Güter nicht an seine Kinder weitergeben.«

Diesmal standen die Dinge schlecht. Eine gut organisierte Bande hatte von der mangelhaften Überwachung profitiert und zahlreiche Reichtümer geraubt. Das Gold, das Fleisch Gottes, reizte sie. Hohe Staatsdiener, Ausländer und selbst Handwerker aus Deir el-Medina waren in das Komplott verwickelt. Sie hatten Männer gedungen, die im Grabmal Ramses' VI. mit seltener Gewalt vorgingen, indem sie die Mumie massakrierten und den Sarkophag zerstörten.

Es mußte mehr getan werden, als nur die Schuldigen zu fassen und zu bestrafen. Eine dramatische Entscheidung wurde getroffen: Das Tal der Könige wurde verlassen. Der Staat war nicht mehr in der Lage, für die Sicherheit dieses Ortes zu sorgen. Im Jahre 19 der Herrschaft von Ramses XI. kam es zu einem weiteren außergewöhnlichen Ereignis: Eine neue Ära wurde ausgerufen, die sogenannte »Erneuerung der Geburten«. Durch eine magische Handlung wurde die Vergangenheit ausgelöscht und die Schöpfung wieder in Ordnung gebracht. Der Hohepriester Herihor war der Urheber dieser Umwandlung. Die Macht war nun aufgeteilt zwischen ihm im Süden und Ramses XI. und Smendes, die den Norden des Landes beherrschen. Sie hatten in Pi-Ramses, der von Ramses II. gegründeten Hauptstadt, ihren Sitz. Ägypten wankte. Pi-Ramses wurde bald zugunsten von Tanis verlassen, wo die Pharaonen der XXI. Dynastie begraben wurden. Nach dem Tode Ramses' XI., 1069, bestieg Smendes den Thron, während die Amon-Priester ihre Vorherrschaft über die thebanische Region festigten.

Das letzte Grab des Tals: Ramses XI. (Nr. 4)

Der letzte der Ramessiden mußte in den neunundzwanzig Jahren seiner Herrschaft (1098–1069) dem Zerfall Ägyptens zusehen. Erst entglitten ihm Theben und der Süden, dann Pi-Ramses und der Norden. Die heilige Hauptstadt und die wirtschaftliche Hauptstadt gingen in andere Hände über. Obwohl das Land nicht in bürgerkriegsähnliche Zustände geriet, war seine Armee doch erheblich geschwächt. Ramses XI. war nicht fähig, die Zwei Erden zusammenzuhalten; sein Grab war das letzte, das in das Tal gegraben wurde, aber es ist durchaus möglich, daß seine Mumie niemals dorthin gebracht wurde.

Der große unvollendete Brunnen des Grabmals enthielt unterschiedlichste Reste, vor allem Fragmente vom Zubehör einer Beerdigung aus der XXI. Dynastie und Spuren vom Beginn eines Brandes. Kürzlich bewies eine Studie, daß diese Gruft als Werkstatt diente, in der man Objekte für die Prozession herstellte und die »gefährdeten« königlichen Mumien behandelte. Die Christen nutzten die Gruft als Stall und als Küche. Möglich ist auch, daß der hohe Amon-Priester Pinodjem I. Restaurierungsarbeiten begonnen hat, um dort seine eigene Grabstätte einzurichten, aber diese Vermutung ist fraglich, da die Ära der »Geburtenerneuerung« bereits ausgerufen worden war und der Rolle des Tales als königlicher Totenstadt ein Ende setzte.

Die Rettung der königlichen Mumien

Pinodjem I., der der erste Hohepriester Amons war (1070–1055) und anschließend König Ägyptens wurde (1054–1032), war ein wichtiger Mann. Ihm verdanken wir die letzte Hieroglypheninschrift im Tal. Pinodjem ist es auch, der eine Anzahl der königlichen Mumien des Tales gerettet hat. Er hatte verstanden, daß seine Bemühungen zum Schutz des Tals und seiner königlichen Bewohner umsonst sein würden. Die Grabräuber schreckten vor nichts zurück, um sich des Goldes, der Schmuckstücke und Amulette zu bemächtigen. Darum traf er eine schwere, aber unumgängliche Entscheidung: den Umzug und die Verlegung der königlichen Mumien.

Diese Schutzmaßnahme wurde Schritt für Schritt durchgeführt; mehrere Gräber, insbesondere das Grab Setoys I., beherbergten zeitweise die berühmten Körper. Vor Pinodjem hatte Smendes, obwohl er König des Nordens war, das Grabmal Amenhoteps I. restaurieren und die Mumie Thutmosis' II. schützen lassen. In der leeren Grabkammer von Ramses XI. nahm man wahrscheinlich den Mumien eine Anzahl von wertvollen Objekten und Gold ab. Gold war inzwischen ein teures Gut geworden, da die Ausbeute der Minen in Nubien beendet war. Viele sogenannte Plünderungen der Königsgräber waren wahrscheinlich das Resultat der großen Umwälzungen in der XXI. Dynastie, in deren Verlauf die Mumien und ihre Ausrüstung aus ihren Herkunftsschreinen geholt wurden.

Das Versteck wurde mit Sorgfalt ausgewählt. Diese Wahl erwies sich als so gut, daß man bis 1881 brauchte, um hinter das Geheimnis zu kommen. Pinodjem ließ sich im ehrwürdigsten der Sarkophage einbalsamieren, in dem von Thutmosis I., dem Begründer des Tales. Das war seine Art, die Ahnen zu ehren.

900 vor Christi waren die meisten Gräber des Tals geleert. Die göttlichen Anbeterinnen Amons, die in einer weiblichen Dynastie über Theben regierten, wählten einige davon zu ihrer letzten Ruhestätte. Die großen Gräber der Ramessiden mit ihren sichtbaren Eintrittsportalen boten leichten Zutritt, anders als die früheren Gräber, deren Eingänge versteckt waren.

In diesem ersten Jahrtausend vor Christi wurde das Tal der Könige ein heiliger Ort, der sich immer mehr mit

Rätseln und Geheimnissen umgab. Hier herrschten die Schatten der glorreichen Pharaonen. Mit dem Rückgang der ägyptischen Macht und dem allmählichen Verlassen von Karnak versank das Tal in der Dunkelheit.

4
Was ist ein Königsgrab?

Der Begriff »Grab«, den wir gewöhnlicherweise benutzen, kann zu Irrtümern führen. Das Grab eines Pharao ist kein Mausoleum über seine Herrlichkeit oder ein Propaganda-Monument, das seine Wohltaten lobt. Texte und Darstellungen sind esoterischer und symbolischer Art und haben keinen geschichtlichen Bezug. Das Privatleben eines Monarchen wird nie behandelt, was die Ägyptologen immer noch verwirrt. Ein Pharaonengrab ist auch keine Höhle Ali-Babas, in dem ein Mächtiger des Orients seine Reichtümer und sein Gold angehäuft hat, um sie vor dem gemeinen Volk zu verbergen. Es handelt sich – um den alchimistischen Begriff zu benutzen, der dem Ort am gerechtesten wird – um ein *athanor*, ein Sammelbecken, in dem die Kräfte und Mächte angesammelt werden, die der Wiedergeburt des königlichen Wesens dienen.

Dieses Grab ist in gewisser Weise das Herz des Tempels, sein geheimer Teil. Dort werden die Riten in Ewigkeit auf den von Leben und Magie angefüllten Bildern gefeiert. Das Geheimnisvolle des Grabes befindet sich jenseits menschlichen Verständnisses. Die Inschriften sind geheimen Formeln gleich, die dargestellten Götter übertragen eigene Energie, die auch in den Amuletten enthalten ist. Das Königsgrab kann als ein Geheimlaboratorium angesehen werden, das dazu bestimmt ist, Ewigkeit zu produzieren. Während dieser komplizierten Operation benötigt man gewisses Material: Waffen, Wagen, Geschirr, Kleidung, Koffer, Möbel, Vasen, *Uschebtis* (»die Antworter«, Statuetten, die in der anderen Welt Arbeiten anstelle des Auferstandenen ausführen sollten), zerlegbare Schreine usw. Salben, heilige Öle, feste und flüssige Nahrung vervollständigten diese Ausrüstung, dank derer die Seele des Königs die Pforte des Jenseits durchschreiten und auf dem rechten Wege vorankommen sollte.

Trotz vieler Sicherheitsmaßnahmen wurden die meisten dieser Schatzkammern geplündert oder zerstört. Die Diebe gingen teilweise mit fanatischer Wildheit vor. Der sagenhafte Inhalt des kleinen Grabes des Tutanchamun läßt Schätzungen über das Ausmaß des Schatzes der anderen Pharaonengräber zu, der unwiderruflich verloren ging.

Die Macht der Hieroglyphen

Für die alten Ägypter »lebte« das königliche Grab ohne äußere Einwirkung, und die Umstände seiner Existenz waren in den Hieroglyphen, den »Worten Gottes«, enthalten. Deshalb gibt es im Tal nicht ein einziges Pharaonengrab ohne Text. Die Darstellung der Götter und die erstaunlichsten Szenen sind auf den Sarkophagen, den »Spendern des Lebens«, zu sehen. Maler und Zeichner fanden zu verschiedenen Lösungen. Sie verwendeten Gravierungen, die reichen Ausmalungen glichen (Ramses III., Ramses VI.), gemalte Reliefs (Haremhab, Ramses I., Setoy I.) und sogar ausgerollten und auf die Mauer gemalten Papyrus (Thutmosis III., Amenhotep II.). In allen Fällen war das gewünschte Ziel dasselbe: Die Hieroglyphen mußten so aufgetragen werden, daß sie über die geistliche Integrität des Pharao wachen konnten.

Das Universum des Tals der Könige läßt uns sprachlos staunen. Man sieht Götter mit Menschenkörpern und Tierhäuptern, Körper ohne Kopf, Schlangen, rätselhafte Szenen...

Logik und Analyse sind machtlos angesichts von so viel

Geheimnisvollem. Niemand hat bisher alles vollständig interpretieren können. Aber wir wissen dank der Forschungen seit Champollion, daß dieses Universum keine Phantasterei ist. Eine andere Welt wird uns enthüllt. Dorthin reisen das Licht und das aus Pharao wiederauferstandene Wesen. Für die Ägypter war das keine Sache des Glaubens, sondern des Wissens. In Ägypten war alles Bewegung, Durchqueren und Metamorphose; die Reise der Seele erfolgte nicht ohne Gefahren und Prüfungen. Die Gräber des Tales verheimlichen das nicht. Sie unterstreichen die Gefahren, denen die Sonne gegenübertreten mußte, bevor sie geboren wird. Pharao identifizierte sich mit ihr und teilte ihre Leidenschaft. Das Tal durchbrach in diesem Sinne die Unterwelt und schöpfte ohne Unterbrechung eine neue Sonne.

Tod eines Pharaos

Die Hauptaufgabe eines ägyptischen Königs war, Maât, das universelle Maß, leben zu lassen, indem er es an die Stelle von Unordnung, Rebellion und Lärm setzte, die unzertrennbar mit dem menschlichen Wesen verbunden waren. Der Mensch wurde übrigens den alten Ägyptern zufolge aus den Tränen Gottes geboren. Das Individuum, das zu dieser Aufgabe berufen wurde, reihte sich in die ewige Linie der Pharaonen ein und verlor seine eigenen Züge, um die symbolischen Kleider des Königs-Gottes anzulegen. Deshalb bieten die Darstellungen des Tals kein einziges individualisiertes Porträt, sondern ein immer gleiches königliches Gesicht, in dem Vollendung und innerer Friede verkörpert wurden.

Pharao war das wesentliche Element, das in Ägypten die Harmonie aufrechterhielt. Wenn er starb, kehrte die Welt ins Chaos zurück. Der Zusammenhalt des Staates mit dem Kosmos verschwand. Das Land trug die Trauer des verlorenen Glücks und fürchtete die Ausbreitung der Kräfte des Bösen.

Mehrere Vorkehrungen erlaubten es, diese Katastrophe zu vermeiden: Die Mumifizierung des toten Königs, danach seine Beerdigung und schließlich die Einleitung des Prozesses der Auferstehung durch seinen Nachfolger.

»Der Falke hat den Himmel erreicht, der Sohn des göttlichen Lichts ist entflogen und sitzt nun auf dem Thron Rês«, so wurde der Aufstieg der königlichen Seele in den Himmel in das ursprüngliche Licht beschrieben. Der Körper Pharaos mußte mumifiziert werden, um ein Osiris zu werden. Osiris war ein wieder zusammengefügtes Wesen, Träger der Auferstehung. Die Mumifizierung entstand also nicht aus dem Wunsch heraus, einen Kadaver aufzubewahren, sondern quasi als die Bestätigung der Existenz eines nie verderbenden Lichtkörpers. Pharao sollte wie Osiris die Prüfung des Todes bestehen. Die Mumie wurde mit Schmuck und Amuletten bedeckt, die eine magische Rüstung bilden sollten. Die inneren Organe des Toten wurden entfernt und in vier Vasen aufbewahrt, den Kanopen, die unter dem Schutz der vier Söhne des Gottes Horus, Sohn und Nachfolger von Osiris, standen. Damit der König wiederauferstehen konnte, wurde jeder Teil seines Körpers geheiligt. Kein einziges der Glieder wurde vergessen. Die Mumie war der materielle Träger der spirituellen Kräfte: Das Herz leitete das Wesen, das *ka*, den kreativen Dynamismus; das *ba* den Seelen-Vogel; der Name die reale Identität des Wesens; und der Schatten war das Behältnis der Macht.

Die Mumie liegt zwar ausgestreckt im Sarkophag, ist aber auch im übertragenen Sinne aufrechtstehend anwesend durch das göttliche Wort. Die Mumifizierung war die Kunst des Einfangens subtiler Energien und ihres Anbindens an den osirischen Körper. Wenn sie beendet war, wurde der Körper der Unsterblichkeit Pharaos in einen Sarg gelegt und überquerte den Nil. Am Westufer gab es eine Prozession, die durch den »Tempel der Millionen Jahre« ging, in dem dann der Kult begangen wurde. Danach wurde der Weg ins Tal eingeschlagen. Nur einigen nahen Vertrauten aus dem engsten Kreise Pharaos war es erlaubt, dem Ritual der Grablegung beizuwohnen, die als die Religion des Lichts galt.

Der Nachfolger des verstorbenen Königs praktizierte als Horus, Sohn des Osiris, bevor er den Zugang zur ewigen Ruhestätte schloß und versiegelte, die Öffnung der Augen und des Mundes. Das Abenteuer der Auferstehung konnte beginnen. Das Grab Setoys I. beinhaltet Szenen aus diesem Ritual. Dank dieses Grabes wurden Texte und Bilder ebenso lebendig gehalten wie der osirische Körper.

Plan und Elemente eines Königsgrabes

Die ägyptische Kunst war Kunst für die Ewigkeit. Sie hat nicht zwei Monumente geschaffen, die sich gleichen. Als Liebhaberin der Stabilität und Mächtigkeit waren ihr Wiederholung und Phantasie fremd. Es erwies sich als unmöglich, Klassifizierungen vorzunehmen oder zu theoretisieren.

Wenn man die Gesamtheit der königlichen Gräber betrachtet, bemerkt man, daß ihre Maße sehr unterschiedlich sind. Das Grabmal von Thutmosis I. ist sehr bescheiden, hingegen ist das von Setoy I. mehr als hundert Meter lang. Es gibt sicher ein Prinzip der Vergrößerung. Im Verlaufe des Baus der Grabmale erhöhen sich Länge, Höhe und Volumen ohne einen Bezug zur Regierungsdauer. Die Flure, falls sie nicht verlängert wurden, erweiterten sich und bekamen höhere Decken. Die Ausmaße der Begräbniskammer wurden immer beeindruckender, und der Sarkophag nahm eine immer kolossalere Gestalt an.

Kein Grab gleicht einem anderen, selbst wenn es einige gemeinsame Elemente gibt. Zu ihnen gehören die Eingangstür, die mal verborgen, mal sichtbar ist, ein Gang, der mehr oder weniger tief in die Erde dringt, ein Zwischengang und ein Saal für den Sarkophag. Was auch immer der Bauplan vorsah, die Grundidee war immer ein Weg, der in den Felsen eindringt, ins Innere des Westgebirges, dann hinabgeht unter die Erde, durch Türen, vorbei an Texten und Szenen von Ritualen, um am Ende die Kammer der Wiederauferstehung zu erreichen. Falls dies ein Einweihungsweg war, so »funktionierten« die Gräber des Tales nach dem gleichen Prinzip wie die Pyramiden des alten Ägypten. Die Form hatte sich verändert, aber die Symbolik war die gleiche geblieben.

Während der XVIII. Dynastie wurde der Eingang für die Gräber vertikal auf dem Grund eines Steilhangs gegraben. Er bot Zugang zu einem schrägen Flur und enthielt mitunter mehrere Stufen. Diese erste Achse war im rechten Winkel gebrochen, dem ein ungefähr sechs Meter tiefer Brunnen voranging. Einige Gräber wie das von Thutmosis IV. und von Amenhotep II. haben sogar zwei Wegbiegungen. Der Weg endet in der Sarkophagenhalle. Bemerkenswert ist, daß die Pfeiler in einigen Hallen einen Durchmesser von zwei mal zwei Ellen hatten und daß die Norm für die Höhe und die Länge der Flure fünf mal fünf Ellen betrug (eine Elle = 0,52 Meter). Mit Beginn der XIX. Dynastie änderten sich die Proportionen. Die Gräber verbreiterten und vergrößerten sich. Die Architekten benutzten einen gradlinigen Plan und eine einzige Achse.

Hier nun die Namen, die die Ägypter selbst den Hauptteilen eines Königsgrabes gaben.

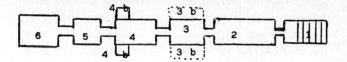

1. Die erste Passage Gottes (Eingangstreppe)
2. Die zweite Passage Gottes (Flur)
3. Die dritte Passage Gottes (Halle)
3b. Die Sanktuarien, in denen die Götter des Westens und des Ostens ruhen (Nischen)
4. Die vierte Passage Gottes (Halle)
4b. Die zwei Kammern der Torhüter
5. Die Halle des Geheimnisses oder Halle der Regel
6. Der Aufbewahrungsort des Goldes (Begräbniskammer)

Wenn wir einen typischen Plan eines Königsgrabes zeichnen, so nehmen wir zuerst die »erste Passage Gottes«, die mit der Eingangstreppe übereinstimmt. Dieser »Gott« ist gleichbedeutend mit der Schöpfungskraft, der Sonne, die sie verkörpert, und Pharao, der damit identifiziert wird. Der »Weg der Sonne« ist der vollständige Abgang ins Innere der Erde. Danach kommt der Flur »zweite Passage Gottes«, gefolgt von einer »dritten Passage«, möglicherweise von Schreinen an den Seiten begleitet, in denen die Götter des Ostens und des Westens dargestellt waren. Diese Passagen bezeichnet man auch als »Orte, in denen Gott gezogen wird«. Hier wurde der Sarkophag an einem Tau in die Begräbniskammer gezogen. Die »vierte Passage Gottes«, die eventuell durch zwei Kammern für die Torhüter umrahmt wird, kennzeichnet den Zugang zum geheimen Teil des Grabes. Hier öffnet sich die Halle des Geheimnisses, oder Halle der Regel, die nur das durch das Tribunal der anderen Welt als recht angesehene Wesen weitergehen läßt. Letztendlich erreicht man den »Aufbewahrungsort des Goldes«, wo der Sarkophag ruht und sich die Verwandlung des sterblichen Körpers in den Körper des Lichtes, glänzend wie Gold, vollzog. Daneben können sich die anliegenden Hallen befinden, die »Halle des Wagens« (denken wir an die zerlegten Wagen aus dem Grabe Tutanchamuns), die »Halle des Abweisens der Rebellen«, der »Platz der Entfaltung der Götter«, die »Bleibe der Nahrung«, der »Letzte Schatz« und der »Ort der Antworter« (der Uschebtis). Uschebtis sind kleine Statuen, die im Jenseits anstelle des Verstorbenen Arbeiten verrichten sollten.

Das Geheimnis des Brunnens

Einige Gräber besitzen ein eigenartiges Element, den ungefähr sechs Meter tiefen Brunnen, der zum ersten Mal im Grab Nummer 34 entdeckt wurde. Er ist der, »der verbirgt«, »der aufhält«, und kennzeichnet eine Unterbrechung des Weges. Bei Thutmosis III. sind seine Ausmaße erstaunlich: 4,15 Meter mal 3,96 Meter. Er ist mit Friesen des *khakeru* verziert, das sind Pflanzenbüschel, die untereinander durch Seile verbunden sind und das schützende Feuer symbolisieren.

Wozu dienten diese Brunnen? Sicher nicht als Falle für die Räuber. Eine solche Idee scheint unvereinbar mit der ägyptischen Mentalität. Man hat angenommen, daß sie einen Teil des Regenwassers aufnahmen, das während der starken Regengüsse in die Gräber floß, aber diese Vermutung wurde fallengelassen. Einerseits befindet sich die Mehrheit der Brunnen in den Grüften der XVIII. Dynastie, die nicht überschwemmt worden sind, und andererseits waren die Gräber durch Türen und Wände verschlossen.

Die Aufgabe des Brunnens ist wahrscheinlich symbolischer Natur. Er stellt die Höhle des Gottes Sokaris dar, dessen Name aus einem Verb der Bewegung abgeleitet ist, das soviel bedeutet wie »gleiten, vorwärtskommen«. In dieser Höhle ist ursprüngliches, trächtiges, sozusagen abstraktes Wasser verborgen, das jedem Wesen Leben und Form gibt. Ohne dieses Wasser war die Wiederauferstehung undenkbar. Während des Begräbnisrituals wurde der Sarkophag über den Brunnen geschoben, damit er von der Energie Sokaris' durchdrungen wurde. Dieser Brunnen war auch eine der Formen des Grabes von Osiris, dem Herrscher der Tiefen und des Unterirdischen. Durch das Darübergleiten der königlichen Mumie wurde diese zu Osiris. Der Brunnen kennzeichnete so die Umwandlung, in deren Verlauf die königliche Seele quasi die zu ihrer Regeneration notwendige Energie aufnahm.

Der Sarkophag

Im Herzen des Goldsaales findet man den Sarkophag als das kostbarste Element des Grabes. Griechischen Ursprungs bedeutet Sarkophag »Esser von Kadavern«. Das ägyptische Wort bedeutet genau das Gegenteil: »der Herr (oder Spender) des Lebens«. Der Sarkophag ist kein Endpunkt, kein einfacher Behälter für Mumien, sondern der Ort der Wiedergeburt.

Auf der Innenseite des Sarkophagdeckels eingraviert, erscheint die Göttin des Himmels, Nut, in Frauengestalt mit ausgebreiteten Armen und Beinen. Ihr Körper ehelicht den Körper Pharaos, der in der Vereinigung mit seiner kosmischen Mutter aufersteht. Nut hat ebenfalls die Funktion, die sterbende Abendsonne zu verschlucken und sie am Morgen wiederzugebären; als Gebärmutter des Universums wandelt sie den Tod in Leben um.

Der Sarkophag ist auch der Ursprungsstein, der bei der Geburt der Welt aus dem Ur-Ozean entstanden ist. Auf diesem Stein wurde der erste Tempel gebaut. Im Inneren dieses Steines steht Pharao auf und wird zur Morgensonne.

Der Sarkophag Tutanchamuns läßt ahnen, welche Reichtümer und Kostbarkeiten sich in den anderen Königsgräbern befanden. Allerdings enthielten nicht alle goldene Särge. Außerdem waren die meisten Mumien in der XXI. Dynastie aus ihren Sarkophagen genommen und an einem sicheren Ort versteckt worden. Einige Vandalen, wahrscheinlich enttäuscht über die magere Ausbeute, stürzten sich auf die Sarkophage, um die Deckel zu zertrümmern und die Steinbecken zu zerschlagen. Glücklicherweise haben einige Sarkophage diese Zeit überdauert, wie die von Thutmosis III., Amenhotep II. und Haremhab und die enormen Granitbecken der Ramessiden. Im Verlaufe der Zeit wurden sie größer. Der Sarkophag Ramses' IV. ist gewaltig im Vergleich zu denen der XVIII. Dynastie. Oft sieht man Göttinnen an den Winkeln der Sarkophage, darunter Isis und Nephtys, die die Aufgabe hatten, die Formeln der Auferstehung zu sprechen, mit den Flügeln zu schlagen, um Lebensatem einzuflößen und das Gold, das Fleisch Gottes, vorzubereiten, das den Körper des Lichtes des umgewandelten Pharaos bilden würde.

Unvollendete Gräber?

Das Grab eines Königs mit seinem Tempel war eine Staatsaufgabe. Größe, Ausmaß und Verzierung wurden mit größter Sorgfalt ausgeführt. Numerische Systeme, Baugeheimnisse und ein symbolisches Repertoire wurden von Baumeister zu Baumeister übertragen. Die fortschreitende Vergrößerung der Gewölbe und die Veränderung der Strukturen verliefen nach einem Plan, der mit großer Präzision ausgeführt wurde.

Unter diesen Bedingungen ist es erstaunlich, daß uns

heute fast die Gesamtheit der königlichen Gräber unvollendet vorkommt.

Im Falle Ramses' I. kann man die Kürze der Regierungszeit ins Feld führen: weniger als zwei Jahre. Aber die Erbauer haben ein kleines Grab gegraben, und die Qualität der Ausführung ist bemerkenswert. Im Fall von Thutmosis III., der ohne Unterbrechung mehr als dreißig Jahre regiert hat, ist eine solche Erklärung unmöglich. Auch das sagenhafte Grab Setoys I., in dem einige Reliefs unkoloriert blieben und sich der Grund der Begräbniskammer zu einem »unbeendeten« Gang öffnet, der sich im Felsen verliert – ein auch von anderen Bauten bekanntes Phänomen –, stellt uns vor diese Frage.

In Wirklichkeit sollten die sichtbar gelassenen Spuren und unvollendeten Figuren die Techniken zeigen, die angewandt wurden, um das Grab zu bauen, zu bemalen und ihm seine symbolische Funktion zu geben. Der Baumeister fand es nützlich, so vorzugehen, da das Grab wie ein lebendiges Wesen behandelt wurde. Der letzte Gang, der von der Ruhestätte des Goldes ins Jenseits geht, ist die Folge des Weges der Auferstehung, die niemals endet. Genausowenig unvollständig wie der Tempel, der sich ständig im Bau befindet, ist auch das Königsgrab. Es ist komplett und kohärent. Ob weit oder bescheiden, ist es doch nie flüchtig gebaut. Das Werk der Auferstehung sollte außerhalb der Zeit, im Unsichtbaren erfolgen. Die Hand des Handwerkers fuhr fort, Zeichen und Figuren der Unsterblichkeit in die Mauern zu gravieren.

5
Die Bruderschaft der Erbauer

Das Dorf der Handwerker oder »der Platz der Regel«

In Ägypten starb nichts wirklich. Die Erde war so durchdrungen von Ewigkeit, daß sie weder das Vergessen noch die Zerstörung als radikale Methode des Triumphes duldete. Während das Gedächtnis der Pharaonen, die das Tal der Könige zu ihrem Domizil erkoren hatten, mitunter sehr schlecht behandelt wurde, hatte man das seiner Erbauer auf erstaunliche Weise geschützt. Dieser Schutz ist zum Teil das Ergebnis der Notwendigkeit, die mysteriösen Akte geheimzuhalten, aus denen das Graben eines königlichen Grabmals besteht. Deshalb wurde das Dorf Deir el-Medina am Westufer von Theben gegründet. Nicht weit vom Tal konnten an ein und demselben Ort alle Berufe zusammengefaßt werden, die für das Werk notwendig waren.

Steinmetze, Maurer, Gipsarbeiter, Bildhauer, Gravierer, Zeichner, Maler lebten dort zusammen mit ihren Familien unter der direkten Herrschaft des Wesirs von Westtheben. Das Dorf besaß seine Gesetze und sein Gericht mit eigener Rechtsprechung. Ein königlicher Schreiber schrieb ein Tagesblatt, das von den guten und schlechten Dingen der Gemeinschaft erzählte, Abwesenheiten, Krankheiten, Beförderungen in der Hierarchie wurden mit Sorgfalt festgehalten. Dieses Dokument, wie auch andere Zeugen, zum Beispiel die bescheidenen *Ostraca*, Kalksplitter, die oft als Schreibtafel für Schüler dienten, erlauben es, die Geschichte von Deir el-Medina nachzuzeichnen, die fünf Jahrhunderte lang mit der der Königsgräber verbunden war.

In seiner Blütezeit bestand das Dorf aus ungefähr siebzig Häusern im Innern einer 130 Meter langen und 50 Meter breiten Umzäunung. Etwa fünfzig Häuser standen noch außerhalb dieser Abgrenzung. In ihnen lebten zwischen sechzig und hundertzwanzig Arbeiter, ohne ihre Familienangehörigen mitzuzählen. In diese zusammengeschweißte kleine Gemeinschaft wurden nur Spezialisten aufgenommen, die in die Geheimnisse ihrer Kunst eingeweiht waren.

Diese Bruderschaft, deren Daseinsgrund darin bestand, Gräber für die Ewigkeit zu bauen, war ihren Gesetzen fast bis zu ihren letzten Tagen treu. Während der Prozesse, die zur Verurteilung der Grabräuber unter Ramses IX. führten, wurde kein einziges Mitglied der Bruderschaft angeklagt oder belastet. Die ersten Verräter gab es erst in den letzten Jahren der Gemeinschaft.

Der ägyptische Name von Deir el-Medina war *set Maât*, »der Platz von Maât«, der Ort, wo Maât praktiziert wurde, der Regel, die das gesamte Universum beherrscht. Maât ist der höchste Ausdruck der ägyptischen Spiritualität. Durch das Leben und Lebenlassen von Maât erlaubt der Pharao es Ägypten, im Kontakt mit dem Göttlichen zu sein und fortzuschreiten. Es ist also wesentlich, daß das Dorf der Handwerker unter den Schutz dieser Regel gestellt wurde und daß jeder sie in seiner Arbeit anwenden mußte. Deir el-Medina ist ein bezaubernder Ort im Bett einer alten Oase zwischen dem Hügel, wo das Dorf Gurnet Murai gebaut wurde, und dem Abhang des Westgebirges gelegen.

Thutmosis I. gründete zu Beginn des XVI. Jahrhunderts v. Chr. die Bruderschaft und weihte den Ort des Tals ein. Von Anfang an umgab eine Mauer das Dorf, das außerdem durch Wachleute bewacht wurde, um es vor der unheiligen Welt zu schützen. Hierher konnten nur die Mitglieder der Bruderschaft und die nächsten Familienangehörigen gelangen.

Nach dem Vorkommnis von Amarna, dessentwegen Echnaton wahrscheinlich die Handwerker zur neuen Hauptstadt in Mittelägypten gerufen hatte, kehrten sie wieder nach Deir el-Medina zurück, dessen Vergrößerung inzwischen durch Haremhab beschlossen wurde. Im Laufe der XIX. und XX. Dynastie erforderte das Ausmaß der Gräber eine höhere Anzahl an Personal. Der Niedergang begann unter Ramses VI., als nur noch um die sechzig Arbeiter dort arbeiteten. Zu Beginn der XXI. Dynastie zerstreute sich die Gemeinschaft. Die Mehrzahl der Angehörigen wurde vom Tempel Medinet Habu aufgenommen. Der Ort Deir el-Medina wurde nicht vollständig aufgegeben. In der XXV. Dynastie ließ der äthiopische König Taharqa dort eine Kapelle zu Ehren von Osiris errichten, und während der ptolemäischen Epoche wurde der Tempel der Bruderschaft, der unter dem Schutze Hathors und Maäts stand, restauriert. Als die pharaonische Zivilisation erlosch, benutzten und degradierten christliche Einsiedler einige Grabstätten, bevor die arabische Invasion neue Schäden anrichtete.

Häuser und Gräber

Dort, wo die Handwerker lebten, wurden sie auch beerdigt. Kleine weißgetünchte Häuser standen an den überdachten Gäßchen. Eine Hauptstraße, deren Spuren noch sichtbar sind, durchquerte das Dorf. Die Wohnhäuser aus ungebrannten Ziegeln verfügten über einen steinernen Unterbau. Sie enthielten einen Eingang, ein erstes Zimmer mit einem kleinen Altar, der den Gottheiten des Hauses und den Ahnen gewidmet war, und einem Opfertisch, ein zweites Zimmer, welches höher und größer war als das erste und als Empfangszimmer diente, ein oder mehrere Schlafzimmer, ein Waschzimmer, eine Küche, einen Keller und eine Terrasse, auf der man im Sommer schlafen konnte.

Die Versammlungen der Bruderschaft wurden in einer

Kapelle im Norden des Ortes oder im Tempel abgehalten. Die Handwerker saßen auf steinernen, an den Mauern befindlichen Bänken. Hier wurden die Geheimnisse des Berufs weitergegeben, und hier wurden jene aufgenommen, die die Gemeinschaft als würdig empfand, im Tal mitzuarbeiten.

Das Schicksal der Männer und Frauen von Deir el-Medina war es, immer an demselben Ort zu bleiben, an dem sie lebten und arbeiteten. Die Gräber waren durch eine kleine Pyramide gekennzeichnet, die an die großen Monumente des Alten Reiches erinnerte. Damit knüpfte die Gemeinschaft an die Ursprünge der ägyptischen Zvilisation und die Lehre der Weisen von Heliopolis an, der heiligen Stadt der ersten Dynastien.

Der Lageplan der Gräber war einfach: ein Hof, eine Kapelle, in der sich Lebende und Seelen der Verstorbenen trafen, ein Brunnen, der zu einer Gruft führte, und eine oder mehrere unterirdische Hallen, die mitunter bewundernswert verziert waren. Das Grab des Baumeisters Sennedjem, das in ausgezeichnetem Zustand erhalten ist, erlaubt es, das Können der Maler und Zeichner zu bewundern. Die ausgewählten Themen stammen aus dem *Buch des Todes*. Man kann Torhüter sehen, die Auferstehung in der Gestalt eines Phönix, die paradiesischen Felder, in denen das Paar, das den Tod besiegt hat, sät und erntet, und vieles mehr. Während der XIX. Dynastie wurden die Grüfte vertrauter und waren teilweise miteinander verbunden. Sie bildeten so ein unsichtbares Netzwerk. Die auf Erden geknüpften Beziehungen blieben also im Jenseits erhalten.

Ein Schiff und seine Mannschaft

Eine schlechte Abbildung, die immer noch in den Schulbüchern und in sogenannten »sachkundigen« Werken herumgeistert, stellt die Handwerker wie eine Masse von Bettlern dar, die unter der unbarmherzigen Sonne leiden und als einzigen Lohn einen Peitschenhieb von einem sadistischen Vorarbeiter erhalten. Die Mehrzahl der Filme über Ägypten, inspiriert von einer biblischen und überzeugt antipharaonischen Mentalität, haben diese Albernheiten verbreitet.

Die Männer, die damit betraut waren, die Königsgräber zu bauen, waren wie eine Eliteeinheit angesehen, die die Geheimnisse ihrer Berufe schützte. Das waren ganz sicher keine Sklaven. Ihre Arbeitsorganisation hielt sich an jene der Navigatoren, die den Nil befuhren. Die »Diener des Platzes der Regel« bildeten eine in zwei Gruppen geteilte Mannschaft, die Gruppe an Backbord entsprach dem östlichen Bezirk des Dorfes und die Steuerbord-Gruppe dem westlichen Bezirk. Sie wechselten sich in der Arbeit in Perioden von zehn Tagen ab. Die eine Gruppe erholte sich, während die andere werkte. Der Pilot dieses Schiffes war Pharao selbst, ein Teil seines Namens bedeutet genaugenommen »das Steuer«. Zwei »Überwacher der Bauarbeiten am großen Platz« leiteten die Handwerker an.

Die Schiffswerft hatte in den Augen der Ägypter eine große Bedeutung, da dies der Ort war, wo die Mitglieder wirklich in ihre Aufgaben eingeweiht wurden. Die Prüfung bestand darin, die zerstreuten Teile einer Barke einzusammeln und sie wieder zusammenzubauen, ganz nach dem Andenken von Osiris, der zerteilt wurde und wiederauferstand.

Die Geburt eines Grabes

Sobald ein Pharao auf den Thron stieg, versammelte er seinen Rat und wählte, nachdem er seine »einzigen Freunde« gefragt hatte, den Platz für sein Grabmal. Man zog den Plan des Tales zu Rate, der zu den behütetsten Staatsgeheimnissen gehörte, und man beauftragte die Gemeinschaft von Deir el-Medina, das Grabmal vorzubereiten.

Warum wählte ein Pharao diesen und keinen anderen Ort für sein Grab? Wir sind unfähig, darauf zu antworten. Ohne Zweifel gab es eine heilige Geometrie des Tales, deren Schlüssel wir noch nicht in den Händen halten. Wir stellen nur fest, daß die Richtung der Gräber nicht geographischer, sondern wahrscheinlich symbolischer Art ist. Die Kardinalpunkte, nach denen sich Raum und Zeit ausrichten, sind offensichtlich die einer anderen Welt.

Während der Bauarbeiten verließen die Handwerker das Dorf nach Westen, kletterten rechter Hand hoch und nahmen einen Gebirgspfad in Richtung Norden. Auf der einen Seite lag der Gipfel, auf der anderen Seite sah man die Gräber der Adligen, die »Tempel der Millionen Jahre« und einige Anbaugebiete. Die Prozession hielt an einer Klamm, an der eine heilige Stätte für die Göttin der Stille und einige Steinhütten erbaut worden waren. Nachdem die Riten abgehalten waren, mußten die Handwerker nur noch in das Tal der Könige hinabsteigen.

Die Steinhauer, die ersten Arbeiter, brachen den Kalkstein mit Hilfe von Steinwerkzeugen und bearbeiteten ihn mit Scheren aus Kupfer oder Bronze, die dem Stein eine große Feinheit verliehen. Eine lange Kette wurde gebildet, um die Steinabfälle in Körben wegzubringen. Alle Werkzeuge gehörten der Bruderschaft, nicht den einzelnen Mitgliedern. Ein Werkzeug zu stehlen, wurde als schweres Vergehen angesehen. Ein Schreiber notierte außerdem an jedem Tag die Anzahl der Körbe. Seit der Zeit der Pyramiden war auf einer Baustelle kein Platz für Nachlässigkeit und Improvisation.

Die Felspolierer spielten eine entscheidende Rolle. Ihnen oblag es, die Oberfläche gut vorzubereiten, auf der sich danach Texte und Szenen entwickelten. Zur Glättung der Felsenwände brauchte man eine geschickte Hand. Man kann übrigens Unterschiede zwischen den einzelnen Gräbern bemerken. Nachdem sie mit Ton eingerieben wurden, bedeckte man die Wände mit Gips, um Schimmel und Feuchtigkeit herauszuziehen. Wo der Felsen eine zu schlechte Qualität aufwies, mußte man ihn verputzen.

Sobald eine Felswand als korrekt eingestuft wurde, schufen die Zeichner die wichtigsten Züge eines Systems harmonischer Proportionen. Die »Zeichenunterlage«, die in mehreren Gräbern sichtbar gelassen wurde, erlaubte es, die Gesamtheit der Verzierungen zu organisieren. Hier und da verwischte der Meister eine unperfekte Linie und brachte Korrekturen an. Nun oblag es dem Bildhauer, die Konturen mit der Schere einzuritzen, ohne den kleinsten Irrtum zu begehen. Meistens wurde die Zeichnung in Rot angefertigt und die Korrektur in Schwarz. Das Hauptrechenmittel war die Meßschnur.

Mehrere Berufe arbeiteten zu gleicher Zeit im selben Grab, was eine strenge Arbeitsorganisation voraussetzte und eine perfekte Verteilung der Arbeiten. Man bleibt sprachlos vor dem Können dieser Erbauer, der unheimlichen Präzision ihrer Hände, der Perfektion der Hieroglyphen und Bilder.

Faszinierend ist der Überfluß und die Schönheit der Farben, die sich leider alarmierend zersetzen. Die roten und gelben Ocker, die aus natürlichem Sulfid von Arsenik und Eisenoxid gewonnen wurden, die schwarzen und weißen Pigmente, aus Kohle und aus dem Kalk gewonnener Kreide gebildet, die blauen und rosa Pigmente des Lapislazuli oder des Azurit vom Sinai und der Mischung aus rotem Ocker und Kreide. Diese Pigmente waren von außergewöhnlicher Qualität. Erst die Umweltverschmutzung schaffte es, ihren Glanz abzustumpfen, wo selbst die Zeit keinen Einfluß hatte.

Beleuchtungsprobleme

Viele Besucher wundern sich darüber, daß man selbst in den tiefsten Gräbern keine rußgeschwärzte Decke findet. Wie beleuchteten die Handwerker den Raum, in dem sie doch mitunter sehr kleine Hieroglyphen und mit höchster Genauigkeit zeichnen mußten?

Lampen und Dochte waren Objekte von großem Wert, die streng verwaltet wurden. Man stellte Dochte mit Teilen von gedrehtem Leinen her, das in Salzlauge getaucht und nach dem Trocknen mit Fett und Sesamöl eingerieben wurde. Diese Technik, die man vielleicht um noch andere, bislang nicht identifizierte Zutaten ergänzen muß, erlaubte es, ein gutes Beleuchtungssystem zu erhalten, da die Fackeln nicht rußten.

Viele Berufsgeheimnisse wie dieses wurden vergessen und gingen verloren. Sie setzten genaue Kenntnisse des Materials, eine tägliche Anwendung und eine fortschreitende Verbesserung in der Praxis voraus. Im Grab Nummer 55 ist auch eine eigenartige Person dargestellt, die auf den Knien eine Lampe mit angezündeten Dochten trägt. Der Name dieses Gottes ist *Heh*, die Ewigkeit, der den Auftrag hat, das Licht zu verbreiten.

Dauer eines Baues

Wieviel Zeit benötigten die Handwerker von Deir el-Medina, um ein Königsgrab zu graben und auszugestalten? Im speziellen Falle von Ramses I. ist die Antwort einfach, da die Regierungszeit dieses Pharaos sehr kurz war: weniger als zwei Jahre. Die Bruderschaft schuf in dieser durch das Schicksal diktierten kurzen Zeitspanne ein sehr schönes Grab, obwohl dessen Ausmaße bescheiden waren.

Wenn man der Tradition vertraut, nach welcher die

Mumifizierung eines Königs siebzig Tage dauerte, kann man davon ausgehen, daß die Zeichner und Maler nur über wenig Zeit verfügten, um die Verzierung eines Grabes zu beenden. Das Werk selbst mußte schon seit langem begonnen worden sein. Nach Jaroslav Cerny ist es möglich, daß das eigentliche Graben nicht länger als zwei Jahre dauerte. Der Dekor konnte im Jahre 4 einer Regierungszeit beendet sein. Nach einer plausiblen Hypothese reichten sechs Jahre aus, um ein sehr großes Grab zu beenden, wie das Setoys I. Daher hat die Bezeichnung »unvollendetes Grab« kaum einen Sinn, da in den meisten Fällen das Fehlen von Zeichnungen oder Gravuren dem Willen des Pharao und dessen Baumeister zuzuschreiben ist.

6
Vom Verlassen des Tales zur arabischen Invasion

Touristen der Antike

Die XXI. Dynastie erlebte die Aufgabe des Tales als königliche Totenstadt. In diesem XI. Jahrhundert v. Chr. hing das Schicksal Ägyptens mehr vom Norden als vom Süden ab. Während die Mittelmeerzivilisationen sich auf dem Wege zu tiefgreifenden Umwälzungen befanden, hielt sich die Mittelmeerbevölkerung der Zwei Erden immer mehr an alte Traditionen. Welches Schicksal hatte das Tal der Könige zwischen der XXI. Dynastie und der Eroberung von Alexander dem Großen? Es gibt Dokumentationen darüber. Es ist wahrscheinlich, daß die berühmte Totenstadt nicht genauso bewacht wurde wie zu ihrer Blütezeit. Aber es ist unmöglich, den genauen Zeitpunkt zu bestimmen, an dem die Machthaber beschlossen haben, die großen Gräber der Ramessiden offen zu lassen, ihres Inhalts entledigt, entweder durch Plünderer oder durch den Staat selbst, um das Begräbnismobiliar in Sicherheit zu bringen, in Verstecken, die noch nicht alle entdeckt wurden.

In einer schwer zu bestimmenden Zeit wurde das Tal zu einem Hort des Tourismus. Die Griechen gaben den Gräbern den Namen »Syrinx«, da sie ihrer Ansicht nach den langen Flöten der Hirten ähnelten. Leicht zugänglich und weit und hoch im Inneren, wurden die schönen Grabmale des Endes der XIX. und der XX. Dynastie wahrscheinlich seit der Antike besucht. Man durchschritt sie ohne Schwierigkeiten, und sie waren leicht auszumachen aufgrund ihrer großen verzierten Portale. In der Niederen Epoche haben sie übrigens auch Einzelpersonen als Gruft für ihre Mumien gedient.

Um das Jahr 60 v. Chr. besuchte der griechische Reisende Diodoros von Sizilien das Tal; »sie sind bewundernswert«, schrieb er über die Gräber, »und lassen der Nachwelt überhaupt keine Möglichkeit, noch etwas Schöneres zu schaffen«. Bei Gesprächen mit in der Geschichte des Tals kundigen Priestern erfuhr Diodoros, daß mehr als vierzig Königsgräber an diesem außergewöhnlichen Ort gegraben wurden, die Mehrzahl wäre zerstört worden, und es blieben nur noch elf Gräber übrig.

Siebzig Jahre später wurde ein römischer Reisender, der passionierter Geograph war, von der Herrlichkeit des Tals überwältigt. Auch er hielt die mündliche Weitergabe fest, nach der um die vierzig Gräber existiert hätten.

Griechen und Römer schätzten den Ausflug in das Tal sehr. Wie die Vandalen der heutigen Zeit hinterließen sie ihre Spuren in Form von Graffiti. Es wird von mehr als zweitausend berichtet. Das älteste, im Grabe von Ramses VII. entdeckt, stammt aus dem Jahre 278 v. Chr. Phönizier, Zyprioten und Armenier blieben nicht unbeteiligt. Die ersten Inschriften sind respektvoll und loben die Schönheit des Ortes. Später werden sie selbstherrlich und dumm, wie das Graffito eines Römers, der sich über die Gräber lustig macht und eine Betwand benutzt, um seine Ernennung zum Gouverneur mitzuteilen.

Im ersten Jahrhundert v. Chr. ist das Tal der Könige also zum ersten Mal Opfer eines Massentourismus.

Christen in heidnischen Gräbern

Das Christentum faßte in Ägypten auf zweierlei Art Fuß, mit dem Kloster, das Arbeit und Meditation vereinte, und individuell, mit Eremiten und Einsiedlern, unter denen es gefährliche Fanatiker gab, die aufgehetzt waren, die Tempel zu zerstören, die Kapellen in Brand zu setzen und die Göttinnen zu entfernen, da der Teufel als Frauenkörper erscheine.

Das Tal wurde kolonisiert. Die Gräber wurden Zellen, und das Grab von Ramses VI. wurde sogar als Kirche genutzt. Die neuen Bewohner schätzten die Stille und Größe an diesem Ort. Ohne weit entfernt zu sein vom Nil und dessen Kulturen, befanden sie sich tatsächlich in einer anderen, vom Jenseits durchdrungenen Welt. Sie schrieben ihre Namen an die Wände, wandelten die Ruhestätten der Pharaonen in Küchen, Ställe und Schlafzimmer um, und man entdeckte Haushaltswaren, Nahrungsreste und halluzinogene Pflanzen, die zweifelsohne der mystischen Ekstase dienten. Doch sie vernichteten die heidnischen Grabstätten nicht vollständig, die doch bis obenhin mit Gottheiten und befremdlichen Figuren angefüllt waren. Der Zauber des Tales bewahrte es vor dem Desaster.

Erst im VI. Jahrhundert n. Chr. triumphierte das Christentum definitiv in Ägypten. Philae, der letzte noch genutzte »heidnische« Tempel, war auf blutige und brutale Art geschlossen worden, so daß sich nichts mehr der Überlegenheit der neuen Religion in den Weg stellte. Als Provinz des byzantinischen Imperiums praktizierte Ägypten ein Christentum, das von Ketzerei geprägt war und sich nicht selten von den Dogmen entfernte. Ernste Konflikte kündigten sich an. Eine eigene Kultur hätte sich in Verbindung mit den Mittelmeerzivilisationen entwickeln können, aber Ägypten wurde von einem im Niedergang begriffenen Byzanz geleitet, das es den Arabern ließ, ohne auch nur an eine Verteidigung zu denken. Im Jahre 537 besuchte der Graf Orion das Tal der Könige. Es ist der letzte Besuch eines ehrbaren Byzantiners vor der arabischen Eroberung.

Das Grab Ramses' VII. (Nr. 1)

Wenngleich über die Regierung von Ramses VII. besonders wenig bekannt ist, hat sein Grab die Ehre, die Nummer 1 nach der Inventarliste aus dem XIX. Jahrhundert zu tragen. Ihres Inhalts entledigt, wurde es seit der Antike besucht.

Ramses VII., Sohn Ramses' VI., regierte vielleicht acht Jahre lang (1136–1128), obwohl es erstaunlich wenige Orte gibt, die den Namen dieses Herrschers tragen. War seine Herrschaft vielleicht von kürzerer Dauer oder seine wirkliche Macht nicht besonders stark? Gewöhnlicherweise wird diese Epoche in dunklen Worten beschrieben: fortschreitende Inflation, verarmtes Land, Hungersnot, inexistente Zentralgewalt, Diebstähle, Unterschlagung der Lebensmittel usw. Dieses apokalyptische Bild muß sehr verfeinert werden, denn es gibt kaum genaue Zeugenaussagen, und man muß viel in die Dokumente hineininterpretieren, um zu solch einer düsteren Zeichnung zu kommen. Gewiß, Ägypten hat nicht mehr die Ausstrahlung der Blütezeit des Neuen Reiches, aber es erlebte sicher nicht einen solchen Zusammenbruch. Zweifelsohne gab es eine Wirtschaftskrise, deren Ausmaße aber nicht genau zu bestimmen sind.

Das Grab ist sehr zerstört und gehört nicht zum Besucherrundgang. Sein monumentaler Eingang öffnet sich am Fuß einer Art Hügel. Im Gang opfert der König dem Sonnengott, Rê-Horakthy, und die Sonnenbarke, mit der sich Pharao identifiziert, gleitet hinunter in die Tiefen. Gold ist die dominierende Farbe. Es herrscht ein Eindruck der Klarheit und der ungetrübten Freude in dieser Welt, wo die Regeneration die erste Rolle spielt. In der Sarkophagenkammer, deren Decke mit astrologischen und astronomischen Figuren verziert ist, wacht eine herrliche Statue der Göttin der Magie, die erschreckende Löwin Sekhmet, die zur sanften Katze Bastet wird für diejenigen, die die rituellen Formeln kennen, um sie zu besänftigen.

Das Grab Ramses' II. (Nr. 7)

Der berühmteste der Pharaonen, Ramses II. (1279–1212), auch »Der Große« genannt, regierte siebenundsechzig Jahre lang. Von Norden nach Süden steht sein Name auf einer unglaublichen Anzahl von Monumenten, als wenn er das gesamte Ägypten neu erbauen ließ. Wenn er auch ein außergewöhnlicher Bauherr war, so sind ihm vor allem auch Restaurationsarbeiten an einer ganzen Reihe von Gebäuden zu verdanken.

Ramses II. ist das Opfer seines Rufes: der des Kriegsherrn, dessen höchster Sieg der über die Hethiter in Kadech war. In Wirklichkeit ist nicht einmal sicher, ob die Schlacht je stattgefunden hat, und es ist anerkannt, daß keine der beiden Nationen einen militärischen Sieg davongetragen hat. Auge in Auge, wurden sich die beiden Armeen darüber bewußt, daß ein Aufeinandertreffen nirgendwohin führen würde. Ramses II. und der Herrscher der Hethiter zogen es vor, einen Nichtangriffsvertrag zu unterzeichnen, der den Frieden im Nahen Osten während mehrerer Jahre sicherte. Ramses II. hat die Zeit genutzt, um sein Land zu verschönern und die göttliche Macht zu verehren. Die Vollendung der riesigen Säulenhalle von Karnak reicht aus, um das Genie ihrer Architekten zu beweisen.

Der König richtete seine Hauptstadt in Pi-Ramses ein, im Delta, am Ort des heutigen Tell el-Dabâ. Theben war nicht mehr das vitale Zentrum des Landes, und der König residierte oft im Norden, um sich über die politischen und militärischen Entwicklungen in Asien auf dem laufenden zu halten. In der XXII. Dynastie wurde Pi-Ramses, eine herrliche, von Kanälen durchquerte Stadt, die bekannt war für ihre Parks und Blumengärten, zugunsten von Tanis aufgegeben.

Ein Hauptaugenmerk von Ramses II. galt der Erhaltung des Gleichgewichtes im Lande. Im Norden erbaute er Pi-Ramses, arbeitete in Heliopolis, der heiligen Stadt zur Zeit der Pyramiden. In Mittelägypten kümmerte er sich um Hermopolis, die heilige Stadt des Gottes Thoth. Im Süden, in Theben, ließ er Karnak und Luxor zum Westufer hin vergrößern. Er überschüttete Nubien mit Heiligtümern, deren bekanntestes das von Abu-Simbel ist; es besteht aus zwei Tempeln, der eine der Auferstehung Pharaos gewidmet, der andere der berühmten Königsgattin Nefertari.

Ramses, der »Sohn des Rê«, wachte darüber, daß ein vernünftiges Gleichgewicht zwischen den Kulten herrschte: Seth im Norden, Rê in Heliopolis, Ptah in Memphis und Amon in Theben. Er wollte verhindern, daß die weitflächigen Domänen Amons die thebanischen Priester auf den Gedanken bringen, geistige und zeitliche Macht so zu vermischen, daß sie dabei vergessen, daß Pharao die Oberhoheit hat, als einziger Priester, als Vermittler zwischen Himmel und Erde.

Es war Ramses II. und nicht Haremhab, der Echnaton niederreißen ließ, die Hauptstadt von Echnaton und Nofretete, die einem der Aspekte des göttlichen Lichts, Aton, gewidmet war. Der Sohn des Rê, der dasselbe Licht im weiteren Sinne hervorhob, verdunkelte also diese atonische Episode, eine Übergangszeit.

Der »Tempel der Millionen Jahre« von Ramses II., das Ramesseum, in dem das unsterbliche Prinzip, das in Pharao verkörpert wird, angebetet wurde, bleibt einer der anrührendsten Orte in Westtheben. Das Gebäude hat sehr gelitten. Als einziges erhebt sich noch, majestätisch, die Säulenhalle, die dem Zentrum voranging. Auf dem Boden liegt ein gewaltiger zusammengebrochener Koloß. Zwischen dem Turm und dem Tempel wächst eine Akazie, in deren Schatten es gut tut, in den heißen Stunden auszuruhen.

Mußte der größte der Pharaonen nicht auch das größte und prächtigste Grab bauen? Registriert unter der Nummer 7, wurde es ab der späten Antike ausgeraubt. Mobiliar und Schätze wurden entweder verlegt oder gestohlen. Zweifelsfrei wurde es auch mit Resten zugeschüttet und der Eingang unkenntlich gemacht. Es scheint, als wenn Harry Burton es zwischen 1913 und 1914, während einer Periode von Ausgrabungen, geschafft hätte, sich durch die Steinmasse hindurchzuarbeiten und ganz nahe an die Gruft zu gelangen. Überraschenderweise wurde das Grab Ramses' II. nie vollständig ausgeraubt. Einige Archäologen meinen, daß dies einen zu großen Aufwand erfordert hätte.

K. A. Kitchen zufolge stieg man einen Flur hinunter, der den vier »Passagen Gottes« entsprach, kam anschließend in eine Halle, in der man mit den Göttern zusammentraf und die Rituale über der Mumie vollzogen wurden. Danach kam man in den Saal, in dem die königlichen Wagen aufgestellt waren. Die Seele Ramses' benutzte sie, um gegen die Feinde des Jenseits zu kämpfen. Der Weg mündete in einen weiteren Gang, an dessen Wänden die Riten der »Öffnung des Mundes« zu sehen waren, und endete in der »Halle der Regel«, in dem der Pharao als gerecht vom Gericht des Jenseits anerkannt wurde. Diese »Halle der Regel« markierte eine Änderung der Achse im rechten Winkel. Eine enge Tür bot Zugang zum »Platz des Goldes« mit acht Säulen, der selbst Öffnungen zu mehreren kleinen Zimmern hatte, darunter dem Tresor, einem »Platz der Entfaltung der Götter« und der Halle der »Antworter«, die mit den Bauarbeiten in der Ewigkeit betraut sind. Im Herzen des »Platzes des Goldes« thronte der gewaltige Sarkophag des Königs, sein Uterus der Wiederauferstehung. Weder eine Publikation noch eine Studie der Gesamtheit erlauben es, den gemeißelten und gemalten Dekor zu beschreiben, dessen Schönheit man nur erahnen kann. Man weiß, daß Ramses auf die Felsenwände die Passagen aller großen Begräbnistexte schreiben ließ. Sein Grab erscheint wie eine theologische Zusammenfassung, in der auch die Gesamtheit der Formeln der Auferstehung figuriert.

Die Mumie Ramses' II. hatte ein glücklicheres Schicksal als seine Grabstätte. Im Jahre 25 der Herrschaft von Ramses XI. ließ der Hohepriester Herihor die Mumie aus dem

Sarkophag holen, der durch Grabräuber bedroht war, und brachte sie in Sicherheit in das Grab von Setoy I. Da auch dieses von Plünderungen bedroht wurde, unternahm Ramses II. eine erneute Reise unter dem Schutz des Hohepriesters Pinodjem. Diesmal erwies sich die Maßnahme als wirksam. Das Versteck von Deir el-Bahari, wo der Pharao in Begleitung vieler anderer Herrscher ruhte, blieb bis ins 19. Jahrhundert unberührt.

Ramses II. war trotzdem nicht am Ende seiner Reisen angekommen. Vom Versteck in Deir el-Bahari wurde er in das Museum von Kairo überführt, wo der Monarch den Blicken der Touristen ausgesetzt war. Nach dem Schließen des Saales der Königsmumien vor der Öffentlichkeit stellte man fest, daß Sporenpflanzen die Substanz des ehrwürdigen Körpers bedrohten. Es wurde die Entscheidung getroffen, ihn zu einer Kur nach Paris zu schicken, wo Ramses im September 1976 eintraf. Nach sieben Monaten der Untersuchungen und Behandlungen kehrte die Mumie geheilt nach Ägypten zurück.

Die Ärzte, die den berühmten Patienten gepflegt haben, der ein sehr hohes Alter erreicht hatte, stellten fest, daß er an Spondylarthrose und Arteriosklerose litt. Das Herz befand sich im Torax, die Nase war neu modelliert worden, und man hatte Pfefferkörner in die Nase, den Hals und den Bauch gesteckt. Viele andere Einzelheiten, wie die Rotfärbung der Haare, gingen aus einer genaueren Studie hervor. Das Gesicht Ramses' II. hat, dreitausend Jahre nach seinem Tode, Größe und Mächtigkeit bewahrt. Die natürliche Autorität des Herrschers bleibt eingeschrieben in seine Züge. Er ist zweifellos einer der bemerkenswertesten Pharaonen der ägyptischen Heldengeschichte. Das Jahrhundert von Ramses II. war unter mehreren Gesichtspunkten eine glückliche Zeit; seine Mumie ist heiter und grandios.

7
Von der Eroberung durch die Araber bis zur ersten Ausgrabung

639: und die Nacht breitete sich über das Tal

Das pharaonische Ägypten hatte ein schweres Leben. Philae hatte seine Türen erst im VI. Jahrhundert n. Chr. geschlossen, und im triumphierenden Christentum überdauerten mehr oder weniger maskiert viele Elemente der alten Religion. Der Mythos des Kommens des Christen-Königs war nur eine Adaption des Mythos der Schaffung der ägyptischen Zivilisation, jener des König-Gottes; die Jungfrau war die Wiederverkörperung der riesigen Figur der Isis, die ein Kind, das Retter und Erlöser ist, gebiert. Die ersten klösterlichen Gemeinschaften wurden durch Regeln der Tempel inspiriert; das Verhältnis von Hand und Geist, das für Ägypten fundamental war, behielt bei ihnen seine Bedeutung.

Ägypten orientierte sich also in Richtung eines Christentums auf orientalische Art und eine koptische Kultur, in denen sich pharaonische, griechische, römische und byzantinische Elemente mischten. Wenn man sich in die Geschichte zurückversetzt, so kann man sich ohne große Mühe ein christliches Land vorstellen, das sehr offen für Einflüsse aus dem Mittelmeerraum ist und einen Gleichgewichtspol zwischen dem Westen und der arabischen Welt darstellt. Aber es handelt sich nur um eine Utopie, und der Tag um 639 (oder 642) würde kommen, an dem sich das Schicksal Ägypten radikal gewandelt hat.

Das Land widerstand kaum den arabischen Eroberern,

die danach trachteten, sich die reiche und schlecht verteidigte Erde unter den Nagel zu reißen. Byzanz in voller Auflösung begriffen, war unfähig, die kulturelle und strategische Bedeutung des alten Landes der Pharaonen zu verstehen. Die Christen, von denen einige das Verschwinden der byzantinischen ungerechten Unterdrücker-Verwaltung gefordert hatten, gaben ihre Hoffnungen auf. Im Namen des Koran wurden sie geschlagen und ihrer Habe beraubt. Die Invasionsarmee beging einige Massaker, und die Mehrheit der Klöster verschwand. Die kleine Gruppe von Eremiten im Tal der Könige wurde ausgerottet oder verjagt.

Finstere Nacht breitete sich über das Ägypten der Pharaonen.

Im Gegensatz zu den vorhergehenden Invasoren – Perser, Griechen, Römer, Byzantiner – spürten die Araber weder Respekt noch Interesse für die märchenhaften Monumente. Die muslimischen Werte waren völlig verschieden von den Werten des alten Ägypten. So war es für die Tempelgelehrten notwendig, das Göttliche in einem Werk zu formulieren; Amon, der verborgene Gott, muß sich in einer Statue verkörpern, die nicht er ist, aber sein Geheimnis enthüllt, ohne ihn zu zerstören. Die muslimische Religion hingegen untersagt jegliche Darstellung des Göttlichen. Die ägyptische Zivilisation, die es gewagt hatte, dem Tod ins Angesicht zu sehen, war eine glückliche Gesellschaft, wo die Lebensfreude nicht mißachtet wurde. Man trank gern ein Schlückchen Bier oder ein Gläschen Wein. Die arabischen Eroberer rissen fast alle Weinstöcke aus. Ägypten kannte bisher kein Dogma, kein heiliges Buch, das eine definitive Wahrheit behauptete. Der Islam erzwang den Koran.

Die islamische Kultur verstand sich weder als Weiterführung noch als Verlängerung der pharaonischen Kultur. Der Ort der Spiritualität ist nicht mehr der Tempel, sondern die Moschee. Friedhöfe in einer neuen Art empfangen die Toten, ein anderer Kult wird zelebriert, neue Bräuche werden eingeführt.

Die spirituellen Werte wurden verändert, die körperlichen Gewohnheiten ebenfalls. Das alte Ägypten, das berühmt war für die Pracht seiner Gewänder und seines Schmucks, sah in der Nacktheit überhaupt keinen Verstoß gegen die Sitte. Bauern und Fischer arbeiteten während der heißen Perioden nackt, Männer und Frauen badeten nackt, der Pharao und seine Gattin bekleideten sich nicht, um eine Mahlzeit mit ihren Kindern einzunehmen, wie es die Szenen aus der Epoche Echnatons zeigen. Der Islam bedeckte die Körper und verbarg sie, vor allem die der Frauen. Die langen schwarzen Kleider, wenngleich wenig empfehlenswert in einem heißen Land, sind erstaunlicherweise das Erbe einer christlichen Mode, die darauf bestanden hatte, sich so zu bekleiden, um den Christ zu betrauern!

Hundert Jahre nach der arabischen Invasion hat die Nacht des Vergessens das Ägypten der Pharaonen bedeckt. Theben und das Tal der Könige verschwanden von den geographischen Karten und aus dem Gedächtnis der Menschen, als ob sie nie existiert hatten. Die arabischen Gelehrten waren schnell desinteressiert, nachdem sie sich gefragt hatten, ob die Pyramiden, Tempel und Gräber nicht sagenhafte Schätze bargen, und erwähnten erstere nicht einmal in ihren Schriften, als ob die pharaonische Vergangenheit nicht vor ihren Augen existierte. Als Champollion in Luxor ankam, sah er nicht viel von dem bewundernswerten Gebäude. Es war von Familien bewohnt, die über die Jahrhunderte eine Menge Abfall angesammelt hatten. Einige der Monumente wurden durch den Sand gerettet. Teilweise oder völlig davon durchdrungen, entgingen sie der Zerstörung. Die Mehrheit der Tempel, die gar keinen heiligen Wert in den Augen der neuen Okkupanten hatten, dienten als Steinlieferanten.

Zwei Kapuziner und ein Jesuit

Von der Eroberung durch die Araber bis zum XVI. Jahrhundert verschlug es keinen westlichen Reisenden über Kairo hinaus. Ägypten war ein feindseliges, verschlossenes und gefährliches Land geworden. Niemand wußte, was im Süden geschah. Nur die Hauptstadt zog einige Abenteurer an.

Das Tal der Könige vegetierte in der Verlassenheit und der Stille dahin. Es wurde als ein beunruhigender Ort angesehen, verflucht von bösen und gefährlichen Geistern. Kein arabischer Text erwähnt es.

1589 gab es einen ersten Lichtschein. Ein Venezianer, dessen Name nicht überliefert wurde, gelangt bis nach Nubien. Er kam durch das alte Theben, aber erkannte es nicht und hielt sich nicht am Westufer auf. Dem Reisenden fehlte es nicht an Mut, und es gelang ihm, in einer ebenso seltsamen wie gefährlichen Umgebung zu überleben, obwohl er einige bewundernde Gefühle für die antiken Monumente durchscheinen ließ.

1668 kennzeichnet eine – oh wie schüchterne – Wiedergeburt des Tals. Zum ersten Mal seit zehn Jahrhunderten ungefähr erwähnten zwei Entdecker, die Kapuzinerväter Protais und François, die Existenz von Biban el-Muluk, »Die Tore der Könige«. Aber erst dem Jesuiten Claude Sicard kam die Ehre zu, die Ruinen von Theben und des Tales der Könige während seiner Reise in Ober-Ägypten zwischen 1707 und 1712 genau identifiziert zu haben. Nach einem Jahrtausend in totaler Dunkelheit fand der Ort wieder eine Identität.

Claude Sicard war ein rauher Bursche, stark in seinem Glauben, der vor nichts und niemandem Angst hatte. Seine Gelehrsamkeit und seine geschärfte Beobachtungsgabe erlaubten es ihm, mit Exaktheit die Spuren der großen Hauptstadt des Neuen Reiches und der herrlichen königlichen Totenstadt zu erkennen.

»Die Grabmäler von Theben«, schrieb er in bezug auf das Tal, »sind in den Felsen gegraben, und mit einer erstaunlichen Tiefe. Man tritt ein durch eine Öffnung, die höher und breiter ist als die größten koscheren Tore. Ein langer unterirdischer Gang, der zehn bis zwölf Fuß breit ist, führt zu den Kammern, in einer von ihnen ist das vier Fuß erhobene Grab aus Granit: Darüber ist etwas wie ein Kaiseradler, der es bedeckt und der allen anderen Ornamenten einen wirklichen Hauch von Größe verleiht. Hallen, Kammern, alles ist von oben bis unten bemalt. Die Vielfalt der Farben, die fast so lebhaft sind wie am ersten Tag, hat einen bewundernswerten Effekt.« Vater Sicard besuchte zehn Gräber, fünf davon gut erhalten, fünf weitere zum Teil Ruinen. Da er die Hieroglyphen nicht entziffern konnte, war er nicht imstande, die Namen der Begrabenen festzuhalten. Wenn man seinen Bericht mit Aufmerksamkeit liest, kann man erraten, daß er sehr beeindruckt war vom riesigen Sarkophag von Ramses IV.

Nicht ohne Angst arbeitete sich Claude Sicard in die Tiefen der Erde vor, erleuchtet von einer Fackel. Die Ausmaße der ramessidischen Gräber überraschten ihn, und er drückte seinen ehrlichen Respekt vor dem Können der Bauarbeiter aus. Aber der Jesuit verstand nicht das Ziel und die Bedeutung der Stätten für die Ewigkeit. Er glaubte, daß die Reliefs anekdotischer Natur waren und Szenen aus dem Leben erzählten, Siege und Niederlagen der Könige Ägyptens.

Pococke, der Mann des Klerus

Das Tal der Könige, hoher Ort der pharaonischen Spiritualität, verdankt viel den Geistlichen des XVII. und XVIII. Jahrhunderts. Nach den zwei Kapuzinern und dem Jesuiten tritt ein britischer Mann des Klerus, Richard Pococke, in

Erscheinung. 1739 besuchte der zukünftige Bischof das Tal. Wenngleich Theben und insbesondere das Westufer gefährliche Orte geblieben waren, wo Räuberbanden wüteten, unternahm er unbeeindruckt eine erste archäologische Arbeit. Wie seine Vorgänger widmete er sich dem literarischen Genre des Reiseberichts und veröffentlichte seinen 1743 unter dem Titel *Description of the East*; von dem Tal eingenommen, skizzierte er den ersten bekannten Plan und kennzeichnete darin die Lage der Gräber, die er erforscht hatte. Von den achtzehn entdeckten Gräbern sind neun zugänglich. Der Stil der Zeichnung ist wenig wissenschaftlich und sieht einem Phantasiegemälde ähnlicher als der Wirklichkeit, außerdem ruft das Dokument einige kleine Probleme hervor: Der Eingang zu den Gräbern hat eine eigenartige Lage, und die Anzahl der Gräber scheint hoch zu sein. Pococke notierte die Anwesenheit von mit Stöcken bewaffneten Wächtern, deren Rolle sicherlich darin bestand, den berühmten Bakschisch einzutreiben, und nicht, die Monumente zu schützen. Die Ausbeutung des Touristen entstand. Wenn Reisende von so weit her sich für diese alten Grabstätten interessierten, wurden sie zu Vermittlern von Wohlstand.

Pococke geriet, wie auch Sicard, in Verzückung vor der Frische der Farben, deren Konservierungszustand ihn überraschte. Aber der zukünftige Bischof überschritt nicht das Stadium der ästhetischen Begeisterung und fragte sich nicht nach der Bedeutung dessen, was er sah. Sein Verdienst ist es, der erste moderne Kartograph des Tals zu sein. Er hat den Eingang der Stätte sehr gut gezeichnet, der inzwischen leider für touristische Zwecke vergrößert wurde. Damals bestand er noch aus einem engen Durchgang, der in den Felsen gegraben war.

Die Zeit der religiösen Männer geht zu Ende, und die Zeit der Ungläubigen beginnt.

8
James Bruce und Ramses III.

Ein unbezähmbarer Schotte

Mitte des XVIII. Jahrhunderts blieb der Süden Ägyptens eine Gegend des Abenteuers, wo der Reisende, der furchtlos genug war, um die Gegend zu durchqueren, wirklichen Gefahren ausgesetzt war. Die Reisebeschreibungen der religiösen Männer laden die Liebhaber der Geheimnisse des Orients zum Träumen ein. Einige geben auf, nachdem sie die Situation hinsichtlich der Risiken analysiert haben. Nicht so der Schotte James Bruce, der sich von 1768 bis 1769 in Ägypten aufhält.

In Theben verlangt er, das Tal der Könige zu sehen. Seine Führer versuchen, ihn davon abzubringen. Der Ort sei schwer zu begehen. Außerdem gäbe es dort nichts Interessantes. Der störrische Schotte besteht darauf. Man erklärt ihm, daß Banditen in der Gegend leben, die sich vielleicht im Tal niedergelassen haben und denen kein ehrlicher Führer Lust hat zu trotzen. Dank der magischen Eigenschaften des Bakschisch gelingt es James Bruce, seine Führer zu überzeugen.

Die Überquerung des Nils geschah ohne Zwischenfall, ebenso der Weg zwischen dem Ufer und dem Tal. Bruce ist beeindruckt von der Landschaft und beglückwünscht sich dafür, auf den Weg bestanden zu haben. Aber seine Führer zeigen sich mürrisch und unangenehm. Sie möchten wieder weggehen vom Tal, noch bevor sie es richtig betreten haben. Doch er gibt nicht auf. So gelangt er durch den engen Durchgang und dringt in ein Grabmal vor, das durch ein majestätisches Portal zu erkennen ist.

»Endlich in Ruhe«, stellt er fest, als er die bewundernswerten Reliefs im Licht der Fackeln entdeckt. Aber nach den ersten Schritten ins Innere des Grabes verlangen seine Führer, wieder herauszugehen. Sie sagen ihm die schlimmsten Unglücke voraus, wenn er vorhat, länger in dieser dämonischen Höhle zu bleiben. Da der Schotte darauf besteht, in der Besichtigung fortzufahren, lassen sie ihn im Dunkeln zurück.

Bruce ist gezwungen, ihnen sehr unzufrieden zu folgen. Mit Widerwillen steigt er aufs Pferd und kehrt zum Schiff zurück. Die Rückkehr verläuft nicht ganz so friedlich wie die Hinreise. Von den Hügeln, die den Weg säumen, wirft man mit Steinen nach ihm. Der Schotte ist nicht der Mann, der sich als Zielscheibe nehmen läßt, er schultert sein Gewehr und schießt auf seine Angreifer. Von nun an wird er im Tal respektiert und kann etwas länger in dem Grabmal arbeiten, das er gesichtet hatte.

Das Grab Ramses' III. (Nr. 11), genannt »Das Grab der Harfenspieler«

Nach einem ersten Plan, dem von Pococke, haben wir hier nun eine erste Zeichnung eines Reliefs von James Bruce. Die Hieroglyphen waren noch nicht entziffert, so konnte der Schotte den Namen Ramses' III. nicht lesen und nicht den Eigentümer des Grabes identifizieren. Da er fasziniert ist von einer Malerei, die zwei Personen darstellt, die Harfe spielen, tauft er das Monument »Grab der Harfenspieler« und zeichnet sie.

Das Ergebnis ist erschütternd. Die Kunst von Bruce hat nichts gemeinsam mit der der alten Ägypter, und in einer Schule von Schreibern und Zeichnern wäre er ganz einfach durchgefallen. Man hat den Eindruck, daß seine Hand nicht getreu wiedergeben kann, was sein Auge gesehen hat.

Die Veröffentlichung der schlechten Zeichnung von Bruce 1790 war eine Sensation. Die Öffentlichkeit, die das sah, konnte sich nicht vorstellen, daß die ägyptische Kunst solche Meisterwerke geschaffen hatte. Nach so vielen Jahrhunderten des Vergessens kam sie wieder an die Oberfläche und weckte die Neugier.

In einer Anzahl von Werken liest man noch, daß die Harfenisten die Wollust feiern, das leichte Leben und die Freuden. Das hieße, die Texte vergessen; die zwei Harfenspieler aus dem Grabe Ramses' III. erfüllen eine bestimmte Funktion: Sie singen den Namen des Königs vor Chu, dem Gott des Lichts, Onuris, der den Auftrag hat, das Auge der Sonne zurückzubringen, das weggegangen ist, und von Atum, dem Schaffungsprinzip. Wenn sie uns einen glücklichen, das heißt erfüllten Tag zugestehen, die täglichen Freuden zu kosten, dann bestehen sie darauf, daß das Glück nur erreicht werden kann, wenn man dem spirituellen Wunsch und seiner Intelligenz folgt.

Das Grab von Ramses III. ist eine reine Herrlichkeit. Die Skala der Farben ist freundlich und schillernd, zahlreiche originelle Züge verleihen ihm etwas Geheimnisvolles. Die Grabung wurde unterbrochen durch einen sehr seltenen Zwischenfall. Nach dem Graben des dritten Korridors gelangten die Steinhauer in das Grab von Amenmesse (Nr. 10), einem Pharao der XIX. Dynastie, der eine sehr kurze Regierungszeit hatte, scheinbar an die zwanzig Jahre vorher. War es ein Irrtum des Architekten oder der Wille, dieses Grabmal in das von Ramses III. mit einzubeziehen? Die Erbauer änderten die Achse und fuhren fort, parallel zu graben.

Was dieses Grab kennzeichnet, sind die einzigartigen Szenen, die in kleinen Kapellen hier und da am Hauptgang gemalt sind. Hier nimmt man teil an der Vorbereitung der Nahrung, die ewig im Jenseits serviert wird, am Bringen der Opfergaben durch die Götter des Nil, Personen mit hängenden Brüsten und prallen Bäuchen, an der Prozession der

Schutzgötter der Provinzen Ägyptens: Kurz, es ist die gesamte Natur, die an der Auferstehung des Pharaos mitarbeitet und so auch in die andere Welt versetzt wird. Auf den Mauern dieser Räume von bescheidenen Ausmaßen sind Möbel, Vasen, Schwerter, Lanzen, Bögen, Wagen, die alle zum Begräbnismobiliar gehören, dargestellt. Diese Objekte wurden rituell in das Grab gegeben und begleiteten den Monarchen in die Ewigkeit. Andere seltene Szenen: Der König persönlich schneidet Kornähren in den paradiesischen Feldern und rudert in einer Barke auf den blauen Kanälen der himmlischen Unendlichkeiten. Das Weiß und das Gold sind besonders strahlend.

Mit einer Länge von fünfundzwanzig Metern, aber nur an die zehn Meter unter das Niveau des Tals hinuntergehend, bietet das Grab des Königs die Haupttexte und die wichtigsten Szenen des Zusammentreffens mit den Göttern. Die Stufen der Auferstehung sind in einem großartigen Stil gezeichnet. Es wurde ein Holzfußboden installiert, um zu vermeiden, daß der von den Touristen bewegte Staub sich auf den Mauern festsetzt und die Farben noch mehr verdeckt. Dieses große Grabmal verdient einen langen Besuch.

Ramses III., der Großartige

Unglücklich verteilt, wie es häufig in der ägyptischen Archäologie vorkommt, befindet sich der Sarkophag von Ramses III. im Louvre und der Deckel im Museum Fitzwilliam von Cambridge. Die Mumie des Königs war im Versteck von Deir el-Bahari in Sicherheit gebracht worden; es war die Mumie eines relativ betagten Mannes, der zweiunddreißig Jahre lang regiert hatte (1186–1154) und in der Geschichte eine deutliche Spur hinterlassen hat.

Ramses III. hatte ein Vorbild, Ramses II., der hundertfünfundzwanzig Jahre vor seiner Thronbesteigung gestorben war. Trotz dieser Zeitspanne hatte er seinen glorreichen Ahnen nicht vergessen. Aber die internationale Situation hatte sich wesentlich verändert, und Ramses III., der nicht die langen Friedensperioden kennenlernte, derer sich noch Ramses II. erfreut hatte, mußte gefährliche Eindringlinge zurückweisen. Zweimal gelang es libyschen Banden, sich in das westliche Delta einzuschleichen, um die Ländereien und Dörfer einzunehmen. Zweimal stellte die ägyptische Armee die Ordnung wieder her. Im Jahre 11 der Herrschaft begriffen die Libyer, daß sie nicht stark genug waren, und gaben den bewaffneten Kampf auf.

Die Aggression der »Völker des Meeres« im Jahre 8 der Herrschaft war um vieles ernster. Diese Koalition der indoeuropäischen Völkerschaften breitete sich über Ägypten aus, um sich seine Schätze anzueignen. Die Armee von Ramses III. mußte sich einem zahlenmäßig überlegenen Gegner stellen und sowohl auf dem Festland als auch auf dem Nil kämpfen. Man vermutet, daß dies die erste große Seeschlacht der Geschichte war. Die ägyptische Strategie war erfolgreich. Inspiriert von den Szenen, die von der berühmten Schlacht von Kadech berichten, ließ Ramses III. auf die Mauern von Medinet Habu, seinem »Tempel der Millionen Jahre« auf dem Westufer, den Bericht über seine militärischen Erfolge schreiben, die Ägypten vor der Invasion retteten.

Medinet Habu – der Name dieses großen Heiligtums erinnert zunächst an ein befestigtes Tor und eine Einfriedung, dann an einen gigantischen Tempel, in dem man stundenlang spazierengehen kann. Wenn es Abend wird, verleihen die Farben der Dämmerung der Architektur die einstige Pracht; die großen Höfe, die mächtigen Säulen, die tief in den Stein gravierten Hieroglyphen künden von der Herrlichkeit einer Regierung, an deren Ende der unerbittliche Niedergang Ägyptens begann. Ramses III., weniger bekannt als Ramses II., hatte trotz allem erfolgreich die Integrität seines Landes erhalten und das Unglück abwenden können. Bis zuletzt blieb Medinet Habu ein Zufluchtsort und ein Hafen des Friedens. Hier befand sich der ursprüngliche Hügel, wo die göttlichen Ahnen begraben wurden, nachdem sie ihre Schöpfungsaufgabe erfüllt hatten. Nicht ohne tiefe Empfindung betritt man diesen Ort, an dem man die Anwesenheit von Sokaris spüren kann, dem Herrscher der Unterwelt, und der leichten Schatten der göttlichen Anbeterinnen, der weiblichen Dynastie, die über Theben herrschte.

Das Ende der Regierung von Ramses III. war tragisch. Der König stieß auf den Widerstand privilegierter religiöser Clans und mußte gegen einen heimtückischen Gegner kämpfen, eine Wirtschaftskrise, die sogar einen Streik in Deir el-Medina hervorrief. Die Handwerker protestierten, weil sie die Lebensmittelzuteilungen nicht mehr erhielten, die ihnen eigentlich zustanden. Der Staat kümmerte sich ohne Verzug darum, die Nahrung wurde geliefert, und die Arbeit wiederaufgenommen.

Im Palast gab es ein Komplott gegen den König. Frauen, Höflinge und hohe Funktionäre versuchten, Ramses zu töten, indem sie schwarze Magie anwendeten. Sie versagten. Die Führer wurden zum Tode verurteilt. Der König litt unter der Undankbarkeit seiner nächsten Kreise und unter dem Verrat derer, in die er sein Vertrauen gelegt hatte.

Ein eigenartiger Zeugenbericht

Es ist nicht einfach, vom Tal zu sprechen, einem von Natur aus unheimlichen Ort, und immer zu wissen, wer was und wann entdeckt hat. Wie kann man sicher sein, daß sich während eines Jahrtausends archäologischer Stille nicht doch ein Neugieriger in das Innere eines seit langem geschlossenen Grabmales hat hinuntergleiten lassen? 1792 sprach ein gewisser Browne mit den Einwohnern von Assiut, in Mittelägypten, und mit den Dorfbewohnern von Gurna, in Westtheben, wo die Mehrzahl der Häuser auf den Gräbern von Adligen gebaut wurden, die anschließend als Keller oder Speisekammer dienten. Aus diesen Unterhaltungen erfuhr er, daß mehrere Gräber des Tales erst in den letzten dreißig Jahren geöffnet wurden, auf Drängen eines Schatzsuchers hin, eines Sohnes des Scheichs. Seit dem Besuch von Pococke waren bestimmte Gräber wieder versandet und anschließend entsandet worden, aber Browne, dessen Bericht umstritten ist, überzeugt sich davon, daß neue Gräber ans Tageslicht gebracht wurden. Er selbst hat deren Malereien gesehen und sagt, daß sie »Rätselhaftes darstellen«.

9
Die ägyptische Expedition und Amenhotep III.

Soldaten und Wissenschaftler

Am ersten Juli 1798 legt Bonaparte in Ägypten an. Es ist der Anfang eines militärischen und kulturellen Abenteuers, das aus Ägypten ein französisches Territorium hätte machen können.

Die Franzosen befreien teilweise Ägypten vom Joch der Mamelucken, aber verstehen es nicht, ihre Siege auszunutzen, und überlassen es anderen, den leergewordenen Platz hinter ihnen auszufüllen.

Die ägyptische Expedition war nicht nur ein kriegerischer Vorstoß. Der zukünftige Imperator führte an die hundert Gelehrte mit sich, die den unterschiedlichsten Disziplinen angehörten, um eine »Beschreibung Ägyptens« vorzubereiten, deren Veröffentlichung 1809 begann. Das ist eines der erstaunlichsten wissenschaftlichen Abenteuer, die jemals unternommen und unter vergleichbar schwierigen Bedingungen erfolgreich zu Ende geführt wurden. Die Gelehrten, gewöhnt an Kabinette und Bibliotheken, sind nun gezwungen, zu beobachten, zu notieren, zu kalkulieren und zu zeichnen, während die Kugeln ihnen um die Ohren fliegen, und rings um sie herum getötet wird. Die Armee macht den Krieg, und sie erforschen die Geschichte eines Volkes, und mehr noch, einer mehrere tausend Jahre alten Zivilisation, die sehr verschieden ist von der arabischen Welt, der sie jeden Tag begegnen und die sie versuchen zu beschreiben. Archäologie, Ethnologie, Zoologie, Botanik... Die »Beschreibung Ägyptens« im Geist der Enzyklopädisten versucht, ein vollständiges Bild des Themas zu geben.

Vivant Denon, hoher Funktionär, gelegentlicher Schriftsteller und guter Zeichner, ist der berühmteste der Gelehrten, die sich mit Enthusiasmus an diesem Abenteuer beteiligen. Ein bißchen freigeistig, mit hellem Verstand und ausgestattet mit einer erstaunlichen Kaltblütigkeit, gelangt er mit Eleganz in das Herz des Tumults und pflanzt seine Staffelei dort auf, wo er es will, ohne sich vor dem Gegner zu ängstigen, vor dem man ihn ab und zu verteidigen muß.

Thebens Westufer ist nicht gerade der friedlichste Ort des Landes, aber die französische Armee erreicht um den Preis von oft tödlichen Scharmützeln den Süden. Mit ihr kommt der furchtlose Vivant Denon, der natürlich das Tal der Könige nicht verpassen will. Nicht ohne Neugier kommt er durch den engen Durchgang, der früher von den Wächtern des Pharao bewacht wurde, und stellt fest, daß man ungefähr fünfzehn Fuß über das Erdbodenniveau des Tales klettern muß. Der monumentale Eingang der offenen Gräber macht ihn neugierig. Er notiert die Permanenz von bestimmten Symbolen, wie des Skarabäus in einem Kreis, oder des Menschen mit Widderkopf (die wiederauferstandene Sonne) gleichermaßen in einem Kreis, oder zwei kniender Frauen an den beiden Seiten eines Diskus des Tages, die er nicht als Isis und Nephys identifizieren kann, die damit beauftragt sind, die Wiedergeburt des Lichts vorzubereiten.

Denon und einige Offiziere dringen mit Fackelbeleuchtung tief in die langen Gänge ein und betrachten die wunderbaren Malereien und die Säulen mit farbigen Hieroglyphen. Der Gelehrte ist neugierig und begeistert, aber die Soldaten gähnen vor Langeweile. Sie durchqueren die Gräber im Laufschritt. Vivant Denon protestiert. Er will diese Kunstwerke in Ruhe studieren, einige Tage vor Ort bleiben. Aber der Krieg hat seine Zwänge. Es ist unmöglich, dem Maler zu gestatten, was er verlangt. Nach einer sehr harten

Verhandlung mit dem Militär hat Denon schließlich Recht auf ... drei Stunden! Er wählt das Grab von Ramses III., das phantastische Farben hat, und zeichnet die gemalten Waffen aus einer der kleinen seitlichen Kapellen. Eine wohl bescheidene Expedition, die ihr Ende findet in der Entdeckung einer mageren Reliquie, dem kleinen Fuß einer Mumie; »ohne Zweifel der Fuß einer jungen Frau«, schreibt Denon, »von einer Prinzessin, einem charmanten Wesen, deren Schuh nie die Formen verändert hat und dessen Formen perfekt waren«. Théophile Gautier wird sich daran in seinem *Roman der Mumie* erinnern.

Zwei Ingenieure im Tal und das Grab von Amenhotep III. (Nr. 22)

Während Vivant Denon Ägypten in Begleitung von Napoleon verläßt, führen einige Mitglieder der Expedition ihre Untersuchungen weiter. So auch die zwei Ingenieure Prosper Jollois, dreiundzwanzig Jahre, und Baron Edouard de Villiers du Terrage, neunundzwanzig Jahre alt. Sie sind mir besonders sympathisch, da sie sich für die ägyptischen Monumente begeistern und deren Mächtigkeit und heiligen Charakter spüren. Leider befinden sie sich unter dem Befehl eines gewissen Girard, einem Ingenieur, auf Straßen und Brücken spezialisiert und völlig unsensibel gegenüber der pharaonischen Kunst. Trotz Schwierigkeiten der unterschiedlichsten Art fertigen Jollois und de Villiers eine große Karte vom Tal der Könige an, auf der sie sechzehn Gräber einzeichnen, darunter elf geöffnete. Sie stellen auch Ansichten von spektakulärer Ästhetik her, die aber zahlreiche Ungenauigkeiten aufweisen, Folge einer archäologischen Kampagne, die schnell und ohne große technische Mittel durchgeführt wurde.

Voller Neugier bleiben die zwei Freunde nicht am Hauptplatz. Sie wagen sich in den Westarm des Tales, der wild und isoliert ist, und entdecken den Eingang eines Grabes, den noch niemand gekennzeichnet hat. Sie untersuchen das Gebiet und fragen sich, ob ihnen nicht doch schon jemand zuvorgekommen ist. Der diskrete Browne, zum Beispiel, ist vielleicht in eine unterirdische Gruft geglitten, deren Eingang durch Felstrümmer versperrt war. An diesem Ende des Monats August des Jahres 1799 dringen Jollois und de Villiers, ohne es zu wissen, in die letzte Ruhestätte eines der bemerkenswertesten Pharaonen der ägyptischen Geschichte, Amenhotep III.* ein. Unfähig, die Texte zu lesen und seinen Namen zu entziffern, aber zu Recht überzeugt, daß die Hieroglyphen eine außergewöhnliche Weisheit verbergen, haben die zwei Männer keine Möglichkeit, das Grab zu leeren, um es zu untersuchen. Das Grabmal, das aus der Periode stammt, in der die thebanische Kunst ihren Höhepunkt erreicht hatte, ist bedauerlicherweise ziemlich zerstört; Vandalen haben es zerschlagen und uns eines großartigen Kunstwerks beraubt, dessen Verzierung eines Tempels von Luxor würdig war oder der großen Gräber der Adligen, wie jenes von Rechmire. Während der Niederen Epoche wurden die Mumien in diesem großen, noch wenig bekannten und sogar schwer wiederzufindenden Grab abgelegt. Nach den zwei Ingenieuren hat Wasser die Flachreliefs auf nicht mehr gutzumachende Weise beschädigt. Das Monument war würdig der Herrlichkeit seiner Regierungszeit: mehrere Säulenhallen, zahlreiche Kammern, ein in zwei Hälften geteilter Sarkophagensaal, die erste Hälfte mit sechs Säulen und an der Decke übersät mit astrologischen Darstellungen, und die zweite etwas niedrigere Hälfte, die den Sarkophag beherbergt.

Die Funde eines der märchenhaftesten Schätze des Neuen Reiches waren mager: ein Königskopf aus grünem Schiefer

---

* Sein Name ist oft irrtümlich als »Amenophis« übersetzt worden; Amen-hotep bedeutet »der versteckte (Gott) ist in voller Entfaltung«.

(Museum des Louvre), ein anderer aus Alabaster (in New York konserviert), ein Torso der Königin Teje, einer großen Königsgemahlin, aus Holz, ein Wiederauferstehungskollier aus Bronze, welches den Vornamen des Monarchen trägt, eine Bronzeplatte, auf der die Götter, die die lebenswichtige Dualität bilden, Chu und Tefnut, im Königspaar verkörpert sind, und vier Beerdigungsfiguren (Collection de Villiers).

Die Herrschaft Amenhoteps III.

Amenhotep III. regierte Ägypten achtunddreißig Jahre und sieben Monate lang, von 1390 bis 1352. Diese vier Jahrzehnte waren ein goldenes Zeitalter, in deren Verlauf die pharaonische Zivilisation reich, friedlich und glücklich künstlerische Höhen erreichte: den Tempel von Luxor, den Tempel von Soleb im Sudan, den »Tempel der Millionen Jahre« am Westufer, von dem nur noch die Kolosse von Memnon* übriggeblieben sind, Gräber von Adligen, Bildhauerkunst von außergewöhnlicher Qualität wie die Bildnisse von Sekhmet, der Löwengöttin, in zahlreichen Museen verstreut, oder auch die kürzlich unterhalb des großen Hofes in Luxor entdeckten Statuen. An der Seite von Amenhotep eine außergewöhnliche Königin, Teje, die eine entscheidende Rolle in der Regierung des Landes spielte, und ein großer Weiser, Amenhotep, Sohn des Hapu, dessen Andenken ebenso gehuldigt wird wie jenem Imhoteps, des Erschaffers der ersten Pyramide. Die Baumeister des Königs

---

*Der Vorname des Königs, Neb-Maât-Re, »das göttliche Licht (Rê) ist der Herrscher der Regel«, wurde phonetisch interpretiert als »Memnon«, dieses Wort wurde verwechselt mit dem Namen des griechischen Helden Memnon, Sohn der Aurora und Opfer des Achilles; man weiß, daß die zwei Kolosse aufgrund von Rissen eine Art Aurorengesang ausstrahlten. Der römische Imperator Septime Severe verdammte sie, indem er sie restaurieren ließ, zum Schweigen.

errichteten auch Monumente in Heliopolis, in Memphis, in Hermopolis, in Abydos und in El Kab.

Friedenszeit, weil das Königspaar die Diplomatie vorzieht und eine Allianz in Form von Hochzeiten mit einem gefährlichen Land abschließt, mit den Hurriten. Der asiatische Herrscher schickt seine Töchter an den ägyptischen Hof, wo sie den Namen wechseln, indem sie den König symbolisch heiraten.

Die von den Göttern geliebte Region ist das Zentrum der zivilisierten Welt, wohin Reichtümer und Abgaben fließen. Länder aus Asien und Nubien schicken Gold, Rohstoffe und Geschenke. In der Hauptstadt Theben herrscht ein geschäftiges Treiben; eine kosmopolitische Gesellschaft gibt Feste und Bankette, auf denen die Schönen sich in Eleganz übertreffen. Sie leben auf den Mauern der thebanischen Gräber weiter, wo der Tod keinen Platz hat.

Was den riesigen Tempel von Karnak betrifft, so wurde er auf bemerkenswerte Weise verschönert und verwaltete immer ausgedehntere Gebiete. Dieser Wohlstand verleitete zweifelsohne einige Priester dazu, geistlich und zeitlich zu verwechseln, was die Stellungnahme von Echnaton, Sohn Amenhoteps III., provoziert. Unter der Regierung des letzteren wurde Aton schon in der Sonnenform verehrt. Heliopolis und Theben standen nicht im Wettbewerb, sondern bildeten zwei Pole eines Dreiecks, deren dritter Punkt Memphis war.

10
Belzoni, der Goldsucher

Das Ägypten des Mohamed Ali

Am 14. September 1801 verlassen die letzten französischen Soldaten Ägypten; von 1809 bis 1828 erscheinen die neun Bände, groß in Folio, der *Description de l'Egypte*, die das schönste Ergebnis der Expedition bleiben wird und die die Erde der Pharaonen für ein immer begeistereres Publikum entdeckt.

Die Franzosen sind gegangen, die Engländer ebenfalls; die Stunde von Mohamed Ali (oder Mehemet Ali) hat geschlagen. Mit Beginn des Jahres 1803 hört sein Einfluß nicht mehr auf zu wachsen. Auch wenn er erst 1841 offiziell der Vizekönig von Ägypten wird, leitet er das Land eigentlich schon seit 1815, mit dem festen Willen, es zu modernisieren. Als schlauer Autoritätsmensch entledigt er sich auf brutale Weise seiner Gegner, der Mamelucken. Er lädt sie in die Zitadelle von Kairo ein, schließt sie dort ein und läßt sie durch seine Bogenschützen erschießen. Das Feld ist frei, und er macht die Politik der Türkei, und vor allem die seine: Reorganisation der Armee nach europäischem Vorbild, Einführung und Entwicklung neuer Kulturen, wie des Zuckerrohrs, Angebote an ausländische Ingenieure, darunter viele Franzosen, Bau von Zuckerraffinerien, Entstehen einer Industrie. Mohamed Ali träumt von einem reichen und unabhängigen Land; leider hat er überhaupt kein Interesse für die pharaonische Vergangenheit und läßt viele Gebäude abreißen, um die Steine wiederzuverwenden. Ohne das waghalsige Eingreifen von Jean-François Champollion, wie viele Tempel hätten überlebt?

Der Titan von Padua

Als Gian Battista Antonio Belzoni, geboren am 5. November 1778 in Padua, in Alexandrien mit seiner Frau Sarah am 9. Juni 1815 an Land geht, entdeckt er ein friedlicheres Land im Vergleich zu den vorhergehenden Dynastien. Versichert durch die starke Persönlichkeit des Mohamed Ali und seinen Einfluß auf Armee und Verwaltung, kommen die Reisenden immer zahlreicher nach Ägypten. Man kann darauf hoffen, in den Süden zu reisen, und unbeschädigt von dort zurückzukommen, wenn man sich nicht in den »Krieg der Konsuln« einmischt, Diplomaten, die es nach den ägyptischen Antiquitäten gelüstet und die bewaffnete Banden unterhalten, die nicht zögern, zum Gewehr zu greifen.

Aber Belzoni hat vor niemandem Angst. Dieser Riese, der nicht weniger als zwei Meter groß ist, verfügt über eine außergewöhnliche physische Kraft. Als Sohn eines Barbiers war er ein wenig durch das Priesteramt versucht, bevor er sich für die Hydraulik begeisterte. 1803 befindet sich dieser Franzosenhasser in London, wo er Herkules im Theater und im Zirkus spielt, bevor er 1811 nach Portugal und Spanien weiterzieht. Er spielt immer noch, und mit Erfolg, die Rolle des »starken Mannes«. Aber er stößt immer wieder auf eine unüberwindbare Schwierigkeit: eine stabile Stelle zu bekommen, einen Beruf und ein Land zu entdecken, die ihm Ausgeglichenheit und inneren Frieden bieten. Er, der mit Leichtigkeit ein Dutzend Leute hochheben kann, erträgt es weniger leicht, daß ihm nur ein Abenteurer- und Gauklerschicksal winkt.

Nach einem Aufenthalt in Malta beschließt er, sein Glück in Ägypten zu versuchen. Die politische Lage hat sich gebessert, und man munkelt, daß man ein Vermögen machen kann, wenn man es versteht, Muhamed Alis Gefallen zu finden. Ein Jahr lang gibt Belzoni sein mageres Geld aus, um eine hydraulische Maschine zu entwickeln, die er hofft, an den Pascha zu verkaufen, der technische Innovationen schätzt, die der wirtschaftlichen Entwicklung des Landes dienen könnten. Zielbesessen erwirkt der Koloß ein Zusammentreffen, dessen Ausgang eine Katastrophe ist. Mohamed Ali schätzt den außergewöhnlichen Charakter seines Gastes, aber lehnt die Maschine ab.

Im Frühjahr 1816 ist Belzoni ruiniert. Da er einen englischen Paß besitzt, stellt er sich dem Konsul von Großbritannien, Henry Salt, vor, der beeindruckt ist von der physischen Kraft des Italieners, seiner Fähigkeit, Objekte erheblichen Gewichtes zu bewegen, seiner Geschicklichkeit, seinem Scharfsinn und seiner Zungenfertigkeit. So engagiert er ihn in seiner Mannschaft für Ausgrabungen mit genauen Aufgaben: nach England ein Maximum an alten Objekten mit großem Wert zu bringen. Kurz gesagt: organisierter Grabraub.

In bezug auf das Transportieren von großen Antiquitäten häuft Belzoni die Erfolge an; denken wir an die Riesenstatue des Ramesseums und den Obelisk von Ptolemäus IX. in Philae. Der Titan von Padua durchstreift bei seiner unermüdlichen Aktivität das Land, geht an die Öffnung des großen Tempels von Abu Simbel, und es gelingt ihm, in das Innere der Pyramide von Kephren zu treten, die sich in der Ebene von Gizeh befindet.

Trotzdem verschlechtern sich seine Beziehungen zu Henry Salt. Belzoni hat es schwer, seine Rolle als einfacher Jagdhund zu akzeptieren, der nur das Wild zu seinem Herrn tragen muß. Besitzt er nicht ganz andere Qualitäten, ist er nicht ein wirklicher Schatzjäger? Und wenn es Schätze gibt, wo anders soll man sie heben, als im Tal der Könige!

Ein Bulldozer im Tal der Könige

Belzoni ist weder Gelehrter noch Wissenschaftler: Man konnte nicht von ihm verlangen, vorsichtig und behutsam vorzugehen und auf Einzelheiten zu achten. Als er das Tal entdeckt, hat er nur eine Idee im Kopf: den Eingang der noch unbekannten Gräber aufbrechen und die Reichtümer herausholen.

Der erste wirkliche Ausgräber des Tales benutzt mehrere Arbeitermannschaften und läßt sie im Trab arbeiten. Auf orientalische Art gekleidet, trägt er einen Turban und läßt sich einen herrlichen Bart wachsen. Mit seiner tiefen Stimme gibt er die Befehle, und zögert nie, persönlich zu bezahlen.

Belzoni ist ein Beobachter. Er macht nur ein Dutzend Königsgräber aus, von denen einige vollständig offen sind und andere unzugänglich, weil ihre Eingänge mit Steinen vollgeschüttet sind. Außerdem notiert er die Existenz von Gruften und Brunnen, die Mumien enthalten und keine königlichen Grabmäler sind. Er ist der erste, der versteht, daß das Tal nicht nur Pharaonen aufgenommen hat. Siebenundvierzig Gräber wurden gegraben, bestätigt die Überlieferung; unmöglich, entgegnet Belzoni. In dieser Anzahl, so schlußfolgert er irrtümlich, sind die königlichen Grabmale enthalten, die man außerhalb des Tales suchen muß.

Es ist die Leidenschaft des Goldsuchers, die Belzoni treibt; er wendet überhaupt keine archäologische Methode an, und besessen von einem verzehrenden Feuer, gönnt er sich keine Atempause. Er interessiert sich für die Landschaft und die Natur der Felsen und für ein erstaunliches Phänomen: Wenn es auch nur ein- oder zweimal pro Jahr regnet, sind die Niederschläge so gewaltig, daß sie Sturzbäche bilden, die große Gesteinsmassen mit sich führen und in die Gräber eindringen. Er folgt dem Lauf des Wassers, um unbekannte Gruften ans Tageslicht zu bringen.

Das Grab des Aja (Nr. 23)

Nachdem er in das Grab Ramses' III. gegangen ist, fühlt sich Belzoni angezogen von der Westseite des Tales. Als Wanderer sucht er Stellen, an denen die sichtbaren Felsen eine von Menschenhand gegrabene Aushöhlung verbergen könnten. In der Nähe des offenen Grabes von Amenhotep III. bohrt er seinen Wanderstab in eine sandige Stelle. Da er, ebenso wie seine Frau, an einer Augenentzündung leidet, ruft er seine arabische Mannschaft, deren Sprache er spricht. Seine Helfer räumen die Steine beiseite; der Sand rieselt in einen Hohlraum. Zwei Stunden Arbeit genügen, um den Eingang zu einem Grab freizulegen. Beim Schein der Kerzen entdeckt Belzoni zwei Gänge und drei Kammern; unfähig, die Hieroglyphen zu entziffern, kann er nicht wissen, daß er gerade das Gedächtnis des Königs Aja aufweckt hat, des Nachfolgers von Tutanchamun. Auf den Wänden sind einige Szenen der Zerstörung entgangen; eine von ihnen, die Jagd auf Vögel in den Sümpfen, wenngleich häufig in Privatgräbern, ist einzigartig im Repertoire der königlichen Grabmäler. Ebenfalls dargestellt sind zwölf Affen auf drei Registern, die dem Monument den Namen »Grab der Affen« und dem Westtal den Namen »Tal der Affen« *(Wadi el-Garud)* verleihen werden. Sie stellen die zwölf Stunden der Nacht dar, die die Sonne und die Seele des Pharao durchstreifen, ehe sie wiederauferstehen; man findet sie bei Tutanchamun, in der Nähe des Reliefs, auf dem Aja die Öffnung des Mundes an der Mumie des jungen gestorbenen Königs vornimmt.

Das Grab des Aja ist zerstört, in einer Begräbniskammer findet Belzoni nur noch einen zerstörten Sarkophag, dessen Teile im Grab Ramses' XI. zusammengetragen werden. Er wird teilweise im Museum von Kairo wieder zusammengesetzt. Belzoni ist enttäuscht. Die traurige Grabstatt enthält keine anderen Schätze als Fragmente von Töpferei, Statuetten aus Holz, Fayencen und Skelette mit verstreuten Fragmenten.

Das Monument wurde nicht im einzelnen studiert und war auch nicht Gegenstand einer größeren Veröffentlichung; der Name des Königs Aja wurde ausgestampft, und seine Mumie verschwand. Sie wurde in keinem der Verstecke identifiziert, in denen die Körper der Pharaonen des Neuen Reiches geschützt worden waren. Das Grab hat unter einem sehr brutalen Vandalismus gelitten, so als wollte man die letzte Ruhestätte eines Herrschers zerstören, dessen Regierung kurz (1327–1323), aber dessen Karriere als Mann der Macht lang war. Aja war ein hoher Funktionär Thebens unter der Herrschaft Amenhoteps III. und kannte glorreiche Stunden in Akhenaton, der Sonnenstadt, die Echnaton und Nofretete in den Rang einer Hauptstadt erhoben hatten. Und Aja ist es, treuer und vertrauter Höfling, dem der König die große Hymne an Aton diktiert. Als sich das Leben Echnatons dem Ende nähert, kehrt der Hof nach Theben zurück, um dort an der Krönung von Tutanchamun teilzuhaben. Aja bleibt einer der einflußreichsten Persönlichkeiten. Seine Erfahrung gestattet es ihm, ein geschätzter Ratgeber des jungen Monarchen zu sein, dessen Wesir er wird. Er ahnte kaum, daß der Herrscher jung sterben wird und er, der alte Diplomat, der schon viele Fallen vermieden hat, gerufen wird, um den ägyptischen Thron zu besteigen.

Vier Jahre lang erfüllt dieser ehemalige Befehlshaber der Fuhrwagen, dessen Gattin einst die Amme von Nofretete war, die höchste Funktion; seine Baumeister arbeiten in Karnak, in Luxor und in Medinet Habu, wo er über einen Palast verfügte.

Zu welcher Zeit und durch wen wurde sein Grabmal verwüstet? Das Rätsel bleibt ungelöst.

Das Grab von Amenhotep IV.? (Nr. 25)

Belzoni lebt sich ein. Man respektiert ihn aufgrund seiner Erscheinung und seiner Kraft. Er besitzt die Weisheit, nicht den überlegenen Europäer zu spielen, sich unters Volk zu mischen, dessen Sprache zu sprechen und seine Bräuche zu achten. Diebe und Dealer wagen nicht, ihn zu belästigen. Was die Konsuln betrifft, so lassen sie ihn in Frieden in dem Maße, wie er ein »Chef« der Ausgrabungen geworden ist und Ergebnisse bringt. Er erlangt ein gewisses Ansehen, und man rechnet auf ihn, um aus der Erde außerordentliche Schätze zu fördern, die seinen Auftraggeber, den Generalkonsul von England bereichern werden.

Der Titan von Padua, der vom Westteil des Tales angezogen ist, kehrt zurück, um nahe am Grabmal des Aja zu suchen. Er findet ein Grab, dessen Eingang noch versiegelt ist; die Hoffnung, bald Gold oder Schmuck in den Händen zu haben, wächst. Um das Hindernis aus dem Weg zu räumen, benutzt Belzoni ein radikales Mittel: die Ramme. Der Verschluß aus antikem Gestein ist bald hinweggeräumt. Enttäuschung: Dieses Grab enthält nur Mumien. Die acht bemalten Särge stammen, so scheint es, aus einer späten Periode; aber gehören die Mumien nicht zur XVIII. Dynastie wie auch das Grab selbst? Heute sind sie verschwunden, und die Gruft, die die Nummer 25 erhalten hat, ist leer. Reeves, einer der Spezialisten des Tales, hat eine Hypothese verbreitet: Da es sich nur um den Beginn einer Grabung handelt, könnte dieses Grab nicht für den König Amenhotep IV. bestimmt gewesen sein, und es sei nicht weitergeführt worden, als er den Namen geändert und Echnaton geworden sei. Aber auch dies bleibt Spekulation.

Enttäuscht kehrt Belzoni ins Westtal zurück. Die Notwendigkeit, spektakuläre Ergebnisse zu bringen, läßt ihn keine Atempause nehmen.

Ein Königssohn (Nr. 19)

Die Zeit vom 9. bis zum 18. Oktober 1817 ist eine der großen Perioden der archäologischen Abenteuer im Tal der Könige. In neun Tagen werden nicht weniger als vier neue Gräber entdeckt! Die Botschaft verbreitet sich schnell. Am 9. Juni dringt Belzoni in das kleine Grab Nr. 21 vor, es stammt aus der XVIII. Dynastie, ist aber nicht verziert und enthält nur zwei Frauenmumien, die »fast nackt« sind und deren Haare sich gut erhalten haben.

Wohl am selben Tag betritt er die ewige Ruhestätte des Prinzen Ramses Montu-her-kopeshef, deren Name das Synonym der kriegerischen Tapferkeit ist: »Der Arm von Montu (Falkengott) ist mächtig.« Als Sohn von Ramses IX. (1125–1107) kommandiert er die Armee, und ihm wird die ganz besondere Ehre zuteil, in derselben Totenstadt zu wohnen wie sein Vater. Der einzige Schatz an diesem Ort: die Mumien, die in einer späteren Epoche hineingelegt wurden. Ohne Zweifel kannten andere Reisende, wie Pococke, dieses Grab. Aber Belzoni war der erste, der es vollständig untersucht hat. Der Körper des Prinzen wurde in keinem der bekannten Verstecke wiedergefunden.

Diese Funde, die zum Glück eines jeden zeitgenössischen Archäologen gereicht hätten, untergruben die Moral von Belzoni; er hatte überhaupt kein wertvolles Objekt zum Vorzeigen.

Das Grab von Ramses I. (Nr. 16)

Das Schicksal bot dem Titan von Padua die Entdeckung der unterirdischen Gruft des Ersten der Ramses', dem Begründer der berühmtesten Linie der Pharaonen. Aus einer Familie von Militärs aus dem Delta kommend, war der zukünftige Ramses ein betagter Wesir, der sein Leben damit verbracht hatte, dem Pharao zu dienen, und hoffte, in einer üppigen Villa einen glücklichen Lebensabend zu verbringen, den sanften Wind des Nordens unter seinem Weinstock zu kosten, den Kult des Maât zu feiern, der göttlichen Regel, die sein Handeln und seine Arbeit inspiriert hatten.

Der große Haremhab erkannte in ihm außergewöhnliche Qualitäten und zerbrach diesen schönen Traum, indem er ihn jüngeren Anwärtern vorzog; als Haremhab ins Licht zurückkehrte, bestieg Ramses I. den Thron. Er trug die Namen »Dessen, der die Regel (Maât) durch die Zwei Erden bestätigt«, »Das göttliche Licht (Rê) hat ihn auf die Welt gebracht«, »Der Auserwählte des Prinzen-Schöpfers (Atum)«.

Der »Sohn von Rê« heiratet Satrê, »die Tochter von Rê«, nach einem sehr ägyptischen Aufeinandertreffen der Umstände; er wacht über das politische und religiöse Gleichgewicht des Landes, indem er nicht das südliche Theben dem nördlichen Memphis vorzieht. Sein Schutzgott ist Rê und nicht Amon, der Gebieter Thebens. Wenn seine Baumeister auch in Karnak arbeiten, so läßt der König vor allem einen Tempel in Abydos, dem Ort der Mysterien des Osiris errichten. Er entsendet Expeditionen nach Sinai, um die Minen wieder auszubeuten, und dank seiner Erfahrung in den Staatsangelegenheiten bewahrt er den Frieden und den Wohlstand im Land.

Belzoni entdeckt das Grabmal am 10. Oktober und betritt es am 11. Er kommt nicht umhin, von den warmen Farben der Malereien verzaubert zu sein, die in bewundernswertem Zustand sind; noch heute machen sie aus diesem kleinen Heiligtum ein großes Kunstwerk, obwohl sie schon etwas von ihrem Glanz eingebüßt haben. Man sieht dort die Göttin Maât, den König, der von Horus geleitet wird, Atum und Neith vor Osiris, den Herrscher, der vier Koffer mit Kleidern vor dem Gott des Lichtes opfert; eine seltene Szene, der Pharao auf Knien, die rechte Hand auf dem Herzen und den linken Arm rechtwinklig erhoben, feiert er den Brauch der Freude in Begleitung von Personen mit Falken- und Schakalköpfen. Auf den Wänden findet man zwei Teile eines bis dahin noch unbekannten Begräbnisbuches, des »Buches der Türen«.

Der Sarkophag aus Granit ist phantastisch; er enthält nicht den Körper des Königs, aber zwei Mumien, die dorthingebracht wurden, nachdem man die Königsmumie an einen sicheren Ort gebracht hatte. Und die Objekte? Dieses Mal kann Belzoni jubeln! Sicher, das ist kein märchenhafter Schatz, aber er bemächtigt sich trotzdem einer schönen Statue des Königs aus Sycomore, die in einem Winkel der Gruft aufgestellt war; der Pharao ist dargestellt in seiner Funktion als Hüter der anderen Welt, wie es die zwei bekannten schwarzen Statuen des Grabes des Tutanchamun beweisen. Mehrere andere Figürchen aus Holz waren der Habsucht von Räubern entgangen. Es handelte sich um Personen mit Löwen-, Affen-, Schildkröten- und »Fuchsköpfen«, sagt der neugierig gewordene Belzoni. Einer von ihnen hielt seinen Bart, und sein Gesicht ähnelte einer Maske. Eine Zeichnung erlaubt es, ihn zu identifizieren, denn er ist auch auf den astrologischen Deckenzeichnungen der ramessidischen Gräber dargestellt. Es handelt sich um die Gottheit, die die Stunden der Nacht und den Lauf der Gestirne mißt.

Von einem religiösen und symbolischen Gesichtspunkt aus hatte Belzoni Teile von großem Wert vor Augen. Sie wurden an das British Museum verkauft und ... gingen verloren! Es blieb, nach dem bisherigen Stand der Untersuchungen, nur eine Nilpferd-Göttin, die die Fruchtbarkeit garantiert, und eine Statuette mit einem Schildkrötenkopf, Symbol der Fähigkeit der Wiederauferstehung. Auch Museen sind leider nicht immer sichere Aufbewahrungsorte.

Das Grab Ramses' I. war lange Zeit in Gefahr, weil ein Teil der Decke über dem Sarkophag zusammenbrach und man befürchtete, daß das gesamte Gewölbe zerfällt. Durch Stützen vermied man die Katastrophe. Die Winzigkeit des

Grabes ist kaum für den Zustrom großer Gruppen geeignet, und die Farben hören nicht auf, sich zu zersetzen.

Die sixtinische Kapelle der ägyptischen Kunst: Das Grab von Setoy I. (Nr. 17)

Dieses Grab kann als das wichtigste des Tales angesehen werden, weil sein Konservierungszustand so bemerkenswert ist. Vor Setoy I. waren außerdem nur die Partien der Grabstätte verziert worden, mit ihm entdecken wir die erste Ruhestätte für die Ewigkeit, die vollständig vom Anfang des hinabführenden Ganges bis zur Halle mit dem Sarkophag hin mit Texten und Reliefs bedeckt ist. Und es ist Belzoni, dieser aufgewühlte Riese und begeisterte Abenteurer, von so vielen Gelehrten und Gutgesinnten gering geschätzt, dem diese traumhafte Entdeckung zu verdanken ist.

Die Ausgrabung beginnt am 16. Oktober. Gestützt auf seine Beobachtungen über den Lauf des Regenwassers, gräbt Belzoni am Fuße einer relativ steilen Neigung, in einer Art Schlucht, in die sich während der Niederschläge ein Sturzbach ergießt. Die Fellachen, die oft den Schlüssel der Erforschung besitzen und mitunter besser informiert sind als die Stubengelehrten, raten ihm davon ab weiterzumachen, aber der Titan von Padua hält daran fest. Achtzehn Fuß unterhalb des Erdbodenniveaus des Tales erscheint ein von großen Steinen versperrter Eingang! Am Mittag des 18. Oktober bahnt sich Belzoni einen Weg und dringt in ein riesiges Grab von einer Länge von hundertzehn Metern ein.

»Ich hatte dieses Mal das Glück, das mich leicht für alle meine Mühen belohnt«, schreibt er. »Ich konnte den Tag dieser Entdeckung einen der glückbringendsten meines Lebens nennen; und jene, die aus Erfahrung wissen, was es heißt, in einer langen und über seine Erwartungen hinaus mühsamen Unternehmung erfolgreich zu sein, sind die einzigen, die sich die Freude vorstellen können, von der ich durchströmt wurde, als ich als erster aller auf diesem Erdball zur Zeit lebenden Menschen in eines der größten Monumente des antiken Ägypten eingedrungen bin; in ein Monument, das für die Welt verloren wäre und das sich in so gutem Zustand befand, daß man glauben könnte, die Arbeiten wurden kurz vor unserem Eintreten beendet.«

Der sprachlose Belzoni stellt fest, daß das gesamte Grab verziert ist. Die Farben der Flachreliefs sind gut erhalten, die Decken, auf denen Geier mit ausgebreiteten Schwingen fliegen, Symbole der regenerierenden Mutter, sind unbeschädigt. Er kann es kaum erwarten, bis ans Ende dieser Gruft zu gehen.

Ein überraschendes Hindernis stellt sich ihm in den Weg: ein dreißig Fuß tiefer, vierzehn Fuß langer und zwölf Fuß, drei Finger breiter Brunnen. Auf beiden Seiten sind die Mauern bis ins Gewölbe verziert. Hinter dem gegenüberliegenden Rand läßt eine kleine Öffnung ahnen, daß das Grab weitergeht. Es gibt einen Hoffnungsschimmer: Ein Seil, das an einem Stück Holz befestigt ist, hängt in den Brunnen. Es zerfällt zu Staub, als er es berührt. Er muß den nächsten Tag abwarten, den 19. Oktober, um mit einem Brett wiederzukommen, das er über den Brunnen legt, um über den Abgrund zu gelangen.

Das Grab geht tatsächlich weiter. Die Aufzählung seines Planes macht schwindlig: Treppe, Gang, Treppe, Gang, der Brunnen, eine Halle mit drei Säulen, ein Weg, der in einer Halle mit zwei Säulen endet, ein anderer, der durch eine neue Treppe geht, ein neuer Gang, ein kleiner Saal, eine Halle mit sechs Säulen, an den Seiten von zwei Kapellen begleitet, die Grabkammer gewölbt wie eine Wiege, die sich nach links zu einer Halle mit zwei Säulen hin öffnet und nach rechts in ein kleines Zimmer für das Begräbnismobiliar mündet und, letztendlich, eine längliche Halle mit vier Säulen.

Der Schatzsucher ist enttäuscht: das Gerippe eines Stieres, Fragmente von mumienförmigen Statuetten und diverse

Statuen, Scherben von Tonkrügen. Aber Belzoni ist verliebt in die Größe Ägyptens und fasziniert von der riesigen Grabkammer, dem Hort des Goldes, dessen Decke von astrologischen Symbolen übersät ist. Hier ruht der Pharao im ständig regenerierten Körper seiner Mutter, dem Himmel. Die Seele des Königs lebt in Begleitung der unvergänglichen Sterne, der Planeten. Pharao wird der große Stern am Orient des Himmels, der die Stunden des Tages erschafft, und die der Nacht, und für immer die Zeit und den Raum durchquert.

Das Grab Setoys I. ist auch das Konservatorium der großen symbolischen und der Einweihungstexte, die Pharao kennen muß, um die Pforte des Jenseits zu durchschreiten und in der Ewigkeit zu leben: *das Buch der verborgenen Kammer (Amduat), das Ritual der Öffnung des Mundes, das Buch der Türen, die Litanei von Rê, das Buch der himmlischen Kuh.* Dies sind die sicheren Führer, die die unentbehrlichen Wissensformeln enthalten.

Hier ist Pharao der »große, mit Leben ausgestattete Gott«; geleitet von der Regel, folgt er dem Weg des Westens, vereinigt mit dem Schöpfungslicht. Er bringt allen Gottheiten, denen er begegnet, Opfergaben, und sein erneuertes Wesen wird ein Gesamtes dieser göttlichen Kräfte.

Das Grab Setoys verdient für sich allein ein langes Werk der Beschreibung, Übersetzung und Kommentare; hundertfünfundsiebzig Jahre nach seiner Entdeckung gibt es immer noch keine wissenschaftliche Veröffentlichung, und es dauerte bis zum Jahre 1991, bis die Schwarz-Weiß-Photographien von Henry Burton aus dem Jahre 1921 veröffentlicht wurden.*

1988 sind Teile der astronomischen Decke hinuntergefallen, und das Grab wurde für die Öffentlichkeit gesperrt, um Restaurierungsarbeiten vorzunehmen.

---

*Das Institut Ramses hat eine photographische Inventur in Farbe vorgenommen.

Belzoni bemerkt mehrere Fertigungsetappen der Zeichnung: Bestimmte Szenen sind mehr oder weniger skizziert, während die große Mehrheit Perfektion erreicht. Unmöglich, das scheint klar zu sein, hier von Nichtvollendung zu sprechen. Der intuitive Italiener ist der erste, der versteht, daß die Ägypter uns auf diese Weise »die ganze Vorgehensweise der Künstler, die mit der Verschönerung der Grabmäler und Tempel betraut waren«, zeigen wollten. Wer die Art und die Technik der ägyptischen Zeichnung verstehen will, muß die Skala der Proportionen studieren, die dieses Grab offenbart.

Auf seiner letzten Reise in Ober-Ägypten nimmt Belzoni Abdrücke der Flachreliefs, indem er eine Mischung aus Wachs, Harz und feinem Puder benutzt, die eine leichte Modellierbarkeit ermöglicht. Er, der Draufgänger, wird feinfühlig und gibt acht, nicht die Farben zu beschädigen. Erstaunt zählt er mehr als zweitausend »hieroglyphische Figuren«, deren Größe von einem bis sechs Fingern variiert. Noch beschäftigt er sich nicht mit den Texten selbst, diesen Texten, die leben und das Leben übertragen. Viele Subtilitäten entgehen ihm; so sind zum Beispiel bestimmte Sätze verkehrt herum geschrieben, da in der Unterwelt und deren Finsternis alles umgekehrt sein sollte. Wenn die Sonne kam, auf ihrer Reise zur Wiederauferstehung, dann richtete sich alles wieder auf.

Der Sarkophag »vom besten orientalischen Alabaster (dem Kalzit)« blendet Belzoni. Er ist ohnegleichen in dieser Welt, und wenn man ein Licht hinter eine seiner Wände stellt, dann »wird er durchsichtig«. Mit Figuren und Texten aus dem *Buch der Türen* verziert, wurde dieses Meisterwerk, dessen Deckel abgerissen und zerbrochen wurde, nach London transportiert und strandete in einem Privatmuseum, dem von Sloane, in Lincoln's Inn Fields. Die internationale Gemeinschaft der Wissenschaftler müßte sich mobilisieren, um diesen Sarkophag zu repatriieren und an seinen Ursprungsplatz zu stellen. Man müßte desgleichen tun mit den beiden Flachreliefs, die von Champollion und Rosellini zerschnitten wurden und vom Louvre und dem Museum von Florenz behalten werden. Wenn auch die Absicht verständlich war – aller Welt die außergewöhnliche Qualität der ägyptischen Kunst zu zeigen –, so ist dieses Exil heutzutage nicht mehr akzeptabel. Man könnte wenigstens ohne Verzug ein Faksimile herstellen.

Das Grab Setoys I. verbirgt ein Geheimnis, dem Belzoni nicht gleichgültig gegenübersteht. Nach dem Raum mit dem Sarkophag verschwindet ein Gang im Felsen, als ob das Monument wiedergeboren werde und weiterginge. Der Italiener glaubte an einen unterirdischen Weg, der das Gebirge durchquert; es ist unmöglich, diese These zu stützen oder ihr zu widersprechen, da keine weitere Grabung unternommen wurde.

Dies ist nicht außergewöhnlich, das gibt es auch in anderen Gräbern und bedeutet nach meiner Auffassung, daß die Ruhestätte der Ewigkeit nie beendet wird. Sie trägt in sich selbst ihr Jenseits, das jedem menschlichen Verständnis entgeht. Wie könnte man besser dieses Eintauchen ins Unsichtbare symbolisieren, wenn nicht durch einen Gang, der ins Innere des Steins geht.

Ein beutekranker Aga

Die Entdeckung dieses sagenhaften Grabes war eine Sensation. Sehr schnell gingen Gerüchte um. Hatte der Titan von Padua nicht einen Schatz gehoben, von dem er zu niemandem gesprochen hat, weil er ihn für sich behalten wollte? Bei einem örtlichen Machthaber, dem Aga der Stadt Qena, noch heute bekannt für seine Vendettas, traf dies nicht auf taube Ohren. Ohne einen Augenblick zu verlieren, sattelte er sein Pferd und ritt zum Tal in Begleitung einer Horde bewaffneter Polizisten.

Ihre Ankunft verlief nicht unbemerkt. Der Aga und seine Männer gaben Pistolenschüsse in die Luft und drangen in die königliche Totenstadt ein. Belzoni widerstand ihnen, verwundert über solchen Kraftaufwand. Mit relativer Liebenswürdigkeit verlangte der Aga, das Grab zu besichtigen, wo er endlich dem Erkunder die Schlüsselfrage stellen konnte: Wo hatte der seinen Schatz versteckt? Seine Informanten hatten ihn ihm beschrieben: ein goldener Hahn, angefüllt mit Diamanten und Perlen! Dem Italiener gelang es, nicht ohne Mühe, sein Gegenüber davon zu überzeugen, daß es keine anderen Reichtümer gab als die außergewöhnlichen Flachreliefs, denen der Aga überhaupt keine Aufmerksamkeit geschenkt hatte. Der warf ihnen einen mißbilligenden Blick zu und schloß: »Das wäre ein schönes Lokal für einen Harem. Die Frauen hätten etwas zum Hinsehen.«

Setoy I., der Bewundernswerte

Die Mumie Setoys I. befand sich nicht mehr in seinem Sarkophag. Die Hohepriester Herihor und Smendes I. hatten sich um sie gekümmert, bevor sie im Jahre 10 von Siamon in das Versteck von Deir el-Bahari gebracht wurde.

Die Mumie des Erschaffers des Tals der Könige ist die schönste der Mumien und die am besten erhaltene. Das Gesicht Setoys I. ist das eines Mannes von weißer Rasse, ernsthaft, streng, würdevoll und edel ohnegleichen. Ein ganz leichtes Lächeln führt zum Ausdruck vollendetsten Friedens, der keineswegs Macht und Autorität ausschließt. Die Mumie Setoys I. zu betrachten, bedeutet nicht, auf den Tod zu treffen, sondern sich in Anwesenheit eines Pharaos zu befinden, dessen Seele das Hindernis des Sterbens überwunden hat.

Setoy I. regierte nur etwa fünfzehn Jahre (1294–1279) und

starb zwischen dem fünfzigsten und sechzigsten Lebensjahr. Aber diese Zeit sah die Entstehung eines erhabenen Grabes, des Tempels von Abydos, wo die Geheimnisse von Osiris aufgedeckt und die schönsten Flachreliefs des Neuen Reiches gemeißelt wurden, die Entstehung der Säulenhalle von Karnak, die größte, die je in Ägypten gebaut wurde, und des Tempels der Millionen Jahre von Gurna, am Westufer Thebens. Man bleibt sprachlos angesichts einer solchen architektonischen Aktivität, angesichts des Genies der Architekten und Bildhauer, die in dieser gesegneten Zeit gearbeitet haben.

Es ist wahr, daß der König sich unter den Schutz von Seth begeben hatte, dem Bewahrer der himmlischen Gewalt. Er regierte über ein reiches und friedliches Ägypten, und er, der Anhänger von Seth, dem Mörder von Osiris, ließ den größten jemals gebauten Tempel für den toten und auferstandenen Gott in Abydos errichten, damit die zerstörerische Kraft eine Quelle der Wiedergeburt wird.

Setoy I. ergriff mit fester Hand die Kontrolle über Syro-Palästina, um die Sicherheit der Zwei Erden zu garantieren. Die Beduinen und Libyer wurden durch die Armee und die Polizei der Wüste überwacht. Keine einzige Bedrohung durch eine Invasion störte die friedvolle Atmosphäre, die es Setoy I., dem Bewundernswerten, erlaubte, diese göttlichen Stätten zu bauen.

Ruhm und Niedergang von Belzoni

Trotz seiner wunderbaren Entdeckung und der ersten Erkundung der Pyramide von Kephren, verschlechtert sich die Situation für Belzoni. Da er es nicht mehr erträgt, nur der Diener des britischen Generalkonsuls zu sein, zerstreitet er sich mit ihm, aber verträgt sich deshalb nicht besser mit seinen Gegnern, den Franzosen. Weder Salt noch das British

Museum sind ihm dankbar für die erwiesenen Dienste. Es gelingt ihm nicht, den offiziellen Posten zu bekommen, der seinem Umherirren ein Ende setzen würde. Als er Persona non grata wird und es ihm unmöglich geworden ist, seine Ausgrabungen zu finanzieren und die Erlaubnis dazu zu bekommen, bleibt ihm nichts anderes übrig, als Ägypten im September 1819 zu verlassen und nach England zu gehen, nachdem er kurz in Italien und in seiner Heimatstadt weilt, wo er wie ein Held empfangen wird.

Ende 1819 ist er in London. Dank der Farbzeichnungen von Beechey und Ricci organisiert er eine Ausstellung von Nachbildungen des Grabes Setoys I. Der Erfolg ist unglaublich; es ist die erste große Präsentation der ägyptischen Kunst, die nach so vielen Jahrhunderten des Vergessens nun plötzlich wieder in Mode kommt. Das Buch, in dem Belzoni von seinen Abenteuern erzählt, findet ebenfalls die Gunst des Publikums. Kurz, der Titan von Padua wird eine Berühmtheit. Mit einem Sinn fürs Spektakel wickelt er eine Mumie im Beisein einiger Lords und Ladies aus. Sogar die Mumien werden salonfähig. Was die Pharaonen betrifft, so werden sie Teil der europäischen Kultur.

Im Jahre 1822, dem Jahr der Entzifferung der Hieroglyphen durch Champollion, kommt die Ausstellung Belzonis nach Paris. Der Erfolg wiederholt sich. Trotzdem bekommt der Entdecker des Grabes Setoys I. immer noch nicht die Sicherheiten, von denen er träumt. Was bleibt ihm anderes, als das Abenteuer? Er reist ab in Richtung Timbuktu mit der Absicht, die Quelle des Niger zu erreichen und so neues Ansehen zu erringen. Aber dieses Mal hat er kein Glück mit der Expedition. Am 3. Dezember 1823 stirbt der Titan von Padua an Durchfall, im Alter von nur fünfundvierzig Jahren.

Sicher, Belzoni hatte sich geirrt, als er bestätigte, daß es nichts mehr im Tal der Könige zu entdecken gäbe; aber er hat dessen Geschichte unauslöschbar geprägt durch die Entdeckung der Gräber Ramses' I. und seines Sohnes Setoy

I. Wie kann man besser diese gleichzeitig sehr sympathische und maßlose Persönlichkeit zusammenfassen, als einen seiner Gedanken zu zitieren, der gleichermaßen naiv und tiefgründig ist: »Die Ägypter waren eine primitive Nation: Da sie keine Modelle fanden, um sie zu imitieren, mußten sie erfinden und schöpfen.«

11
Der genaue Mister Burton

Der gewöhnliche Alltag eines Gentleman

Nach dem kochenden und stürmischen Belzoni ist der nächste Erforscher, James Burton, der ab 1820 an diesem Platz arbeitet, sein genauer Gegenpart: Langsam, genau und kleinlich, wird er keine aufsehenerregende Entdeckung machen. Trotzdem ist es ihm zu verdanken, daß die Kenntnis über das Tal sich langsam weiterentwickelt. Nach der Zeit des Titanen nun die einer britischen Ameise.

An diesem Anfang des XIX. Jahrhunderts muß der Liebhaber der Archäologie einen gewissen Sinn für Organisation haben und sich den örtlichen Bedingungen anpassen. Sein erstes Unterfangen in Kairo besteht darin, ein Schiff zu mieten, das er vorher desinfizieren läßt, damit die Schädlinge, Insekten und Ratten auf ein Minimum reduziert werden: Wer in Theben in guter Gesundheit ankommt, wohnt im Tempel von Karnak, wenn er sich für das Ostufer interessiert, oder in einem Grab des Westufers, wenn er vom Tal der Könige fasziniert ist. In Gurna, wo die Dörfler ihre Häuser über den Grabmälern der adligen Thebaner gebaut haben, findet man schnell eine Unterkunft. Es liegt am Archäologen, das Nötige mitzubringen: ein Bett, einen Vorhang gegen die Mücken, Sitze, einen Zeichentisch, einen Sextanten, Medikamente gegen den Durchfall und für die Augen, Tee, Wein, Kognak, und natürlich die Werke älterer Autoren und von zeitgenössischen Ausgrabungen.

Der Komfort ist dürftig, aber der Lohn der Hausangestellten ist nicht hoch, und ein Mann von Welt ist es sich schuldig, mehrere davon anzustellen. Vor dem Sonnenaufgang öffnet der erste von ihnen das Zimmer und gibt fröhlich bekannt: »Die Sonne, mein Herr!« Der zweite bringt eine Tasse Kaffee und eine Pfeife, der dritte ein herzhaftes Frühstück. Nach so viel Zuvorkommenheit sollte man sich kräftig genug fühlen, um auf einen Esel zu klettern und im Tal zu beobachten, zu messen, zu zeichnen und zu graben. Mittags ist es üblich, zurückzukehren und zu essen. Geflügel, Reis, Nudeln, Nilwasser und ein Glas französischen Weins stehen auf der Speisekarte. Nach der Mittagsruhe kehrt man bis zum Sonnenuntergang an die Arbeit zurück.

Ein Liebhaber der Pläne

Der ehrbare James Burton, der die Glücksmomente dieser gut geregelten Existenz zu schätzen wußte, war ein Liebhaber der genauen Archäologie, der exakten Zeichnung, der architektonischen Analyse und der Pläne der Königsgräber. Er sammelte wohl einige zerstreute Antiquitäten für Sotheby's, aber vor allem verfaßte er siebzig Bände von Notizen, Plänen und Zeichnungen, die dem Britischen Museum nach seinem Tode geschenkt wurden.

Wenig um Sensationen bemüht, kümmerte sich Burton zuerst um den Schutz des zauberhaften Grabes Setoys I., indem er kleine Mauern errichten ließ, die das Regenwasser daran hinderten, in das Grab einzudringen. Dann ließ er den Brunnen leeren, der den ungeduldigen Belzoni am Fortkommen gehindert hatte.

Er versucht auch, das geheimnisvolle Grab Nummer 20 zu leeren – von dem wir später erfahren werden, daß es eins der Grabmale der berühmten Hatschepsut war –, aber er muß dieses Unterfangen aufgeben; der Staub macht die Luft unerträglich und erfordert eine Organisation, der er sich nicht gewachsen fühlt. James Burton ist kein Führer und besitzt nicht die Qualitäten eines Chefs einer Mannschaft. Er zieht es vor, die offenen Gräber zu besichtigen, von Nahem zu beobachten und Pläne zu zeichnen. Er bemerkt zum Beispiel, daß ein Teil der Decke des Grabes von Ramses VI. gewölbt ist; durch ein Loch, daß sich relativ hoch in der Mauer des Ganges befindet, hätte es möglich sein können, in ein anderes Grab zu kriechen. Um es zu vermeiden, hatte der Baumeister den Winkel der Neigung des Ganges verstärkt.

Burton ist nicht nur ein Beobachter, sondern auch ein Entdecker, selbst wenn es sich nur um bescheidene Erfolge handelt. Das Grab Nummer 3 zunächst, ohne Inschriften und Verzierungen, könnte für einen der Söhne von Ramses III. bestimmt gewesen sein; dann das Grab Nummer 12, gleichermaßen stumm, das sich südlich der Grabstätte Ramses' VI. öffnet. Mit einer Länge von ungefähr hundertundsieben Fuß und niedrig, ist es ein Einzelfall im Tal, wenn man sich an den Plan von James Burton hält, den einzigen, der jemals gemacht wurde! Es enthält viele seitliche Kammern; handelt es sich vielleicht um ein Familiengrab aus der XVIII. Dynastie? Das Monument wurde mit Sorgfalt gegraben, aber die Mauern sind hoffnungslos weiß, mit Ausnahme der Markierungen der Handwerker, um »Norden« und »Süden« zu kennzeichnen.

Das Grab Meryatums (Nr. 5)

James Burton ist der Autor einer dritten, markanteren Entdeckung. Es handelt sich um ein nicht-königliches Grab, dessen Eigentümer bekannt ist: Meryatum, »Der von Atum Geliebte«, einer der Söhne von Ramses II. und vor allem einer der Hohepriester von Heliopolis, der den Titel »Großer der Seher« trug (oder »Der, der das Große sieht«). Eine wichtige Persönlichkeit folglich, die einer der ersten Würdenträger des Landes in der Epoche des berühmtesten der Ramses' war.

Selbstverständlich zeichnet der genaue James Burton einen Plan des befremdlichen Monuments: Ein Gang führt in ein quadratisches Zimmer mit sechzehn Säulen, zu dem sich mehrere Kammern öffnen. Nichts Vergleichbares gibt es im Tal oder irgendwo anders in Ägypten. Links vom Eingang die Göttin Maât, im sehr zerstörten Grab beschreibt Burton kein Objekt.

Diese Grabstätte, die Interesse verdient, ist nicht nur nie systematisch durchsucht worden, sondern sie ist heute verloren! Niemand ist nach 1920 hineingegangen, und sie befindet sich irgendwo unter dem modernen Parkpatz, an einem Ort, der sie leicht den Überschwemmungen aussetzte. Da der Maßstab des Plans von Burton ebenfalls verlorenging, gibt es keine genaue Vorstellung von den Ausmaßen dieses Grabes.

12
Wilkinson, der Numerierer

Die Hieroglyphen sind entziffert!

Am 27. September 1822 schreibt Jean-François Champollion seinen »Brief an M. Dacier«, in dem er die Prinzipien der Entzifferung der Hieroglyphen darlegt. Zur gleichen Zeit, in der die Geschichte den Zufall mit dem Schicksal zusammentreffen läßt, fahren am Institut de France Frachtschiffe mit den enormen Faksimiles aus dem Grab Setoys I. vorbei, die in Paris ausgestellt werden.

Die märchenhafte Entdeckung Champollions ermöglichte es, die Namen der Könige zu lesen, die in Ovalen eingeschrieben waren, den sogenannten Ziertiteln, und sie ermöglichte es ebenfalls anzufangen, die Grundlage der Zivilisation zu verstehen, eine Chronologie und eine Ordnung der Dynastien aufzustellen. Kurz: Sie machte es möglich, ein riesiges Buch aufzuschlagen, das geschlossen war, seit die letzte Gemeinschaft von eingeweihten Ägyptern, jene der Philae, von fanatischen Christen im VI. Jahrhundert unserer Zeitrechnung massakriert worden war. Man könnte glauben, daß Champollion gefeiert und mit Ehren überhäuft wurde. Im Gegenteil: Viele Gegner aus dem Ausland und aus Frankreich bestritten die Wertigkeit der Entzifferung. Unter ihnen befinden sich die Mitglieder der Ägyptischen Expedition, die neidisch auf den jungen und klügeren Ägyptologen waren, während noch die letzten Bände der *Description* erschienen. Der Graf de Forbin, Direktor der nationalen Museen und von mittelmäßigem Geist, unternahm zahlreiche Anstrengungen, um die Karriere Champollions zu beeinträchtigen.

Letzterer hatte noch nicht die Möglichkeit, nach Ägypten zu reisen, um das Ausmaß seiner Entdeckung zu erproben. Er wird nicht der erste sein, der die Namen der Könige liest, die in die Gräber des Tales geschrieben sind, sondern ein Engländer namens John Gardener Wilkinson.

Die britische Ordnung und Methode

Schon im Alter von zwölf Jahren war Wilkinson, Sohn eines Kirchenmannes, zum ersten Mal in Ägypten. Seine Leidenschaft wächst bei drei langen Aufenthalten, die ihn 1837 in den Stand des ersten geadelten Ägyptologen erheben.

Nach einem Studium in Harrow und Oxford entscheidet er sich für die Offizierslaufbahn, aber der Ruf Ägyptens ist stärker. Ein Diplomat, Sir William Gell, macht ihm Mut. Da der junge Mann dank seiner Eltern über einen gewissen materiellen Wohlstand verfügt, zieht er ab 1824 nach Theben, auf den Hügel von Gurna, in ein großes Haus aus ungebrannten Ziegeln, das mit zwei Türmchen verziert ist, mit dem festen Willen, eine systematische Untersuchung der Gräber des Tales vorzunehmen.

Geduldig und genau, korrigiert er die Irrtümer seiner Vorgänger und interessiert sich für das alltägliche Leben der alten Ägypter und dafür, was man heute als »materielle Kultur« bezeichnet. Er schreibt ein monumentales Werk in fünf Bänden, *The Manners and Customs of the Ancient Egyptians*, das ihm einen internationalen Ruf einbringt. Da er kein metaphysischer und philosophischer Kopf ist, versucht Wilkinson nicht, die Bedeutung der Königsgräber zu verstehen, aber er nimmt eine Inventarisation und Klassifizierung vor. Unter Verwendung der Dechiffrierungsmethode von Champollion liest er die in die Ziertitel eingeschriebenen Namen der Könige und stellt ab 1826 eine erste chronologische Liste der Pharaonen des Neuen Reiches auf,

basierend auf der Dokumentation, die das Tal und andere
Inschriften liefern.

Der Topf braunes Öl von 1827

Für das Tal ist 1827 ein wichtiges Jahr, nicht, weil Wilkinson
ein außergewöhnliches Grab ans Tageslicht bringt, sondern
weil er alle bisher bekannten Gräber numeriert. Ausgerüstet
mit einem Topf braunem Öl und einem Pinsel schreibt er die
Nummern an den Eingang eines jeden Grabmals. Er beginnt
mit dem am tiefsten gelegenen Grab und geht den Haupt-
weg, den er nach rechts und nach links überquert, bis hoch
zum am höchsten gelegenen Punkt des Tals. Danach kehrt
er zum zentralen Platz zurück und steigt hinab bis zum
Sturzbach, an dem Belzoni das Grab Setoys I. entdeckt hat,
dem er die Nummer 17 gibt. Er wendet sich dann dem Grab
von Mentuhirkhopshef zu, das die Nummer 19 erhält, und
steigt hinunter zu den unteren Hängen des Tales. Auf diese
Weise werden die zwanzig ersten Nummern verliehen.

Die vier Gräber des Westteils des Tales numeriert Wilkinson in einem gesonderten System.

Wilkinson bemerkt, daß mehrere Gräber der XIX. Dynastie in den niedriger gelegenen Teilen des Tales liegen, und
fürchtet, daß sie bei den nächsten starken Regenfällen überschwemmt werden. Er erlebt übrigens diese Überflutung
mit, als sie das Grab Meremptahs erwischt. Stürmische
Fluten schoben Geröllmassen vor sich her und stürzten in
die unterirdische Gruft. Schon die Ahnen hatten, sich der
Gefahr bewußt, kleine Dämme vor den gefährdetsten Gräbern gebaut und die Eingangstüren mit trockenen Steinen
blockiert, die von widerstandsfähigem Gips versiegelt worden waren. Aber diese Maßnahmen waren nach dem Verlassen des Tales zerstört worden, das seitdem den Unwettern
ausgesetzt war.

Das Grab, das Wilkinson begeisterte, war das Ramses' III., nicht aufgrund seiner Farben, sondern wegen mehrerer Gegenstände des Alltags: Stühle, Vasen, Körbe, Töpfe usw. Nach Ansicht des Archäologen war dieses Material Ausdruck einer hohen Entwicklung. Natürlich vernachlässigte er nicht die zwei berühmten Harfenspieler, die er endlich mit Präzision zeichnete.

Zwischen 1820 und 1830 kopierte Wilkinson die Inschriften und zeichnete die Szenen der Königsgräber. Diese enorme Arbeit ist in sechsundfünfzig kostbaren Bänden gesammelt, die Szenen enthalten, die heute ausgewischt oder beschädigt sind. Der Archäologe, der an einer Augenkrankheit litt, ist gezwungen, das Tal zu verlassen, um in Wüstengebiete zu ziehen, in denen die Luft trockener ist. Er hat keine neue Grabstätte entdeckt, aber er hat eine Topographie von Theben ausgearbeitet und eine immer noch angewandte Numerierung geschaffen.

Wie Belzoni ist auch Wilkinson überzeugt, daß es nichts mehr im Tal zu entdecken gibt. Das älteste bekannte Grab ist das von Amenhotep III., und seit Ramses I. sind fast alle Gräber der Herrscher identifiziert worden. Die fehlenden wurden folglich woanders gegraben.

Der englische Archäologe ist eine steife Persönlichkeit, distanziert, die keine Sympathien auf sich zieht. Zu sehr mit dem Detail und mit den materiellen Aspekten der ägyptischen Realität beschäftigt, erfaßt er nicht die großartige Seite des Tales. Aber seine Arbeit bleibt der Ehrerbietung würdig, und seine »Manieren und Bräuche« des alten Ägypten dienen lange Zeit als ein Standardwerk des Kenners.

13
Champollion entziffert das Tal

Ein Wirklichkeit gewordener Traum

Als er in Ägypten eintrifft, verwirklicht Jean-François Champollion seinen schönsten Traum: endlich das Land der Pharaonen kennenzulernen, dem er sich seit frühester Kindheit verschrieben hat. Die Hieroglyphen zu entziffern war seine Lebensaufgabe. Überdurchschnittlich begabt, lernte er zunächst mehrere alte Sprachen. Es war wie eine Erleuchtung, als er 1822 ausrief: »Ich hab' die Sache in der Hand!« bevor er in Ohnmacht fiel. Die Entzifferung war eine Frage der Wissenschaft, der Intuition und der Vision. Noch heute erscheint dies als eine außergewöhnliche Leistung. Sobald er die Gesetze dieser Sprache begriffen hatte, in der sich Symbolisches und Phonetisches mischen, bereitete er eine Grammatik, ein Wörterbuch und eine Abhandlung der Mythologie vor. Er arbeitete mit unerschöpflicher Energie, obwohl sein Gesundheitszustand angegriffen war.

Nach Tausenden von Schwierigkeiten schiffte er sich endlich in Richtung Ägypten ein, an der Spitze einer französisch-toskanischen Expedition. Bis zur letzten Minute lief die Expedition Gefahr, noch verhindert zu werden. Wie ein Exilierter fand er seine geistige Heimat wieder und überwand alle Hindernisse auf seinem Wege: Mohammed Ali, den Generalkonsul Frankreichs, Drovetti, und die Antiquitätenhändler. Der Entzifferer wollte alles sehen, alles kennen, als ob er fühlte, daß diese erste Reise von 1828–1829 auch seine letzte sein würde.

Eine Karawane von Eseln und Weisen

Der erste Besuch Champollions im Tal fand im November 1828 statt: »Ich ging die alten Könige Thebens in ihren Gräbern besuchen, oder vielmehr in ihren Palästen, die mit der Schere in das Gebirge von Biban el-Muluk geschnitten wurden. Dort ermüdete mich beim Licht der Fackeln das tagelange Durchschreiten der aneinandergereihten Zimmer, die mit Skulpturen und Malereien von in der Mehrzahl erstaunlicher Frische bedeckt waren.« Danach erreicht die Expedition den großen Süden und geht bis zum zweiten Wasserfall. Es ist auf dem Rückweg von März bis Juni 1829, als Champollion beschließt, im Tal bleiben, um die wichtigsten Szenen und Texte der Königsgräber zu kopieren. Sein Zeichner, Nestor L'Hôte, der ihn gut kennt, macht sich keine Illusionen: Das Wichtigste, das wird alles sein! Auch er ist vom Tal beeindruckt und macht dem Entzifferer keinerlei Vorwürfe, trotz des Arbeitsrhythmus, den dieser ihm aufzwingt. Nach dem Tode Champollions wird L'Hôte allein zurückkehren, um seine Zeichnungen zu beenden.

»Eine Karawane aus Eseln und Weisen«, so beschreibt Champollion die Ankunft seiner Mannschaft vor Ort, der hierarchischen Ordnung gemäß. Der Brief vom 25. März 1829 präzisiert die Unterkunftsbedingungen: »Wir wohnen in der besten und phantastischsten Unterkunft, die man in Ägypten finden kann. Es ist König Ramses (IX.), der uns Obdach gewährt, da wir in seiner herrlichen Gruft wohnen, der zweiten, auf die man rechts trifft, wenn man in das Tal von Biban el-Muluk kommt. Diese Gruft, in einem ausgezeichneten Konservierungszustand erhält ausreichend Licht und Luft, damit wir auf das beste gebettet seien... Sie gleicht einer richtigen Prinzenwohnung, bis hin zur Unannehmlichkeit der Aufeinanderfolge der Zimmer; der Boden ist völlig mit Flechtwerk und Schilf bedeckt; die zwei Kauas (unsere Leibwächter) schließlich und die Hausdiener schlafen in zwei Zelten, die am Eingang des Grabes aufgebaut sind.«

Champollion kopiert Tag und Nacht, bei schlechtem Licht, in ermüdenden Stellungen und der staubgesättigten Luft. Er widmet sich dem Tal und mobilisiert all seine Energie, so daß er leblos in das Grab Ramses' VI. fällt, dessen spirituelle Sendung ihn fasziniert.

Im Mai bekräftigt er formal, daß das Tal die Totenstadt der thebanischen Könige ist, also der Hauptstadt Ägyptens. Jedes Grab besitzt seinen eigenen Eingang und hat keine Verbindung mit einem anderen, außer wenn Gänge durch Diebe gegraben wurden. Er bemerkt: Welch enorme Arbeit!

Er bewundert die Gräber Ramses' I., Meremptahs, Setoys I. (wo er ein großartiges Relief ausschneidet, um der gesamten Welt die Vollendung der ägyptischen Kunst zu zeigen), von Ramses III. (in dem er die Harfenspieler genau zeichnen läßt), von Ramses VI. und von Tausret. Seine große Enttäuschung ist der Zustand des Grabes seines teuren Ramses' II., das er mit Geröll angefüllt und bewohnt von Schlangen und Skorpionen vorfindet. »Indem wir eine Art Gang gruben inmitten der Kalksplitter, die diese interessante Katakombe füllen, konnten wir kriechend und trotz der extremen Hitze bis zur ersten Halle vordringen. Diese Gruft wurde, nach dem, was man davon sehen kann, nach einem sehr großzügigen Plan angelegt und mit Skulpturen des besten Stils ausgestaltet, wenn man von den kleinen, noch existierenden Teilen ausgeht.« Champollion empfiehlt eine komplette Ausgrabung, die eine Untersuchung des Grabes erlauben würde... Eine Ausgrabung, die bis heute noch nicht unternommen wurde.

Champollion, der Visionär

Die menschliche Dummheit verärgert den Entzifferer: »Mehrere dieser Königsgräber tragen auf ihren Mauern eingraviert, daß sie vor gut mehreren Jahrhunderten verlassen wurden und, wie heutzutage, nur von vielen neugierigen Müßiggängern besucht wurden, welche, wie unsere Zeitgenossen, glaubten, sich verewigen zu müssen, indem sie ihre Namen auf die Malereien und Flachreliefs geritzt und jene dadurch entstellt haben. Die Dummen aller Jahrhunderte haben dort viele Repräsentanten.«

Dieser Wutausbruch bringt ihn nicht davon ab, eine Vorhersage zu treffen, die sich entgegen den Meinungen von Belzoni und Wilkinson als richtig erweist: »Es ist wahrscheinlich, daß alle Könige der ersten Hälfte der XVIII. Dynastie in diesem selben Tal ruhen und daß man hier die Grabmäler Amenhoteps I. und II. und der vier Thutmosis' suchen muß. Man wird sie nur entdecken können, wenn man enorme Erdabtragungen am Fuße der senkrecht geschnittenen großen Felsen vornimmt, in deren Inneren diese Gräber gegraben wurden.«

Die weitsichtigen Fähigkeiten des Vaters der Ägyptologie beschränkten sich nicht nur auf das Gebiet der Archäologie. Champollion ist neben dem Entzifferer der Hieroglyphen auch der Leser des Tals. Es gelingt ihm mit erstaunlicher Intuition, dessen fundamentale Sendung zu erfassen. Er arbeitet oft allein in den Gräbern, um die »Stimme der Vorfahren« zu vernehmen, in der Stille und inneren Sammlung. Ohne ein anderes Arbeitsmittel als seinen Blick, gelingt es ihm, Texte von großer Schwierigkeit zu lesen und die »alten Wahrheiten, die wir als sehr neu glauben«, zu enthüllen. Die Darstellungen der Qualen der Verdammten erinnern an die »Hölle« von Dante, aber hinter den Bildern vollzieht sich das Treffen des umgewandelten Wesens – Pharao – mit den göttlichen Kräften und bestätigt sich die Unsterblichkeit der Seele.

Champollion ist dazu fähig, das Geheimnis zu erfassen, daß in den Gruften eingeschrieben ist; in wenigen Zeilen gibt er den Schlüssel für den symbolischen Weg, der vom Eingang zur Halle mit dem Sarkophag führt: »Während seines Lebens der Sonne in ihrem Lauf von Osten nach

Westen gleich, mußte der König der Lebensspender, der Erleuchter Ägyptens und die Quelle aller physischen und moralischen Güter sein, die für seine Bewohner notwendig waren; der tote Pharao wurde folglich noch natürlich mit der untergehenden und in die dunkle untere Hemisphäre gehenden Sonne verglichen, welche auch er durchlaufen muß, um im Osten wiedergeboren werden zu können, um der oberen Welt das Licht und das Leben zu geben.« (Brief vom 26. Mai 1829).

Pharao und das Licht sind von gleicher Natur, ihr Abenteuer ist identisch. Wenn die Sonne morgens nicht aufgeht, stirbt die Natur. Wenn Pharao nicht mit ihr aufersteht, dann irrt die menschliche Gesellschaft im Chaos umher. Wie Assmann es gezeigt hat, glaubten die Ägypter, daß ein pharaonisches Modell, das über der Geschichte liegt, notwendig war für das gute Funktionieren des Universums. Deshalb ist die Lehre des Tales wie das Tal selbst untrennbar mit dem Aufbau der Spiritualität verbunden. Wie Champollion es verstanden hat, zeigen uns die Szenen und Texte die Gesetze des Jenseits und den Zugang zu einem Leben in Ewigkeit.

Die Konsequenzen dieser Entzifferung waren bedeutungsvoll. Da er bewies, daß die Bibel nicht die absolute Wahrheit gepachtet hatte, legte Champollion sich mit der Kirche an. Es mußte zugegeben werden, daß die Zivilisation wohl schon eine gute Zeit vor Moses existierte. Außerdem zeigte der Vater der Ägyptologie, daß die Ägypter weder Götzenanbeter noch Polytheisten waren, sondern eine Idee von der Göttlichkeit entwickelt hatten, die ebenso klar war wie die des Christentums.

Dieser kurze Aufenthalt im Tal kennzeichnete eine wirkliche Revolution im Denken. Mehrere Jahrtausende Spiritualität waren wiederauferstanden, und mit ihnen wurde gleichzeitig eine sehr alte und sehr neue Idee vom Leben und vom Tod lebendig. Champollion tauchte in die Tiefen der ägyptischen Seele. Seine Erfahrung sprengt den Rahmen der

Schul-Ägyptologie und läßt sich eher wie die eines spirituellen Meisters einordnen. »Du mußt mich als einen Mann betrachten, der wiederauferstanden ist«, schreibt er am 4. Juli 1829 an seinen Bruder, »bis zu den ersten Junitagen war ich ein Bewohner der Gräber, in denen man sich kaum um die Dinge dieser Welt schert.«

Champollion hat kein neues Grabmal entdeckt, aber er hat das Geheimnis des Tales enthüllt. Wilkinson beschäftigte sich mit den Nummern, Champollion begriff die Menge, die geheime Wirklichkeit. Sein Tod bremste den Schwung der entstehenden Ägyptologie. Verraten und unverstanden, hatte er keinen direkten Nachfolger. Seine Hauptwerke wurden nicht veröffentlicht, und erst in neuerer Zeit wurden sie wieder entdeckt.

Die Mehrzahl der Gelehrten vergaß seine Vorhersage und glaubte, daß das Tal ausgeschöpft sei und alle Gräber ans Tageslicht gebracht worden wären.

14
Das Wellental

Die Zeit der Künstler

Zwischen 1820 und 1840 wurde das Tal ein Lieblingsort für Architekten und Künstler, die sich darin gefielen, die Szenen der Königsgräber zu zeichnen. Zu ihnen gehörte der Schotte Robert Hay, Sohn eines Gutsbesitzers, der sich ein Haus bauen ließ, nachdem er im Grab Ramses' VI. gewohnt hatte: auf dem Boden in Kairo gekaufte Teppiche, an den Wänden Diwan und Kissen, in der Nähe des Grabes ein Hühnerhof mit Enten und Hühnern. Vor dem Eingang des Grabmals Wachhunde. Man arbeitete in den Gängen, vor der Sonne geschützt, und tischte auf, was man konnte.

Robert Hay unternahm in einem Zeitraum von vierzehn Jahren mehrere Reisen und versammelte um sich herum junge Architekten und Zeichner, die teils Liebhaber von Ägypten waren, teils einer Mode huldigten. Ab dem Jahre 1842 realisierten Hay und seine Mannschaft eine beachtenswerte Arbeit: Neunundvierzig Bände Zeichnungen, in denen beschädigte oder heute verschwundene Szenen wiedergegeben sind, werden im British Museum ausgestellt. Diese wenig bekannte Dokumentation verdient eine Veröffentlichung.

Weder Hay noch seine Begleiter denken daran zu graben. Das Tal war ein so gut erforschter Ort, daß es unnötig schien, überflüssige Anstrengungen zu unternehmen.

Die Expedition von Lepsius, dem Preußen

Das Tal hatte schon Abenteurer, Ekklesiasten, Soldaten, Wissenschaftler und Künstler empfangen. Nun kommt ein Abgesandter des Königs von Preußen, der Sprachwissenschaftler und Museograph Carl Richard Lepsius, der sich von Oktober 1844 bis zum Februar 1845 in Theben aufhält. Autoritär und organisiert führt er eine disziplinierte Gruppe, die ein Maximum von Orten besucht und das Ziel hat, eine neue Beschreibung Ägyptens zu publizieren, auf die Archäologie konzentriert. Das Projekt wird in Form einer monumentalen Sammlung von Texten und Drucken veröffentlicht, *Denkmäler aus Aegypten und Aethiopien*. Zusammen mit den *Notices descriptives* und den *Monuments d'Egypte et de Nubie* von Champollion sind dies die ersten bedeutenden archäologischen Veröffentlichungen, die eine Spur der verschwundenen Monumente enthalten.

Lepsius drückt dem Tal keinen Stempel auf. Er ist damit zufrieden, einige Gräber freizumachen und neue Pläne zu zeichnen, da er die alten für zu ungenau befindet. Er macht eine zusammenfassende Studie des Grabes Setoys I., streift das gigantische Grab Nr. 20 und beschäftigt sich mit der Grabstätte Ramses' II., aus der er gern den Sarkophag des berühmten Pharao geholt hätte. Er ist enttäuscht, davon keine Spur zu finden. Ohne Zweifel ist er der Urheber einiger Zerstörungen im Grabe Setoys I., von wo er Fragmente von Flachreliefs mitnimmt.

Die Entzauberung des Alexander Rhind

In vielen Ländern lehnen die Wissenschaftler es ab, die Ägyptologie mit dem Hinscheiden Champollions sterben zu sehen, dessen Entdeckung lange Zeit umstritten war. In Frankreich studiert de Rouge die Texte nach seiner Methode, deren Nützlichkeit er beweist. Alexander Rhind, ein Mann des Gesetzes aus Edinburgh, der gezwungen ist, wegen seines schlechten Gesundheitszustandes in Ägypten zu weilen, entschließt sich, die Ägyptologie mit Ernsthaftigkeit und Methode zu betreiben.

Er ließ sich in Gurna, am Westufer Thebens, nieder und begann 1855, an der Spitze von zwanzig Arbeitern im Tal Ausgrabungen zu machen. Er hatte die etwas verrückte Idee, daß nicht alle Gräber entdeckt worden seien.

Um 1850 war der Krieg der Konsuln beendet, da es weder Mitkämpfer noch überraschende Funde gab. Wer dachte schon daran, sich in lange Nachforschungen zu stürzen, wo doch Belzoni und Wilkinson den Ort schon als definitiv steril eingeschätzt hatten. Da es keinerlei Reglementierung gab, gruben hier und dort kleine Schatzsucher mit der Hoffnung, ein wertvolles Objekt zu erhaschen, das sie auf dem Schwarzmarkt für Antiquitäten zu einem guten Preis weiterverkaufen könnten.

Aber das Tal verweigerte sich diesen zufälligen Grabungen. Alexander Rhind war aus anderem Holz. Als erster wendete er ein Hauptgesetz der modernen Archäologie an, indem er die genaue Lage jedes gefundenen Objektes notierte. Für den Moment konnte das Detail als bedeutungslos erscheinen, aber für eine gut geleitete Ausgrabung lieferte es oft wertvolle Hinweise.

Rhind hoffte, Zentimeter für Zentimeter graben zu können, wenngleich seine ersten Versuche enttäuschend waren. Endlich fand er den Eingang eines Grabes! Die Aufregung des Schotten war auf ihrem Höhepunkt. Nach zwei Tagen der Freilegungen mußte er sich eingestehen, daß dies nur ein Felsen war, der von Menschenhand behauen schien. Entmutigt beschloß er, das Tal der Könige zu verlassen und den Westzweig zu untersuchen, aber seine sich verschlechternde Gesundheit verhinderte die Verwirklichung dieses Projektes. Das völlige Versagen des Schotten schien die Inexistenz anderer Gräber zu bekräftigen.

Auguste Mariette oder Das vergessene Tal

Von 1857 bis 1872 grub Auguste Mariette, einer der Großen der ägyptischen Archäologie, an bemerkenswert vielen Stellen. Dieser rauhe und unnahbare Mann führte überall in Ägypten seine große Gestalt und seine autoritäre Art spazieren. Gefürchtet und wenig geliebt, zwang er allen seine phantastische Arbeitsfähigkeit und seine Leidenschaft für die Zivilisation der Pharaonen auf. Mariette hatte etwas von Belzoni; er grub viel, meistens zu schnell, zog seine Bahn, ohne sich um Verleumdungen zu kümmern, und gab nie auf seine Gesundheit acht. Aber Belzoni war ein Laie geblieben, während Mariette ein Profi war. Er sorgte sich nicht nur um die Ausgrabung, sondern auch um die Konservierung. Ab 1857 schlug er ein Gesetz vor, um der Ausplünderung der Antiquitäten ein Ende zu setzen, und zog die Schaffung eines Museums in Betracht, wo diese vor den Begierden aller Art geschützt wären. Es ist in Bulak, in einem bescheidenen Gebäude der alten Stadt Kairo, wo der besessene Mariette das erste Museum über ägyptische Antiquitäten in Ägypten selbst eröffnete. Es ist ebenfalls er, der den Grundstein für den zukünftigen Antiquitätendienst legte, der damit beauftragt ist, die Ausgrabungen zu organisieren und zu überwachen.

Und das Tal? Mariette, der Orteverschlinger, vergaß es. Ohne Zweifel dachte er, daß es nichts mehr zu entdecken gab, im Einverständnis mit der üblichen Auffassung. Nichtsdestoweniger ließ er es überwachen und gab den Wächtern der Gräber Hinweise, um neue Beschädigungen zu vermeiden. Selbst wenn die Nützlichkeit dieser Ratschläge zweifelhaft bleibt, so stellten sie doch eine Bremse für die Aktivitäten der »Bilderstürmer« dar.

Im Jahre 1860 wurde die erste bekannte Photographie des Tales gemacht. Man erkennt den alten sehr engen Eingang des Ortes. Diese neue und für Archäologen nützliche Technik schaffte nicht die Zeichnung ab, die oft deutlicher die

Details zum Ausdruck brachte, aber es begann eine neue Ära.

Um 1870 öffnete sich Ägypten dem Fortschritt; eine europäische Gesellschaft, die vor allem aus Engländern und Franzosen bestand, nahm die Schlüsselpositionen in den Finanzen, dem Handel und der Industrie ein. Es war angenehm, im Land zu leben, dessen Zukunftsmöglichkeiten interessant zu sein schienen, und seine vergangene Größe schien geradezu danach zu verlangen wiederzuerstehen. Aber das Volk mußte den Preis dieser Umwandlung bezahlen, und die Politiker führten ihre Nation schnell an den Abgrund des Bankrotts.

1870 ist ein bedeutungsvolles Jahr in der Geschichte des Tales. In diesem Jahr erscheinen auf dem Schwarzmarkt für Antiquitäten außergewöhnliche Objekte. Für Kenner gibt es keinen Zweifel: Sie kommen aus einem Königsgrab.

15
Das Versteck von Deir el-Bahari

Ein neuer Eroberer: Gaston Maspero

Dank der Bemühungen von de Rouge mußte die Ägyptologie nicht sterben, und die Werke von Champollion wurden nicht völlig vergessen. Junge Gelehrte lernten geduldig und arbeitsam die Hieroglyphen und bildeten sich in der Praxis einer neuen Wissenschaft, die Schritt für Schritt die französischen, englischen und deutschen Publikationen nährte. Unter ihnen ragt ein Name hervor, der von Gaston Maspero, der als Direktor der neuen Schule der Archäologie in Kairo ernannt wird, wo er 1881 eintrifft. An die Spitze des Französischen Institutes für Orientalische Archäologie (IFAO) gerufen, entdeckte er ein anderes Ägypten. Auguste Mariette war durch die intensiven Arbeiten erschöpft. Es war das Ende eines dramatischen Lebens, da Mariette allein war, mittellos, und ihm die offizielle Anerkennung nicht zuteil wurde, die er erst nach seinem Tode zugesprochen bekam. Außerdem erlebte er in den letzten Stunden seiner Existenz, daß eine seiner beharrlichsten Theorien zusammenbrach. Er hatte nicht an das Tal geglaubt, er glaubte nicht, daß im Inneren der Pyramiden Inschriften seien. Doch Maspero stellte fest, als er in die Pyramiden der VI. Dynastie eindrang, daß die inneren Wände mit vertikalen Bändern von Hieroglyphen bedeckt waren, die den ältesten heiligen Text Ägyptens darstellen. Mariette hatte sich in einer Hauptfrage geirrt. Maspero unternahm die Übersetzung dieser *Texte der Pyramiden*, die von hohem Schwierigkeitsgrad waren. Dies war seine erste archäologische Leistung, aber weitere Herausforderungen warteten auf ihn.

Ein Amerikaner mit weißem Bart

Groß, eindrucksvoll, das längliche Gesicht mit einem phantastischen weißen Bart umrahmt, war Wilbur erst in den Fünfzigern, als er sich, getrieben von seiner Begeisterung für die Ägyptologie, für den Antiquitätenmarkt interessierte. Der florierte noch im Jahre 1881, zwischen einer Reihe von Fälschungen konnte man auch authentische Stücke finden.

Das Auge Wilburs war das eines Profis. Als Schüler von Maspero wußte er die Spreu vom Weizen zu unterscheiden. Aber etwas war ungewöhnlich! Irgend jemand brachte seit mehreren Jahren Objekte in Umlauf, die ohne jeden Zweifel aus einem Königsgrab stammten, das kein Archäologe kannte. Die Schlußfolgerung ließ sich von selbst finden: Eine Diebesbande hatte Hand an einen bemerkenswerten Schatz gelegt. Die einzige Lösung bestand darin, zu versuchen, diskret die Spur zurückzuverfolgen, ohne die Aufmerksamkeit der Schuldigen auf sich zu ziehen.

Gewandt und sicher gab sich Wilbur für einen Raritätensammler aus, der bereit ist, gewaltige Summen zu bezahlen. Ein sogenannter Achmed Abd el Rassul akzeptierte es, ihn in Gurna – in einem Grab zu empfangen! Ein angemessener Ort, wenn es denn sein mußte, um über einen wunderschönen Papyrus zu verhandeln. Eine Woche später hatte Wilbur die Bänder einer Mumie namens Pinojdem I. in den Händen, dem Priester-König der XXI. Dynastie. Da sich die Spur präzisierte, konnte er nicht mehr allein handeln. Er alarmierte Maspero, der in Begleitung von Emil Brugsch und anderen Assistenten am 3. April 1881 in Luxor eintraf. Die Nachforschungen gingen voran: Ein kleiner Weiterverkäufer geriet in Panik und gab zu, daß eine mächtige Familie aus Gurna, die Abd el Rassul, ein Grab entdeckt hatte, das Antiquitäten im Wert von vierzigtausend Pfund enthielt.

Das große Spiel der Abd el Rassul

Maspero wußte, daß die Einwohner von Gurna arme Leute waren, von Steuern ausgezehrt, und daß der Handel mit Antiquitäten und das Ausrauben der Gräber die einzigen Verdienstmöglichkeiten waren. Aber als Archäologe mußte er diesen Handel bekämpfen.

Er verhörte Achmed Abd el Rassul, der alles abstritt, trotz der Drohung, in Qena eingesperrt und gefoltert zu werden. Selbstsicher und entspannt glaubte der Gesprächspartner des Archäologen nicht, daß es zu solchen Maßnahmen kommen würde. Er war dem Franzosen nicht böse, und das Verhältnis zwischen den beiden blieb herzlich.

Achmed beging trotzdem einen Fehler. Mit dem Geld, das er aus dem Handel bezog, ließ er in Gurna »Das neue weiße Haus« bauen, das die Aufmerksamkeit der Autoritäten erregte. Der Reichtum der Abd el Rassul wurde ein bißchen zu sichtbar.

Festgenommen und in Ketten wurden Achmed und sein Bruder Hussein in Qena ins Gefängnis gebracht, wo der gefürchtete Provinzgouverneur Daoud Pacha regierte, der auch die härtesten Gesetzesbrecher zum Geständnis bewegte. Aber die zwei Brüder hüllten sich in Schweigen. Zwei Monate später wurden sie freigelassen.

Maspero und seine Mannschaft hatten kaum noch Hoffnung. Die legalen Mittel waren aufgebraucht. Da betrat ein Verräter die Bühne. Der Jüngste der Familie Abd el Rassul, Mohammed, war überzeugt, daß die Polizei nicht auf halbem Wege stehenbleiben würde, er ging nach Qena und gab die Stelle eines Grabes preis, die allein vierzig Mumien enthielt!

Der Clan der Abd el Rassul hatte sie schon Jahre vorher entdeckt, 1875, und vielleicht schon 1870. Als Belohnung für seinen Verrat erhielt Mohammed fünfhundert ägyptische Pfund und einen offiziellen Posten! »Ich glaubte, ihn zum *Reis* der Ausgrabungen in Theben ernennen zu müssen«, erklärte Maspero. »Wenn er dem Museum mit der gleichen Geschicklichkeit dient, wie er ihm vorher geschadet hat, so können wir noch auf einige schöne Entdeckungen hoffen.«

Die Königsmumien von Deir el-Bahari

Am 6. Juni 1881 herrschte sengende Hitze über Luxor. Emil Brugsch, der Maspero vertrat, führte eine anstrengende Exkursion durch. Der Anstieg zum Hügel, der zum Gebirgskessel von Deir el-Bahari gehört, war gefährlich. An der Südseite des Abhangs, etwa sechzig Meter über der Erdoberfläche, eröffnete sich ein Brunnen von zwei Metern Breite und zwölf Metern Tiefe. Brugsch, beeindruckt und ungeduldig, fühlte eine phantastische Entdeckung. Ohne zu zögern, ließ er sich mit Hilfe eines Seiles bis in den Brunnengrund hinunter. Dort begann ein Gang mit einer niedrigen Decke. Er kroch auf den Knien und kam an die siebzig Meter weit in den Felsen hinein. Überall verstreut gab es alte Objekte: Begräbnisfigürchen, Kanopengefäße und Särge. Der Archäologe begriff, daß er sich in einem von einem Hohepriester, Pinodjem II., eingerichteten Versteck befand, das der durch die Erweiterung eines älteren Grabes bauen ließ.*

Brugsch entdeckte, nachdem er sich nach rechts gewandt hatte, einen neuen Gang. Er war lang, eng, aber höher und ebenfalls vollgestopft mit Antiquitäten. Am Ende dieses

---

* Vielleicht jenes von Inhâpty, der Gemahlin von Ahmosis. Eine Inschrift teilt uns die Namen jener mit, die das Begräbnis von Pinodjem I. gegen 997 vor Christi vornahmen und die mit zu den Rettern der Königsmumien gezählt werden müssen: Nespekeshouty, »Göttlicher Vater« Amons, Schreiber der Armee, Bürgermeister von Theben; Unnefer, »Göttlicher Vater« Amons; Bekenmut, königlicher Schreiber in Deir el-Medina, der letzte, der diese Funktion vor der Auflösung der Gemeinschaft ausübte; Amenmose, Chef der Handwerker; Pediamon, »Göttlicher Vater« Amons und Chef der Geheimnisse.

Weges kam die Überraschung: eine Kammer von siebzig Fuß im Quadrat, angefüllt mit Sarkophagen, unter denen sich einige von kolossalen Ausmaßen befanden!

Der Ägyptologe näherte sich und las die Inschriften.

Er identifizierte die Särge der Familie von Pinodjem, was kaum verwunderlich war, aber glaubte zu halluzinieren, als er die Identität der anderen in diesem Sanktuarium versammelten Persönlichkeiten dechiffrierte: Thutmosis I., Thutmosis II., Thutmosis III., Ramses I., Setoy I., Ramses II., Ramses III., Ahmose, der Begründer des Neuen Reiches, Amenhotep I., der Erschaffer des Tales der Könige, die große und angebetete Königin Ahmose-Nefertari, deren Sarkophag in einem anderen, vier Meter hohen untergebracht war!

Die glorreichste Epoche der ägyptischen Geschichte erstand wieder auf. Die Mumien der Könige, vor langer Zeit in die Särge des Tales gelegt, traten aus dem Dunkeln. Gerührt schrieb Brugsch: »Ich fand mich im Angesicht meiner eigenen Ahnen.«

Verlagerung der Mumien und königliche Rätsel

Könige und Königinnen ruhten in schönen Särgen, von denen einige durch die Abd el Rassul beschädigt und ihrer Amulette und Schmuckstücke entledigt worden waren. Das Überraschendste war ein großes Durcheinander, denn die Mumien ruhten nicht in ihren Herkunftssarkophagen.

Was war passiert? Inschriften an den Mumien bewiesen, daß fromme Hüter der Riten die Mumien in diesem Grab zu Beginn der XVIII. Dynastie versteckten, um sie vor der sicheren Zerstörung zu bewahren. Das Grab wurde dann in der XIX. Dynastie vom Hohepriester Pinodjem und seiner Gemahlin Neskhons wiederverwendet. Das Geheimnis wurde gut gehütet, weil die Retter wahrscheinlich schnell vorgingen und wenige waren. Sie hatten einige Mumien ausgewickelt und Etiketten geschrieben, die vom Transfer von ihren Herkunftsgräbern in das Versteck berichten. Mehrere Mumien hatten einige Zeit im Grabe Setoys I. verweilt. Er selbst sowie Ramses II. waren übrigens die letzten Ankömmlinge gewesen.

Um die Sarkophage herum lagen Tausende von Dingen: Becher, Vasen, Uschebtis, Blumengirlanden, Körbe mit Nahrung, Schachteln, in denen Perücken waren, kurz, Begräbnismaterial aus den Gräbern. Wenn auch einige Amulette auf brutale Weise abgerissen worden waren, so stellte Brugsch fest, daß doch die Mehrzahl der Schmuckstücke mit Sorgfalt durch die Hüter der Riten abgenommen worden waren, die damit beauftragt waren, die Königsmumien zu restaurieren. Es ist anzunehmen, daß das Grab Ramses' XI. als Werkstatt diente. Hier wurde die Goldbeschichtung der Särge entfernt, und an Stellen, die noch nicht entdeckt sind, wurden seltene und kostbare Stücke versteckt.

Die Verlagerung der Königsmumien und ihre Unterbringung an einem sicheren Ort war eine mit Sorgfalt geplante und mit Zuverlässigkeit und Genauigkeit ausgeführte Operation: Niemand verriet das Geheimnis, und bis zum Eindringen der Abd el Rassul gelangte niemand in das Versteck.

Das große Rätsel war nun: Die Mumien mehrerer Pharaonen waren identifiziert, aber wo befanden sich ihre Gräber? Wo waren zum Beispiel Thutmosis III. und seine Vorgänger begraben worden?

Eine übereilte Reise

Es ist völlig klar, daß eine derartige Entdeckung die größte Aufmerksamkeit verdiente. Man hätte eine komplette Inventarliste der kleinen und großen Objekte aufstellen, ihre genaue Lage notieren, einen Plan von der Stätte machen und zeichnen und photographieren müssen. Man hätte diesem unglaublichen Fund wahrscheinlich mehrere Monate widmen müssen. Brugsch selbst hatte den Ruf eines guten Photographen. Trotzdem gibt es nicht die kleinste Reproduktion, weder einen Plan noch eine Liste der Sarkophage, wie sie vorgefunden wurden.

In Panik verfallen bei der Vorstellung, Diebe könnten sich jeden Augenblick eines solchen Schatzes bemächtigen, traf Brugsch eine Entscheidung, die man heute vom wissenschaftlichen Standpunkt aus als verheerend beurteilt: So schnell es geht, das Versteck leeren.

Die Männer des Daud Pascha versammelten dreihundert Fellachen, die gut die Hälfte der Bevölkerung von Gurna ausmachten, und in weniger als zwei Tagen transportierte diese friedliche Armee Sarkophage und Mumien zu einem Spezialschiff, das vom Kairoer Museum gepachtet worden war.

Wenn Brugsch wieder durchatmete, weil der sagenhafte Schatz aufs neue in Sicherheit war, kann man nicht umhin, diese Eile zu bedauern. Da die Spuren verwischt wurden, ohne die kleinste Darstellung zu machen, ging der ägyptischen Archäologie einer der spannendsten Pläne ihrer Geschichte verloren.

Einige Sarkophage waren so schwer, daß mindestens zwölf Männer benötigt wurden, um sie zu tragen. Als das Schiff in den Nil stach, versammelten sich die Dorfbewohner an den Ufern und grüßten geräuschvoll die alten Könige Ägyptens. Wie die antiken Klageweiber, so schrien die Frauen und rauften sich die Haare, während die Männer Gewehrschüsse abgaben.

Ein Zöllner für die Mumien

Wenngleich sich die Reise der Königsmumien ohne Zwischenfall vollzog, so war ihre Ankunft in Kairo etwas unruhiger, und es kam zu einem merkwürdigen administrativen Vorfall.

Als das Schiff, das die heiligen Körper der Herrscher des Neuen Reiches transportierte, am Zollposten ankam, der alle Waren, die auf dem Nil transportiert werden, schätzen muß, fühlte der Verantwortliche sich in einer mißlichen Lage. Einerseits mußte er die Vorschrift anwenden, die keine Ausnahme tolerierte, andererseits befand er sich einer Ware gegenüber, die nirgends aufgeführt war. Welchen Zollsatz sollte man wählen? Entmutigt ließ der Zöllner die Mumien unter der Kategorie »getrockneter Fisch« einschiffen. So verzollt, konnten sie die Abgrenzung zu einer Welt passieren, die nichts mehr gemeinsam hatte mit der pharaonischen Zivilisation, und im Kairoer Museum ankommen.

Thutmosis III. enttäuscht Maspero

Es gibt eine Erklärung für das Verhalten von Brugsch; Maspero, sein Vorgesetzter, war ein leidenschaftlicher Sammler und empfand nur gemäßigtes Interesse für die Archäologie vor Ort. Nichts gefiel ihm mehr als zu sehen, wie das Museum um schöne Stücke reicher wurde. Die Ankunft der Königsmumien füllte ihn mit Wohlbehagen. Er beschloß, die Auswicklung der berühmten Körper vorzunehmen und mit dem von Thutmosis III. anzufangen, der aufgrund seiner militärischen Siege in Asien auch den Spitznamen »ägyptischer Napoleon« bekommen hatte.

Die Abd el Rassul hatten sich diese Mumie vorgenommen. Sie hatten die Bänder zerschnitten, um den Skarabäus abzureißen, das Symbol der ewigen Umwandlung, das dort befestigt wird, wo sich das Herz befindet. Die Enttäuschung Masperos war groß: Die Mumie war in schlechtem Zustand. Der Kopf war vom Hals getrennt, die Beine gebrochen, die Bänder mit Öl und Harz getränkt, das die Haut angriff. Der französische Wissenschaftler hatte Angst, daß sich die anderen Mumien in dem gleichen Zustand befanden, und schob ähnliche Operationen auf. In der Sicherheit des Museums warteten Ramses II. und andere Pharaonen auf bessere Tage.

Das Zwischenspiel Lefébure

Im Jahre 1882 bombardiert die britische Armee Alexandria, das britische Expeditionskorps nimmt Kairo ein, und bald schon regiert die britische Verwaltung über das Land, in dem sie die ägyptische Regierung kontrolliert. Das ist ein wichtiges Ereignis, denn für eine lange Zeit wird Großbritannien sich näher für das Land der Pharaonen interessieren und es mehr und mehr unter sein Joch bringen.

Im Jahre 1883 wird der dreiundvierzigjährige Eugène Lefébure Direktor des Französischen Instituts für orientalische Archäologie. Damit ist er der Nachfolger Masperos, der die Leitung des Antiquitätendienstes übernommen hat und somit über die Archäologie in Ägypten herrscht. Lefébure, ein Dichter und Bewunderer Mallarmés interessiert sich für die Symbolik des Tals der Könige. Er kopiert die Gesamtheit der Texte der Gräber Setoys I. und Ramses' IV., identifiziert die »Bücher« und vergleicht die Grundversionen mit denen, die anderswo gefunden wurden. Nachdem er zwei Monate bei Setoy dem Ersten verbracht hat, arbeitet er vier Jahre lang in den Königsgräbern, bevor er seinen Posten Grébaut überläßt.

Die allgemeinen Einschätzungen über Lefébure sind hart. Die Epigraphiker werfen ihm eilige und wenig sorgfältige

Arbeit vor. Auch sein Verhalten wurde kritisiert. Er hatte seine Frau und ein Baby in Kairo zurückgelassen, um sich am Westufer von Theben niederzulassen, wo er, nachdem er seine Mitarbeiter entmutigt hatte, allein blieb. Nachdem er im Grab Ramses' IV. gewohnt hatte, litt er unter der Kälte der Winternächte und zog es vor, sich in einem berühmten Haus in Gourna einzurichten, im »Weißen Haus« der Abd el Rassul, das mit dem Geld aus dem Antiquitätenhandel erbaut worden war.

Als wildes Nervenbündel und Liebhaber der Einsamkeit hat Eugène Lefébure ein bemerkenswertes Buch geschrieben, über seine Studien der osirischen Mythen und die Bräuche zum Schutz der Gebäude; seine Leidenschaft für das Tal der Könige ist vergleichbar mit der Champollions. Er möchte die Texte auf den Wänden besser kennenlernen. Und wer würde nicht einen Wissenschaftler beneiden, der das Glück hat, sich vier Jahre im Tal der Könige aufzuhalten!

Maspero wickelt aus

Im Juni 1886, fünf Jahre nach der Entdeckung von Deir el-Bahari, entschied sich Maspero, die anderen Königsmumien zu untersuchen. Das Studium der Texte hatte ihn gelehrt, daß sie eine Reise im Tal hinter sich hatten; die Mumie Ramses' II., zum Beispiel, wurde unter der Herrschaft Herihors gepflegt, in das Grab Setoys I. transportiert, danach in das von Amenhotep I., aufs neue restauriert und letztendlich ins Versteck von Deir el-Bahari gebracht. Eine Gruppe von Spezialisten wachte über die kostbaren Reliquien, nachdem das Tal nicht mehr als Totenstadt benutzt und somit wenig bewacht wurde.

In Begleitung von Brugsch und Barsanti und in Anwesenheit des Herrschers des Landes, des Khediw Tewfik, wikkelte Maspero am ersten Tag der Experimente die Mumien aus. Er erlebte weitere Enttäuschungen, zum Beispiel bei Ramses III., dessen Gesicht beschädigt war, oder bei der Königin Ahmose-Nefertari, die in hohem Alter gestorben war, deren Kadaver in Verwesung überging, sowie er an die Luft kam. Aber zwei besondere Entdeckungen erwarteten ihn.

Die erste war Ramses II., den Maspero in weniger als einer Viertelstunde aus seinen Bändern befreite, mit weitem Oberkörper und breiten Schultern, die Hände auf der Brust gekreuzt, mit einigen Haaren auf den Schläfen und am Hinterkopf, die Nase lang und fein, die Wangenknochen hervorspringend, das Kinn ausladend, die Ohrläppchen durchbohrt, mit einem mächtigen und willensstarken Gesicht. Der große Monarch übte einen starken Eindruck auf die Gruppe von Ägyptologen aus.

Die zweite war der Vater von Ramses II., Setoy I., dessen ruhiges und heiteres Gesicht das schönste mumifizierte und je ans Tageslicht gebrachte Antlitz ist. Es strahlt geradezu Ewigkeit aus.

16
Das Grab Ramses' IV.
oder Die Alchimie des Lichtes

Zwei Könige in einem Grab

1886 wurde Maspero an der Spitze des Antiquitätendienstes von Grébaut abgelöst. Verärgert und müde kehrte der berühmte Wissenschaftler nach Paris zurück. Der neue Direktor betraute Georges Daressy damit, die Gräber von Ramses VI. und Ramses IX. freizuräumen. Obwohl sie seit der Antike viel besucht wurden, waren sie immer noch voller Geröll. Diese kleine Ausgrabungskampagne erbrachte interessante Ergebnisse, die Reste eines Begräbnisschlittens bei Ramses IX. und einen Holzgegenstand, der dazu diente, Feuer zu entfachen, bei Ramses VI.

1888 beendete Daressy die Ausgrabungen des Grabes Ramses' VI. (Nr. 9), das vorher das von Ramses V. war. Zwei Könige lagen in der gleichen Stätte für die Ewigkeit, als ob sie untrennbar miteinander verbunden waren.

Die Herrschaft von Ramses V. dauerte nur vier Jahre (1148–1144). Seine gut konservierte Mumie ist die eines Mannes von ungefähr 1,72 Meter, der relativ jung gestorben zu sein scheint. Folgt man zwei seiner Namen, so war er »Mächtig ist die Regel (Maât) des göttlichen Lichtes (Rê)« und »Der dafür gemacht ist, dank des göttlichen Lichtes zu existieren«. Der Widmung nach zu urteilen, die für sein Grab geschrieben wurde, ist dieses Monument für seine Väter geschaffen worden, die Götter des Raumes und der Wiedergeburt, die *Douat*. Damit gab er ihnen eine neue Grundlage für Ägypten, damit die göttlichen Namen erneuert werden. Als Gottesgelehrter ließ Ramses V. die Steinbrüche von Gebel el-Silsileh und die Minen des Sinai wieder öffnen mit der Absicht, ein breites Bauprogramm in Angriff zu nehmen. Der Tod verhinderte dessen Vollendung.

Ramses VI., der acht Jahre regierte (1144–1136), war einer der Söhne von Ramses III., seine Mumie von 1,70 Meter ist beschädigt. Sie befand sich im Sarg eines sogenannten Rê, erster Prophet Amons im Tempel von Thutmosis III. Er trug die Namen des »Göttlichen Lichtes (Rê), das der Herrscher der Regel (Maât) ist, geliebt von Amon, geboren aus dem göttlichen Licht, Amon besitzt sein Schwert, den Gott, den Herrscher von Heliopolis«.

Warum, anstatt ein eigenes Grab zu graben? Man weiß es nicht. Es scheint sicher, daß Ramses VI. sein Schicksal spirituell mit dem Ramses' V. über das Grab hinaus verbinden wollte.

Ramses VI., der der letzte Pharao ist, dessen Name im Sinai niedergeschrieben wurde, reduzierte die Gemeinschaft von Deir el-Medina auf sechzig Handwerker. Es näherte sich nicht nur das Ende des Tales und der ramessidischen Dynastie, sondern Ägypten litt auch unter einer wirtschaftlichen Krise und einer Schwächung der Zentralgewalt.

Das Grab der Rätsel

Als ein Eingeweihter in die Geheimnisse von Eleusis, ein Fackelträger, das Grab Ramses' V. besuchte, war er gerührt und voller Emotionen. Er schrieb ein Graffito: »Ich, der Fackelträger der sehr heiligen Geheimnisse von Eleusis, Sohn des Minuciarus, des Atheners, der ich die Syrinx lange nach dem göttlichen Platon besucht habe, habe die Götter verehrt und ihnen gedankt, die mir erlaubt haben, dies zu tun.« Dieser Besucher erkannte auf den Wänden Figuren und Szenen, die an die geheime Bildung erinnerten, die während der Einweihung in die Mysterien weitergegeben wurde.

Der Plan des Grabes ist einfach. Auf einer Achse, die vom Eingang in die Mitte des Felsens führt, ein Gang, ein Vorzimmer, eine Säulenhalle, ein zweiter Gang, ein zweites Vorzimmer und der Saal das Sarkophags. Auf den Wänden der Gänge sind Kapitel aus dem *Buch der Türen*, dem *Buch der Höhlen* und dem *Buch der verborgenen Kammer* geschrieben; an der Decke jene des *Buches des Tages* und des *Buches der Nacht*.

Die Sonne geht schlafen und dringt in die Unterwelt, um die Dunkelheit zu vertreiben. Sie muß eine Folge von Türen überwinden, Angreifer abwehren, das Feuer der Unsterblichkeit entfachen. Gefährliche Wesen, die mit scharfen Messern ausgerüstet sind, bedrohen nicht die Sonne, sondern enthaupten die Feinde von Osiris. Das Licht ist das Geheimnis des Lebens, das die Freude Pharaos ausmacht. Der König wird genauso wie das Licht, denn seine Stimme ist gerecht; er sieht seine Schönheit, steigt in seine Barke, fährt auf dem Ozean der Ursprünge. Er führt jene mit sich, deren Herzen als wahr erkannt wurden.

Die Halle des Goldes, in der sich der Sarkophag befindet, besitzt eine gewölbte Decke, auf die zwei Himmelsgöttinnen gemalt sind, die des Taghimmels und die der Nacht. An diesem Ort sollte das Wunder der Schöpfung der Sonnenscheibe geschehen, die wiederaufersteht, nachdem sie die Stunden der Nacht durchlaufen hat.

Die Sonnenbarke fährt hinunter in die Unterwelt, erleuchtet die Dunkelheit und belebt die latenten Kräfte. Aber die Sonne kann auch zu Fuß die Etappen ihrer Wiederauferstehung durchlaufen. Nach B. H. Stricker bilden die esoterischen Darstellungen eine Abhandlung über die Embryologie: Nachdem wir die Trennung von Himmel und Erde, die Entstehung des Lichtes und die Bildung eines Wesens mit kosmischen Dimensionen miterlebt haben, sehen wir die Bildung eines Embryos, das Herabkommen der belebenden Seele, die vergleichbar einem Feuer ist, welches vom Himmel kommt, die Entdeckung des ursprünglichen Eies, das die Lebensformen und die Zirkulation der Elemente in sich trägt.

Das Grab Ramses' IX. (Nr. 6)

Das letzte Grab des Tals, phantastisch ausgestaltet, ist das des Königs, der achtzehn Jahre (1125–1107) regiert und das esoterische und alchimistische Werk von Ramses VI. weitergeführt hat. Seine Mumie wurde im Versteck von Deir el-Bahari gefunden. In der Architektur bemerkt man rege Aktivitäten zu gleichen Teilen im Norden, vor allem in Heliopolis, und im Süden, in Karnak. Der Name Ramses' IX. ist in der Oase von Dakla genauso gegenwärtig wie in Palästina. Das sind magere Indizien, die vermuten lassen, daß die pharaonische Macht trotz der wachsenden Macht der Amonpriester an Stärke gewinnen konnte. Aber ein dramatisches Ereignis geschah im Jahre 16 der Herrschaft: Eine Bande raubte die Gräber aus. Dies ist ein Indiz für eine tiefe Krise, die das Ende der ramessidischen Ära kennzeichnete.

Eine der Szenen aus dem Grab Ramses' IX., die man als Ergänzung zu der Ramses' VI. sehen kann, ist rührend: Man sieht den König ein Opfer bringen, »jener, die er im Schweigen liebt«, der Göttin des thebanischen Gipfels, die das Tal der Könige beschützt.

Heute ist das Grab Ramses' IX. zerstört, und sogar seine Reliefs sind bedroht. Es gehört zu den Monumenten, die dringend einer Restaurierung bedürfen.

17
Thutmosis III. (Nr. 34)
und der glückliche Herr Loret

Mumien ohne Gräber

Im Jahre 1891 rechtfertigte Mohammed Abd el Rassul die Hoffnungen, die Maspero in ihn gelegt hatte. Nachdem er den Platz des Verstecks der Königsmumien preisgegeben hatte, entdeckte er nun für Grébault ein weiteres. Daressy wird das Privileg zuteil, es zu sehen, am Eingang von Bab el-Gasus, ein Versteck, das einhundertdreiundfünfzig Sarkophage enthält und ungefähr zweihundert Statuen von Hohepriestern Amons, die der XXI. Dynastie folgten.

Dieser brillante Fund hatte wieder einen bitteren Beigeschmack. Da es Mumien gab, kamen diese sicherlich aus Gräbern, die unter dem Sand und unter dem Felsen gegraben waren.

Victor Loret, der 1881 mit Maspero in Ägypten eingetroffen war, war beeindruckt von der Entdeckung mehrerer großer Könige des Neuen Reiches, deren Mumien sorgfältig aus dem Versteck von Deir el-Bahari geholt worden waren. Als er an die Spitze des Antiquitätendienstes gerufen wurde, ahnte er nicht, daß das Tal ihm in den Jahren 1898–1899 die schönste Freude, die man einem Ägyptologen machen konnte, bereithielt. Er allein numerierte sechzehn weitere Gräber und vergrößerte so den kostbarsten aller Kataloge. Mehrere von ihnen waren schon vorher bekannt, und er begnügte sich damit, ihnen eine Ordnungszahl zu geben, aber er machte auch mehrere märchenhafte Entdeckungen.

Wo man die Abd el Rassul wiederfindet

In Westtheben bleibt die bekannte Familie ein notwendiger Anlaufpunkt: der Clan der Abd el Rassul kennt das Gebiet besser als jeder Archäologe. Er hat die Hügel erkundet, die Talmulden und Schluchten, auf der Suche nach dem kleinsten Grab, in der Hoffnung, verkaufbare Schätze zu entdecken. Mit der Zeit hat er gelernt, andere Dialoge mit den europäischen Suchern anzufangen. Es war mitunter rentabler, eine Auskunft zu verkaufen, als sich auf den Schwarzmarkt zu wagen. Selbstverständlich wurde diese Art von Transaktion weder in den offiziellen Berichten noch in wissenschaftlichen Werken erwähnt.

Victor Loret verstand es, an der richtigen Tür zu klopfen. Während eines Gespräches mit Mohammed Abd el Rassul, den man letztendlich als einen der besten Archäologen des XIX. Jahrhunderts anerkennen müßte, erlangte er die Gewißheit, die er so lange erhoffte: Es gab ein noch unbekanntes Grab im Tal der Könige! Loret machte methodisch eine Reihe von Sondierungen, die darin bestanden, kleine Brunnen in die Geröllmassen zu graben, um den Felsen zu erreichen und den Eingang zu einem Gewölbe zu finden.

Entgegen der allgemeinen Vorstellung ist es selten, daß ein Archäologe selbst Hand anlegt. Er begnügt sich meistens damit, zu organisieren und zu leiten. Die Wahl der Mitarbeiter und die Bildung einer Gruppe sind entscheidend. Auf diesem Gebiet hatte Loret ebenfalls Glück; er betraute Hassan Hosni, Inspektor des Antiquitätendienstes in Gurna, damit, die Untersuchungen am südlichen Rand des Tales vorzunehmen, weit von den schon bekannten Gräbern entfernt, ohne Zweifel den Informationen folgend, die von Mohammed Abd el Rassul geliefert wurden.

Ein Grab in der Höhe

Victor Loret hatte weder die Zeit, die schöne Gegend des Assuan zu besichtigen, noch dessen winterliche Sanftheit zu genießen. Am 12. Februar 1898 erhielt er ein Telegramm von Hassan Hosni, der ihm eine Art Wunder ankündigte: Die Sondierungen hatten zu Ergebnissen geführt, ein Grab war entdeckt worden! Loret kehrte am 20. Februar in das Tal zurück, wo ihn eine große Überraschung erwartete. Am 21. machte er sich an die Arbeit.

Dieses Grab ähnelte keinem anderen. Schon allein seine Lage war außergewöhnlich. Man konnte es entweder über das Innere des Tales erreichen oder über gebirgige Pfade von Deir el-Medina her, denn es befand sich gut versteckt auf dem Grunde einer Vertiefung, ungefähr zehn Meter oberhalb des Bodens. Die Ränder des Trichters wurden immer enger, je mehr man sich dem Eingang näherte, der Durchgang war am Ende nicht breiter als ein Meter.

Mehrere Stunden Anstrengung waren nötig, um an das schwarze Loch zu kommen, das den Eingang zu der Gruft darstellte. Ein Geruch von Zedernholz lag in der Luft; bewies er nicht, daß kostbare Objekte noch unversehrt waren? Das Loch wurde erweitert. Man brauchte zehn Tage, um den Weg vom Eingang bis zum Brunnen freizulegen.

Die Tür des Grabes ist 2,04 Meter hoch und 1,35 Meter breit. Der erste Gang von quadratischem Grundriß hat eine Länge von zehn Metern, verkleinert sich und führt schließlich zu einer steil abfallenden Treppe, die zu einem zweiten Gang geleitet, der ungefähr neun Meter lang ist, unterbrochen von einem großen Brunnen (4,15 mal 3,96 Meter).

Der erste Ziertitel, den Victor Loret las, ließ keinen Zweifel mehr am Eigentümer dieses Ortes: Thutmosis III., den einige nicht ohne Grund als den größten Pharao Ägyptens ansehen.

Die Herrschaft und das Werk Thutmosis' III.

Vierundfünfzig oder dreiunddreißig Jahre der Herrschaft (1479–1425) oder (1458–1425)? Alles hängt von der Berechnungsweise ab. Beim Tode Thutmosis' II. wird Thutmosis III. sein Nachfolger, und seine offizielle Herrschaft beginnt also 1479. Aber der neue Pharao ist zu jung zum Regieren und eine außergewöhnliche Frau, Hatschepsut, übernimmt die Regierung, bevor sie selbst zwanzig Jahre lang Pharao wird (1478–1458), ohne deshalb Thutmosis III. auszuschalten.

Aus dieser Situation sind zahlreiche Romane entstanden. Der junge Thutmosis wurde weder gefangengehalten noch hingerichtet. Er erlernte geduldig seinen Beruf des Königs, unternahm kein Komplott gegen Hatschepsut, dingte keinen Mörder und stieg 1458 auf den Thron, nachdem die Pharaonen-Königin nach einer glücklichen und strahlenden Regierungszeit starb.

Thutmosis III., dessen Andenken noch unter den Ptolemäern gefeiert wurde, war ein Herrscher von außergewöhnlichem Weitblick. Seine Mumie von kleiner Größe wurde leider schlecht konserviert und widerspiegelt nicht die Geistesstärke des Monarchen, der seiner Epoche eine tiefe Spur und der Nachwelt unersetzbare Werke hinterlassen hat.

Der Historiker bewundert den Kriegsherrn, Urheber von siebzehn »Kampagnen« im Morgenland, von denen einige Feldzüge waren und andere Paraden, dazu bestimmt, die Ordnung aufrechtzuerhalten. Der Gefahren einer Invasion bewußt und in der Sorge, Ägypten zu schützen, unternahm Thutmosis III. die Eroberung von Palästina, Syrien und der phönizischen Häfen, die zu Protektoraten wurden. Die lokalen Regierungen mußten sich Ägypten treu ergeben zeigen und Abgaben entsenden. Nachdem die Armee von Thutmosis III. den Euphrat überquert hatte, erzwang sie den ägyptischen Frieden in Ostasien; Babylonier, Assyrer und Hethiter verhielten sich wie Wirtschaftspartner, die an den Hof des Pharao Gold, Silber, Kupfer, Elfenbein und Edelsteine schickten.

Die Mitannier, deren Zivilisation auf das Gebiet zwischen Euphrat und Tigris konzentriert war, waren lange Zeit eine ernsthafte Bedrohung. Deshalb entschloß sich Thutmosis III., anstatt ihre Angriffe abzuwarten, selbst die Lanze auf das Gebiet des Feindes zu werfen. Im Jahre 33 seiner Herrschaft erzwang er eine entscheidende Niederlage. Von da an ging es nicht mehr darum, die Waffen sprechen zu lassen, sondern abzuschrecken, den Frieden herbeizuführen und zu lehren. Im Jahre 42 seiner Herrschaft wurde die letzte Kampagne geführt. Mitannien war ein friedliches Land geworden, bar jeder kriegerischen Absicht. Diese Umwandlung einer realen Bedrohung in einen Beitrag zur Sicherheit war einer der schönsten Erfolge der Außenpolitik Ägyptens. Vom Euphrat und dem Tal des Oronte im Norden bis nach Nubien und Napata im Süden regierte Thutmosis über ein Gebiet, das länger war als dreitausend Kilometer.

Auf architektonischem Gebiet veränderte der König den Tempel des Amon-Rê in Karnak, indem er gegen Osten den Hof des Mittleren Reiches, das Lebenszentrum des Gebäudes, durch ein herrliches Bauwerk schloß, das den Namen *akhmenu* trägt, »Der, dessen Monumente erstrahlen«. Das Wort *akh*, das durch »hell, herrlich, strahlend oder nützlich« übersetzt werden kann, kennzeichnet die höchste spirituelle Qualität eines Wesens: In eben diesem *akhmenu* fand die Einweihung der Priester und Wesire des Karnak in die großen Riten statt. Die Dokumente beweisen, daß der Bau nur für eine kleine Anzahl von Anhängern bestimmt war und daß wir heute Orte betrachten, zu denen nur wenige Ägypter im Laufe der Jahrhunderte Zugang hatten.

Die Baumeister des Königs erbauten in ganz Ägypten Tempel; er selbst interessierte sich für die alten Traditionen und ließ die ursprünglichen heiligen Texte, die berühmten *Schriften der Pyramiden* abschreiben. Auch die in Karnak praktizierten Riten hingen mit der Ausbildung in Heliopolis zusammen, der heiligsten der heiligen Städte. Diese Riten, die vom Haus des Lebens zur Zeit von Thutmosis III. formuliert wurden, wurden bis zur griechisch-römischen Epoche ausgeübt. Auf diesem Feld wie auch sonst war der König gleichermaßen Innovator und ein Mann der Synthese.

Dem Tal der Könige ließ er größte Sorgfalt angedeihen. Wahrscheinlich hat er die Grabmäler seiner beiden Vorgänger, Thutmosis' I. und Thutmosis' II., renovieren lassen, um ihnen eine seinem eigenen Grabmal gleichende Gestalt zu geben. Einige Spezialisten halten ihn sogar für den eigentlichen Begründer des Tales, der das Tal definitiv zur königlichen Totenstadt bestimmt hat.

Seine Herrschaft währte lange und war glorreich, das Ägypten von Thutmosis III. war wohlhabend und allmächtig. Mußte das Grab da nicht märchenhafte Schätze enthalten?

Dieses Grab ist ein offenes Buch

Loret bemerkte, daß die Handwerker mit Sorgfalt gearbeitet hatten und daß der Gang gut behauen war. Die Verzierung des ersten Saales, der zwei Säulen hatte, versetzte ihn in Erstaunen. Gottheiten in großer Anzahl waren im Inneren der Rechtecke gezeichnet. Er hatte vor seinen Augen die siebenhundertfünfundsiebzig Schöpfungskräfte, die die Sonne jeden Tag erweckt und die in den »geheimen Höhlen der versammelten Totalität« verborgen blieben.

Im nordwestlichen Winkel führte eine Treppe in eine zweite Kammer des Grabes, die Begräbniskammer (15 Meter lang und 9 Meter breit), gestützt von zwei rechtwinkligen Säulen. Die Ecken sind erstaunlicherweise abgerundet. Wenn man sie aufmerksam betrachtet, hat man den Eindruck, im Inneren eines Ovals zu sein, vergleichbar mit dem Ziertitel, auf dem die Namen der Pharaonen stehen. Für

Ägypten ist der Name, nicht zu verwechseln mit unserem Familiennamen, eins der spirituellen Elemente der Person und darf nicht verschwinden. Benennen, das bedeutet schaffen. Da der Name des Königs eine Schöpfungskraft war, sollte er nach dem Dahinscheiden im Jenseits weiterexistieren.

Auf den Wänden befinden sich mehrere Episoden des Amduat, des *Buches der verborgenen Kammer* oder des *»Buches dessen, was sich im Raum der Umwandlung befindet«*. Es handelt sich um einen riesigen Papyrus, der auf den Wänden ausgerollt ist, um ein offenes Buch. Auf Grund der Besonderheit der Herrschaft Thutmosis' III. ist es möglich, daß dieses Grab als Ort der Einweihung gedient hat und daß dem Eingeweihten dort die Gesamtheit dieses geheimen Textes enthüllt wurde, der die Umwandlungen der Sonne und deren Reise ins Jenseits umreißt. Diese Reise ist in ein Oval eingeschrieben. Das Grab erinnert durch seine Form ebenfalls an den heiligen Raum, in dem sich die Umwandlungen des Lichtes vollziehen.

Auf einer der Säulen gibt eine Göttin, die in einen Baum übergeht, dem König die Brust. Nach dem Text ist es »seine Mutter Isis«, die ihn stillt. Isis war auch der Name der irdischen Mutter von Thutmosis III. Hier wird sie mit der Göttin verbunden, die aus ihm ein kosmisches Wesen macht, indem sie ihm die Milch der Sterne anbietet. Die Dame Isis ist übrigens auf der gleichen Säule dargestellt, man sieht sie auf einer Barke aus Papyrus inmitten des himmlischen Paradieses rudern.

Der Sarkophag aus rotem bemaltem Sandstein war noch an seinem Platz auf seinem Sockel aus Alabaster. In diesem Sarkophag, der wie die kosmische Gebärmutter, in der das königliche Wesen in Ewigkeit wiedergeboren wird, gebaut war, verkörperte sich Nut, die Göttin des Himmels. Auf den Bändern der Mumie Thutmosis' III. war ein Text geschrieben, der von seinem Sohn, Amenhotep II., verfaßt war: »Der vollkommene Gott, der Herr der Zwei Erden, der Meister der Aktion, der König von Hoch- und Niederägypten, der Sohn des göttlichen Lichts, geboren von seinem Körper, sein geliebter Amenhotep: Er tat dies wie ein Denkmal für seinen Vater, von vollendeter Form, die Bücher der spirituellen Verwirklichung für ihn vollbringend.«

Victor Loret hatte wirklich viel Glück; er förderte das erste offene Buch aus den königlichen Gräbern zutage, die erste vollständige Enthüllung des *Buches der verborgenen Kammer*. So ermöglichte er es, diesen einzigartigen Ort zu entdecken, den einer der mächtigsten Pharaonen auserwählt hatte, um durch die Unsterblichkeit des heiligen Textes zu überleben, indem er die Einfachheit der Zeichnung und die Genauigkeit der Hieroglyphen der Herrlichkeit des Flachreliefs vorzog.

Die Reste einer Zerstörung

Trotz seiner Lage entging das Grab nicht den Plünderern. In der Begräbniskammer und den vier anhängenden Kapellen fand Loret einen Vogel aus geteertem Holz, ohne Zweifel einen Schwan, Fragmente von Statuen und Vasen, rituelle Hölzer, Modelle von Barken, Natron, Knochen vom Pavian und vom Stier und zwei Mumien einer späteren Epoche. Die Kapellen, deren Fußboden niedriger war als der der Sarkophagenhalle, waren durch Holztüren verschlossen. Sie enthielten Begräbnismobiliar, königliche Embleme und Symbole, und Nahrung des Banketts, das ewig in der anderen Welt zelebriert wird. Von den ursprünglichen Reichtümern blieben also nur einige Reste, die uns dennoch viel hätten lehren können. Aber Victor Loret, obwohl er sorgfältig den gesamten Boden absuchte, um die ursprüngliche Lage der Objekte gut zu erfassen, veröffentlichte seine Notizen und Arbeiten nicht.

Die Mannschaft von Loret leerte das Grab in drei Tagen.

Acht Tage waren nötig, um die letzten Geröllmassen aus dem Grab zu räumen. Das Datum der Grabräuberung ist noch unklar. Loret beschreibt den Einfall von Vandalen, die aus Unzufriedenheit, keinen Goldschatz gefunden zu haben, die Holzstatuen gegen die Wände geschlagen hatten. Zum Glück zerstörten sie nicht die Zeichnungen und Texte, die in ihren Augen überhaupt keinen Wert besaßen.

Ein Graffito eines Schreibers aus der XX. Dynastie ist schwer zu deuten. Vielleicht handelt es sich um eine Spur eines Inspektionsberichtes. Und in der XXVI. Dynastie kopierte ein hoher Würdenträger namens Hapimon den Sarkophag Thutmosis' III., des Herrschers, der das pharaonische Ideal am weitesten erhoben hat.

18
Amenhotep II. (Nr. 35)
oder Das zweite Königsversteck

Wenn ein Archäologe vom Glück verfolgt wird

Während Victor Loret sich noch mit dem Grab Thutmosis' III. beschäftigt, läßt er Sondierungen in einem anderen Teil des Tales vornehmen, wo bisher noch kein einziger interessanter Hinweis entdeckt wurde. Intuition, Logik oder die Begabung der Abd el Rassul? Im Hügel oberhalb des Grabes Nummer 12 gibt es eine Niederlage; aber am Fuße der Hügelchen, die von der Talsohle aus geradewegs bis zur Terrasse gehen, zieht eine Ansammlung von Kalkabfällen die Aufmerksamkeit auf sich.

Nach dem Freiräumen erscheint der Eingang eines Grabes. Am 9. März 1898 gräbt man eine kleine Statuette aus, ein Uschebti mit dem Namen von Amenhotep II., Sohn und Nachfolger Thutmosis' III. Nach dem Vater nun sein Sohn! Das Glück Lorets wird fast unheimlich. Trotz allem ist die Freude des Archäologen getrübt; einige Objekte mit dem Namen dieses Königs zirkulieren auf dem Antiquitätenmarkt. Das ist der Beweis, daß dessen letzte Ruhestätte ausgeraubt wurde und man nicht mit außergewöhnlichen Funden rechnen kann.

Die Nacht des Grabes

Obwohl der Eingang, am Fuße des Hanges versteckt, erst gegen sieben Uhr abends zugänglich war, siegte die Neugier. Loret hatte den Eindruck, in eine Grotte hinabzusteigen. Er gelangte in einen ersten Gang, dessen Höhe zwischen 2 Meter und 2,30 Meter variierte bei einer Breite von 1,55 bis 1,64 Meter. Dann stieß er auf einen Brunnen. An der Decke waren Sterne aus Gold auf blauem Grund. Er gab nicht auf und ließ im Kerzenlicht eine Leiter herbeitragen, die über den Brunnen gelegt wurde. Loret stieß in eine Halle mit zwei Säulen vor, die nicht verziert war. Auf dem Fußboden lagen Fragmente großer Holzschiffe, von Lotosblumen aus Zedernholz und dem Figürchen einer Schlange. Hier hatten die Grabräuber ebenfalls zerstört und zerschlagen.

Plötzlich erstarrte ihm das Blut in den Adern.

Er brauchte viel Mut, um nicht seine Beine in die Hände zu nehmen und schnell das Grab zu räumen. Vor ihm stand ein Monster.

Vorsichtig näherte er sich. Die Flamme der Kerze erleuchtete eine gepeinigte Mumie, die noch lange braune Haare trug, mit einem klaffenden Loch am Platz des Brustbeins.

Das Opfer eines Menschenopfers oder der Kadaver eines Diebes, der von seinen Komplizen getötet und zurückgelassen wurde? In Wirklichkeit handelte es sich nur um eine unschuldige Mumie, die des Prinzen Ubensennu, Befehlshaber über die Pferde des königlichen Wagens, dem die Ehre zuteil wurde, in der Nähe des Pharao einbalsamiert zu sein. Plünderer hatten auf der Suche nach Schmuck seine Bänder abgerissen, und den Körper verunstaltet.

Der Pharao mit der Blumenkette

Nachdem Loret den Saal mit den zwei Säulen passiert hatte, stieg er eine Treppe hinab und kam in einen großen Saal, von zwei Reihen von jeweils drei Säulen getragen und vollständig verziert.

Auf den Säulen begegnete der König den Gottheiten, die er anbetete; Rê, das göttliche Licht, bestätigte: »Ich setze Pharao an die Spitze der Sterne.« Auf den Mauern entfalteten sich, wie bei seinem Vater, Thutmosis III., die Episoden aus dem *Amduat*, dem *Buch der verborgenen Kammer*. Der Sohn hatte sich ebenfalls dafür entschieden, seine Bleibe für die Ewigkeit als ein offenes Buch zu gestalten. Seine Version ist in schönen grünen Hieroglyphen geschrieben. An der Decke erinnern die Sterne daran, daß wir nicht mehr auf Erden sind, sondern in dem Raum, in dem der Geist Pharaos aufersteht und zu einem Stern wird.

Loret nahm die Reste von Gegenständen aus Holz und die Tonscherben nicht wichtig; er war unwiderstehlich angezogen vom Sarkophag, der auf einer Art Gruft ruhte, die in den Boden gegraben war. Er näherte sich und stellte fest, daß der Sarkophag aus Sandstein war, bedeckt mit einem glänzenden roten Belag.

»Sieg«, rief Loret begeistert. Nein, dieses Grab war nicht leer. Amenhotep II. war noch anwesend in seiner Bleibe für die Ewigkeit. Um den Hals trug die königliche Mumie eine Blumenkette, auf dem Herzen einen Strauß aus Mimosen, zu seinen Füßen eine Krone aus Blättern; der König war begrünt für die letzte Reise. Er wurde Baum, Pflanze und Blume, wiedergeboren wie die Vegetation, deren scheinbarer Tod zukünftiges Leben birgt.

Der glückliche Loret war noch nicht am Ende seiner Überraschungen. Wie schon bei Thutmosis III. komplettierten vier kleinere Säle den Begräbnissaal und enthielten Nahrung für ein Bankett, von dem noch die Oliven zu erkennen waren. Es blieben ebenfalls Fragmente von Königsstatuen, Symbole, wie der Panther, die Schlange der Göttin Neith, magische Steine, Vasen, Modelle von Barken, ein Bogen.

In einer der Kapellen zu rechter Hand lagen drei Mumien Seite an Seite. Zwischen einem Mann und einer Frau ein Jugendlicher, der auf seiner rechten Schläfe den Zopf der Prinzen trug; das Gesicht des Mannes war entstellt, entsetzlich, aber die Frau war von großer Schönheit, mit üppigem Haar und einem majestätischen Ausdruck. Mehr ist von ihnen nicht bekannt.

Einer der vier kleinen Räume besaß Mauern aus Blöcken von Kalkstein. Neugierig geworden durch diese ungewöhnliche Tatsache, ließ Loret einen Block lösen und warf einen Blick ins Innere dieser drei mal vier Meter großen Kammer. Er erblickte neun Särge! Also ein neues Versteck. Zweifellos dachte er an die Hohepriester des Amon. Aber die Wahrheit war noch viel überraschender: neun Königsmumien!

In diesem verschlossenen Ort ruhten zwei Pharaonen der XVIII. Dynastie, Thutmosis IV. und sein Nachfolger Amenhotep III.; drei der XIX. Dynastie, Merenptah, Setoy II. und Siptah; vier der XX. Dynastie, Sethnacht, Ramses IV., Ramses V. und Ramses VI. Der Archäologe hatte sich geirrt, als er Merenptah für Echnaton hielt und erstaunliche Eigenheiten feststellte; zum Beispiel, daß sich die Mumien von Amenhotep III. in einem Becken mit dem Namen Ramses' III. befand und mit einem Deckel mit der Beschriftung für Setoy II. versehen war!

Es ist Pinodjem I., der dieses Versteck einrichtete, während Pinodjem II. das von Deir el-Bahari schloß. Seit der XXI. Dynastie folglich, bald nachdem die Gräber im Tal gegraben waren, hielten die Hohepriester Amons diesen Ort für die Königsmumien für zu unsicher und beschlossen, sie zu verlagern.

Geheimnisse bleiben

Victor Loret ließ die Mumien nicht nach Kairo bringen (der Umzug fand erst 1934 statt) und schloß dieses eigenartige Grab. Es schien wohl ausgeraubt worden zu sein, aber weshalb hatten die Vandalen nicht die Mumie Amenhoteps III. beschädigt und das Versteck aufgebrochen?

Andere Notunterkünfte wurden genutzt: die Gräber von Haremhab (XVIII. Dynastie), von Setoy I. (XIX. Dynastie) und von Sethnacht (XX. Dynastie), also von einem König pro Dynastie. Doch es war das Grab Amenhoteps II., das als letztes für neun Pharaonen auserwählt wurde, die anderen waren in das Versteck von Deir el-Bahari gebracht worden.

Festzustellen ist, daß das Grab Amenhoteps II. auf ganz eigenartige Weise ausgeraubt wurde. Es wäre durchaus logisch anzunehmen, daß es die Priester der XXI. Dynastie waren, die das Begräbnismobiliar herausnahmen und das Grab schlossen, in das Loret als erster eindrang nach dreitausenddreihundert Jahren des Vergessens.

Nach der Öffnung dieses zweiten Verstecks ließen viele Königsgräber Fragen offen. Dieses Mal war man sicher, daß das Tal noch nicht all seine Geheimnisse preisgegeben hatte und daß man neue Ausgrabungen in noch nicht untersuchten Gebieten ins Auge fassen mußte.

Die Macht Amenhoteps II.

Der Nachfolger von Thutmosis III. regierte vierundzwanzig Jahre (1425–1401). Er organisierte Feldzüge gegen Babylon, die Mitannier und das Reich der Hethiter, um in den von seinem Vater befriedeten Gebieten die Ordnung aufrechtzuerhalten. Er stellte sich Asien nicht in gewaltsamer Weise entgegen, sondern integrierte asiatische Gottheiten in das ägyptische Imperium.

Die wörtliche Interpretation der Dokumente machte aus Amenhotep II. oft einen »sportlichen König«. Er liebte die Pferde, bediente sich des Ruders mit herkulischer Stärke, und ihm allein gelang es, einen riesigen Bogen zu spannen, dessen Pfeile mehrere Ziele aus Metall durchbohrten. Ohne Zweifel muß man hier die Legende entzaubern und sich daran erinnern, daß der König die Inkarnation der Kraft ist. Bei all seinen Aktivitäten benutzt er die übernatürliche und unerschöpfliche Kraft von Seth, dem Herrn des Sturms.

Eine Stele erweist dem König mit der Blumenkette, dessen Grab so effizient neun Pharaonen Zuflucht gewährte, eine schöne Ehre: »Sein Vater, Rê, hat ihn geschaffen, damit er Monumente für die Götter baue.«

19
Thutmosis I., der Begründer,
und das erneute Glück Lorets

Das Glück dauert an

Nach seiner außergewöhnlichen Ausgrabungssaison 1898 unternahm Victor Loret eine zweite gegen Ende des Winters 1899. Er nahm erneut Sondierungen vor und zerstörte so, zeitgenössischen Archäologen zufolge, wertvolle Schichten. Aber in dieser Epoche machte man sich wenig Sorgen über diese Art von Detail.

Loret arbeitete in der großen Schlucht, in der das Grab Ramses' IX. lag, anschließend in der Talmulde zwischen den Gräbern von Amenhotep II. und Thutmosis III. Diesmal kam er zu keinem Ergebnis. Er zog in das Gebiet zwischen den Gräbern Setoys II. und Tausrets, und Anfang März 1899 entdeckte er den Eingang zu einem Gewölbe.

Einige Stufen, ein relativ kurzer Gang von 1,70 Meter Höhe, der in ein Vorzimmer führte, eine Treppe zum Begräbnisraum in ovaler Form, die an einen königlichen Ziertitel erinnerte: so der Plan dieses kleinen Grabes, durch ein relativ plötzliches Gefälle und einen klaren Bruch in der Achse nach dem ersten Raum charakterisiert. Der Stuck war heruntergefallen, aufgrund des Regenwassers. Der Dekor war verschwunden, und es blieben lediglich einige Friese von *kakheru*, von Blumenelementen, die einen magischen Schutz bieten sollten.

Auf dem Boden der Begräbniskammer, der ein kleiner Raum für die Kanopengefäße folgte, befand sich ein herrlicher Sarkophag aus rotem Sandstein. Die Kanopenvasen, die die inneren Organe des Königs, auf vier Behältnisse verteilt, beherbergten, waren noch unberührt.

Loret las den Namen des Pharao auf dem Sarkophag: Thutmosis I.! Er hatte also das älteste Grab des Tales entdeckt. Als kleinstes und einfachstes Grab entsprach es seiner Rolle als Ahn. Wenige Überbleibsel wurden gefunden: Fragmente von Töpferwaren, einer Vase aus Alabaster mit dem Namen des Königs und vor allem zwei Stücke aus Kalkstein mit Texten aus dem *Buch der verborgenen Kammer*, dem *Amduat*, die in ihrer Gesamtheit in den Gräbern von Thutmosis III. und Amenhotep II. dargestellt waren. Es war also in Teilen bereits im ersten Grabmal gegenwärtig.

Thutmosis I., der Begründer?

Die Dauer seiner Herrschaft ist umstritten: zwölf oder fünfzehn Jahre (1506–1493). Thutmosis I. hatte keine verwandtschaftliche Bindung mit seinem Vorgänger, Amenhotep I., und gehörte nicht zur königlichen Familie. Sein Name sagt uns, daß er »von Thoth geboren« ist, dem Herrn der Hieroglyphen und der heiligen Wissenschaft.

Der Vater von Hatschepsut besänftigte im Jahre 2 seiner Herrschaft eine Revolte in Nubien. Er legte seine Südgrenze am dritten Wasserfall fest und erbaute eine Festung, die jedweden Übergriff der afrikanischen Stämme verhinderte. Im Norden hielt der König den Frieden in Palästina und Syrien aufrecht. In Memphis siedelte er eine Garnison an und entwickelte den Flußhafen. Von der großen Stadt sollten die Truppen abfahren, die den Auftrag haben, die Ordnung in Asien aufrechtzuerhalten. In Theben erbaute der Baumeister Ineni das Gebäude des Tempels von Amon-Rê in Karnak, eine Säulenhalle vor dem Sanktuarium der Barke und zwei Obelisken vor dem vierten Turm. Außerdem gab Thutmosis I. der Gemeinschaft von Deir el-Medina, die ohne Zweifel von Amenhotep I. geschaffen wurde, einen entscheidenden Impuls.

Man bestätigte immer wieder, daß das Grab von Thutmosis I. (Nr. 38) das erste war, das in das Tal gegraben wurde. Aber ein englischer Ägyptologe, John Romer, stellt diese Gewißheit in Frage und versucht, diesen Fall wiederaufzunehmen, in dem leider die Notizen von Victor Loret fehlen.

Nach Romer stammen die Fragmente der Gegenstände aus der Epoche von Thutmosis III. und nicht aus der Herrschaft von Thutmosis I. Der Plan und die Architektur des Grabes sind übrigens vergleichbar mit denen von Thutmosis III. Diesem muß man auch den Sarkophag zusprechen, in dem die Mumie von Thutmosis I. abgelegt wurde. Abgelegt oder, genauer gesagt, wiedergegraben, denn nach der Hypothese von Romer ist es Thutmosis III., der dieses Grab für seinen Ahnen hat errichten lassen. Es ist wahr, daß die Gräber Nr. 38 (Thutmosis I.), Nr. 42 (umstrittene Zuordnung zu Thutmosis II.) und Nr. 34 (Thutmosis III.) vergleichbare Pläne und gleiche Elemente besitzen; muß man daraus schließen, daß Thutmosis III. die drei Gewölbe hat graben lassen, um seiner Ahnenreihe eine Einheit zu verleihen?

Wenn das Grab Nr. 38, von dem wir wissen, daß es durch Ineni gegraben wurde, dem Baumeister Thutmosis' I., nicht das erste des Tales ist, wo befindet es sich dann? Romer schlägt das außergewöhnliche Grab Nr. 20 vor, das gewöhnlicherweise der Pharaonen-Königin Hatschepsut zugeordnet wird. Ganz besonders tief in den Abhang gegraben und mit einer kleinen Öffnung versehen, die dem Wunsch nach Geheimhaltung, wie er durch Ineni ausgedrückt wurde, Rechnung trägt, entfaltet sich dieses Gewölbe in einem riesigen, ungefähr mit dem Zirkel gezogenen Bogen, der eine einzige Fläche bildet. Thutmosis I. hätte also dieses Grab Nr. 20 einrichten lassen, das wieder von seiner Tochter Hatschepsut geöffnet wurde. Sie wäre die Urheberin eines neuen Begräbnisraumes, wo sie die Mumie ihres Vaters in einem Sarkophag aus Quarzit installieren ließ, in den der Name der Königin graviert war, die an der Seite ihres Vaters ruhen wollte. Aber sie wurde nicht in diesem Grab einbalsamiert, das wiederum Thutmosis III. öffnete, um die Mumie seines Ahnen umzubetten und ihn in das Grab Nr. 38 zu bringen, mit neuer Begräbnisausstattung.

Diese Rekonstruktion der Ereignisse stößt nicht auf Einstimmigkeit; für den deutschen Ägyptologen Altenmüller zum Beispiel ist das Grab Nr. 20 nicht das von Thutmosis I., und das Grab Nr. 38 muß wohl als das erste des Tales angesehen werden.

Die Untersuchung der Mumie, die als jene von Thutmosis I. gilt, wirft weitere Probleme auf. Einerseits ist die Lage der Hände vor dem Geschlecht ungewöhnlich, andererseits ist das Alter bei Eintritt des Todes nach Experten um die 18 Jahre anzusiedeln, was weder mit der Lebensdauer noch mit der Dauer der Herrschaft des Pharao übereinstimmt. Entweder ist die Mumie von Thutmosis I. nicht die seine, oder die Geschichte muß neu geschrieben werden.

20
Ein nubischer Krieger,
ein Bürgermeister von Theben
und drei Sänger

Maherpa, der nubische Krieger (Nr. 36)

Worauf konnte Loret noch hoffen, nach so viel Erfolg? Auf ein anderes Königsgrab natürlich, und am besten noch unberührt. Das Glück verließ ihn nicht. Es bot dem glücklichen Loret ein seltenes Geschenk, ein unberührtes Privatgrab, und fügte dem schon phänomenalen Triumph einen weiteren hinzu.

Der Archäologe führte seine Sondierungen zwischen dem Grab von Thutmosis I. und dem von Amenhotep II. weiter und entdeckte einen kleinen Brunnen. Normalerweise führte eine solche Einrichtung zu einer kleinen unverzierten Kammer, die als Grabkammer für nicht-königliche Personen diente. So war es auch diesmal, aber hier war das Grab den Plünderern entgangen!

Nachdem er das erste Grab des Tales, das einzige Königsgrab, das als Versteck diente, und das von Thutmosis III. entdeckt hatte, brachte Loret Ende März 1899 das erste nicht entweihte Grab ans Tageslicht. Aber auch dieser phantastische Erfolg wurde nicht zum Gegenstand einer wissenschaftlichen Veröffentlichung: kein Plan, keine einzige Photographie, verlorengegangene Notizen, die Objekte entweder in allen möglichen Museen zerstreut, unauffindbar oder auf dem Antiquitätenmarkt verkauft!

In der Gruft dieses Grabes, das die Nummer 36 tragen wird, ist ein schwarzer Sarkophag, mit göttlichen Figuren verziert, die mit Feingold bedeckt sind, darin zwei mumienförmige Särge, die gleichermaßen mit Blattgold verziert, aber leer sind, zur Seite ein schwarzer Sarkophag aus Zedernholz, der die Mumie Maherpas enthält. Sein Name bedeutet soviel wie: »der Löwe auf dem Schlachtfeld«. Sicher hat man den Deckel verrückt und einige Schmuckstücke entnommen, aber viele Gegenstände waren in diesem kleinen Raum noch an ihrem Platz.

Man steht vor dem gleichen Rätsel wie bei Amenhotep II. und anderen Gräbern des Tales: Jemand hat es nach dem Begräbnis betreten, einige Elemente verstellt und den Ort inspiziert. Es konnte sich keinesfalls um Diebe handeln, die in den bewegten Epochen genügend Zeit gehabt hätten, alles auszurauben, ohne gestört zu werden. Man denkt vielmehr an einen Hüter der Riten, der hierhergekommen war, um Zeremonien für die Seele der Verstorbenen zu vollziehen oder sich zu vergewissern, daß alles seine Ordnung hatte.

Seinem Titel zufolge war Maherpa ein »Kind des *kap*«, das heißt, einer königlichen Einrichtung, die sich um die Ausbildung der Prinzen und bestimmter Kinder von Würdenträgern kümmerte. Er übte die Funktion des »Fächerträgers an der Rechten des Königs« aus. Aber welches Königs? Kein einziger Hinweis gibt genauere Auskünfte darüber. Der Stil des Grabes erinnert an die XVIII. Dynastie. Aufgrund der Nähe des Grabes Amenhoteps II. hat man die Hypothese verbreitet, daß Maherpa ein getreuer Krieger dieses Pharaos war. Um die Wahrheit zu sagen, fehlt es an Beweisen. Einer anderen Hypothese zufolge soll Maherpa ein Freund aus der Kindheit von Thutmosis III. gewesen sein.

Als die Bänder abgenommen wurden, erschien eine wunderbare Mumie, die von drei ineinandergesteckten Holzsärgen geschützt war; kurze krause Haare, schwarze Haut – kein Zweifel, ein Nubier! Das Gesicht war phantastisch, der Ausdruck würdevoll und friedlich.

Die Nubier lieferten Ägypten Elitecorps und wertvolle Soldaten. Der Name Maherpa läßt an einen Krieger denken, der fähig ist, sich wie ein Löwe zu schlagen; der Löwe war ebenfalls das Symbol der Vorsicht. Die Untersuchung der Mumie ergab, daß der Nubier keiner Verletzung erlegen war. Unter die linke Achselhöhle war ein Päckchen Gerste gelegt worden, das an die Wiederauferstehung von Osiris erinnerte, in Form des Korns, das in der Erde verfault und während der Keimung wieder zum Leben erwacht.

Es bleibt die Frage, warum Maherpa im Tal aufgenommen wurde. Sein Titel »Kind des *kap*« läßt vermuten, daß sein Vater oder seine Mutter mit der königlichen Familie verbunden waren und daß er im Palais eine besondere Ausbildung genoß. Die Mumie scheint von einem jungen Mann zu sein, aber die Meinungen der Spezialisten gehen darüber auseinander.

Was hat man nun in diesem unberührten Grab an Begräbnismaterial gefunden, dazu bestimmt, den Verstorbenen in der anderen Welt zu begleiten? An erster Stelle ein osirisches Relikt, das an den Prozeß der Auferstehung durch die Keimung der Gerste erinnert und zu gleicher Zeit eine der Grundlagen der Nahrung liefert, die während des ewigen Banketts im Paradies serviert werden; es ist das Symbol, das als »vegetarischer Osiris« bezeichnet wird. Anschließend eine blaue Schale, die mit Fischen, Gazellen und Blumen verziert ist, im Zusammenhang mit der Wiedergeburt und der Herrschaft, die die Gerechtigkeit auf die Tierwelt und die Pflanzen ausübt; eine noch versiegelte Vase Parfüm, Symbol der göttlichen Essenz, die die unsterbliche Seele atmet; Tonwaren mit heiligen Ölen, die für das Ritual der Auferstehung benutzt werden; ein *senet*-Spiel, das dem Reisenden in die andere Welt die Möglichkeit bot, mit dem Unsichtbaren eine Partie zu bestreiten; Armreifen, die dazu dienten, die Energiepunkte zu schützen, die über den Körper verteilt sind; Pfeile, die die Feinde des Jenseits auf Entfernung halten sollten.

Nicht zu vergessen zwei Halsbänder aus Leder, eins für einen Hund, mit Jagdszenen verziert, und eins für ein Pferd;

die getreuen Begleiter des Maherpa sollten ihm so in die andere Welt folgen. Als Verkörperung Anubis' waren sie sogar damit beauftragt, ihn dort zu begrüßen und auf den schönen Wegen der Ewigkeit zu führen.

Die Ausweisung von Loret und die Rückkehr von Maspero

Die »Herrschaft« von Victor Loret war glanzvoll; die Liste und die Qualität seiner Erfolge sind bemerkenswert.

Aber die Engländer mochten Loret aus dunklen Beweggründen nicht sonderlich. Und die Engländer waren die eigentlichen Herrscher Ägyptens, selbst wenn sie einen Franzosen in der Direktion des Antiquitätendienstes akzeptierten. Sie verlangten den Kopf Victor Lorets und seine Ersetzung. Welches Gewicht hatte Loret im Angesicht politischer Spiele und diplomatischer Übereinkünfte? Vielleicht war diese in sich ungerechte Amtsenthebung die Ursache für das Fehlen von Veröffentlichungen, die man mit Recht erwartete. Was wurde aus den Notizen und Berichten von Loret? Nahm er sie mit sich, gingen sie verloren, oder wurden sie in Ägypten selbst gestohlen?

Das Glück verließ Loret auf einmal; das Tal hatte ihn nicht enttäuscht, die Menschen verrieten ihn.

Durch wen sollte man Loret ersetzen? Durch einen Mann, der genug Ansehen hatte und vor allem den französischen und britischen Autoritäten willkommen war. Nur Gaston Maspero entsprach all diesen Kriterien, obwohl er seine offiziellen Funktionen in Ägypten mehr oder weniger enttäuscht verlassen hatte. Der berühmte Gelehrte akzeptierte den Vorschlag, verhandelte aber entschlossen seinen Vertrag. Er verlangte hohen Lohn und große Bewegungsfreiheit. Man billigte ihm beides zu.

Sofort nach seiner Ankunft in Kairo beschäftigte sich

Gaston Maspero damit, den Antiquitätendienst neu zu organisieren, und ihn effizienter zu gestalten. Er teilte auch die archäologischen Gebiete in fünf Distrikte, über die Inspektoren wachten. Eine neue Politik der Ausgrabungen hatte begonnen.

Howard Carters Betreten der Bühne

Unter den Inspektoren, in die der erfahrene Maspero sein Vertrauen legte, war auch der junge Howard Carter. In Ägypten seit dem Alter von achtzehn Jahren als Zeichner des Archäologen Newberry, hatte er bereits gründliche Erfahrungen. Carter sprach arabisch, hatte sich mit den Hieroglyphen beschäftigt und kannte die Region um Theben gut; deshalb ernannte Maspero ihn, obwohl er erst fünfundzwanzig Jahre alt war, zum Inspektor der Antiquitäten Ober-Ägyptens,

Carter hegte eine große Leidenschaft für das Tal. Das war sein Gebiet, das er Lust hatte, von oben bis unten zu durchgraben, so daß ihm kein Daumenbreit Boden entgehen konnte. Unter den Massen von modernem und älterem Abraum verbargen sich mit Sicherheit weitere Gräber. Die erste Aufgabe war es seiner Meinung nach, das Tal abzutragen, um den alten Boden wiederzufinden. Bis dahin hatte sich niemand darum gekümmert, die Tonnen von Geröll und Sand wegzubringen, die bestimmte Zonen des Gebietes verbargen.

Wenn dieser Gedanke auch richtig war, so stellten sich vor seine Realisierung unüberwindbare Probleme. Man brauchte eine große Anzahl Arbeiter, um eine so titanische Aufgabe zu bewältigen, die langsam und schwierig und mit wenig Hoffnung auf konkrete Ergebnisse belastet war. Die Projekte von Carter verführten Maspero nicht, der sich kaum für das Tal interessierte. Doch gab es die zwei Verstecke, das von Deir el-Bahari und das vom Grabe Amenhoteps II., die bewiesen, daß noch Grabmale zu entdecken waren. Außerdem bot der Erfolg Lorets eine gewisse Sicherheit für die Zukuft. Aber das war Loret, und den sollte man besser vergessen.

Carter und Maspero fanden Einvernehmen in einem bestimmten Punkt: In diesem Jahre 1900 erreichte der touristische Zustrom die Grenze der Erträglichkeit und wurde zu einer Gefahr für das Tal. Von Dezember bis April überfiel eine neugierige Menge von Studenten und Kranken Luxor, für sein Klima und seine künstlerischen Kostbarkeiten bekannt. Schiffe und Hotels waren ausverkauft; man spielte Tennis, Bridge, organisierte Bälle und mondäne Abende, und man machte Exkursionen dank der Agentur Cook, die ihren Sinn für Soziales zeigte, indem sie Krankenhäuser baute. Zum obligatorischen Zeitvertreib gehörte das Picknick im Tal der Könige.

Wenn Carter auch als einfacher Inspektor nicht die Entscheidung treffen konnte, diese umfangreiche Ausgrabungskampagne zu unternehmen, von der er träumte, so bekam er doch zumindest die Genehmigung, einige Veränderungen vorzunehmen. Dank eines Generators, der im Tal installiert war, verfügten die fünf schönsten Gräber des Tales über elektrisches Licht, das die verschmutzende Beleuchtung der Fackeln und Kerzen ausschaltete. Kleine Mauern wurden um einige Eingänge herum gebaut, um sie gegen Überschwemmungen und Schuttmassen zu schützen. Ein System von Passagen wurde gezogen, damit die Touristen einem bestimmten Weg folgten. Steineinbrüche im Grabe Setoys I. erforderten Restaurierungsarbeiten. Howard Carter machte sich ständig Sorgen um das Tal. Er hätte es gern gesehen, wenn dies ein geschlossener und geschützter Ort geworden wäre, geschützt vor der gewöhnlichen Welt.

Die Rückkehr der Abd el Rassul

Loret hatte das Grab Amenhoteps II., in dem der Pharao in seinem Sarkophag ruhte und sich neun andere Königsmumien befanden, wieder geschlossen. Maspero wollte, gemäß seinen Gewohnheiten, die Gesamtheit für das Kairoer Museum. Er ordnete also den Umzug der berühmten Persönlichkeiten mit Ausnahme von Amenhotep II. an.

Das Grab wurde erneut für Besucher zugänglich – und auch für Diebe! Bestürzt konstatierte Carter, daß Grabräuber die Bänder des Königs abgerissen hatten. Für ein solches Unternehmen brauchte man Verbindungen. Der Inspektor führte eine Untersuchung, die ihn zu den Abd el Rassul führte. Wie man gleichfalls erwarten konnte, fand er keinen Beweis, und die Schuldigen blieben in Freiheit.

Die Mumie von Amenhotep II. wurde restauriert, besser geschützt und blieb in ihrem erleuchteten Sarkophag bis zum Jahre 1931. Dann wurde sie leider ins Museum von Kairo transportiert, nachdem sie in einem Schlafwagenzug erster Klasse gereist war. Man muß diese Gefräßigkeit eines Museums bedauern, in dem niemand die unvergleichliche Atmosphäre der Fundstelle nachempfinden kann.

Das geheimnisvolle Grab Nr. 42 und der Bürgermeister Thebens, Sennufer

Als Inspektor des Antiquitätendienstes hatte Carter die Möglichkeit, Ausgrabungen an bestimmten Orten und für begrenzte Zeit zu genehmigen. Im Herbst 1900 beantragen zwei Einwohner von Luxor eine Genehmigung für das Tal der Könige! Die Überraschung des Ägyptologen kann man sich vorstellen. Die zwei Neugierigen bekräftigen, die Stelle eines unbekannten Grabes zu kennen. Woher hatten sie derartig wertvolle Informationen?

Die Antwort war nicht schwer zu vermuten: von Arbeitern von Loret, die sie selbst von einem exzellenten Kenner hatten, wahrscheinlich von einem Abd el Rassul.

Neugierig geworden, gab Carter die Erlaubnis, ließ aber die Arbeiten von seinem Freund Ahmed Girigar überwachen und wollte auch selbst ein wachsames Auge darauf haben. Ahmed Girigar war ein *Reis*, anders gesagt, der Hauptakteur einer archäologischen Ausgrabung. Die Reis stellten Arbeiter an, kontrollierten ihre Arbeit, bezahlten sie, gaben ihnen Anweisungen und leiteten die Handarbeit vor Ort. Ohne einen guten Reis erzielte auch der beste Archäologe nur mittelmäßige Resultate. Carter hatte das Glück und die Intelligenz, zum Freund und Vertrauten diesen außergewöhnlichen Mann, Ahmed Girigar, zu haben, der ihm vierzig Jahre lang mit einer Treue diente, die jeder Prüfung standhielt.

Unter dem Hang, in dem sich das Grabmal von Thutmosis III. verbarg, sollte sich noch ein anderes Grab befinden. Diese Auskunft war exakt. Sowie es gefunden wurde, Ende November 1900, traf Inspektor Carter vor Ort ein. Das Grab war klein, einfach und einwandfrei gegraben. Sein Plan ähnelte dem von Thutmosis I. In einem ovalen Begräbnisraum gab es einen unvollendeten Sarkophag ohne Verzierungen, der offensichtlich umgestellt worden war. Auf den Wänden waren keine Inschriften, keine Verzierungen. Es war klar, daß es sich nicht um ein Königsgrab handelte. Trotzdem wird dieses Grab Nr. 42 in der Mehrzahl der Veröffentlichungen Thutmosis II. zugeordnet.

Carter hatte ein Gründungsdepot im Namen der Königin Hatschepsut-Merytrê identifiziert, der großen Königsgattin von Thutmosis III.; sie wurde jedoch nicht an diesem Ort begraben, und ihre Mumie wurde wahrscheinlich im Grab ihres Sohnes, Amenhotep II., aufbewahrt. Carter schloß daraus, daß das Grabmal aus der Epoche von Thutmosis III. stammte, der ihm den Bauplan seines eigenen Grabes zugrundelegte, und daß dieses Grab entweder für einen Prinzen oder für eine Königin bestimmt war.

Was die Toten in diesem Grab betrifft, so lebten sie unter der Herrschaft von Amenhotep II. Es handelte sich um eine bedeutende Persönlichkeit, den Bürgermeister von Theben, Sennufer, seine Gattin, Sentnay, und eine andere Frau, Baketre, die den alten Titel der »königlichen Verzierung« trug. Wir wissen, daß Amenhotep II. eine hohe Meinung von Sennufer hatte und daß letzterer ein bemerkenswerter Verwalter war, der sich um den Wohlstand und das Glück seiner Stadt sorgte.

Festzustellen ist, daß kein Gegenstand mit dem Namen Thutmosis' II. ausgegraben wurde, und kein Hinweis bestätigt, daß das Grab Nr. 42 das des Pharaos gewesen war.

Das Grab der drei Sänger des Amon (Nr. 44)

War Victor Loret in das Grab Nr. 42 eingetreten? Einige vermuten es, obwohl er seine Entdeckung nicht offiziell bekanntmachte. Dasselbe gilt für das Grab Nr. 44, in das Carter am 26. Januar 1901 eindrang, nach einer Auskunft, die Reis Ahmed Girigar von den Arbeitern von Loret erhalten hatte.

Nahe dem Grab Ramses' XI. gelegen, stammt es aus dem Neuen Reich, aber es war seines ursprünglichen Inhalts entledigt und benutzt worden, um die Mumien der drei Sänger des Tempels des Amon in Karnak zu beherbergen, die mit Blumenkronen von Persea, Mimosen und blauem Lotos geschmückt waren. Diese Hüter der Riten haben während der XXII. Dynastie gelebt, und man muß die Abd el Rassul in dem starken Verdacht haben, die Körper aus dem Versteck von Deir el-Bahari entnommen zu haben, um sie in diesem leeren Grab zu »lagern«. Die Identität des ersten Toten war für immer verlorengegangen.

21
Theodore Davis, Howard Carter und Thutmosis IV.

Ein Amerikaner bei der Eroberung des Tales

1902 war ein entscheidendes Jahr für das Tal. Theodore M. Davis, ein reicher Mann aus New York, fünfundsechzig Jahre alt, wünschte sich, sein Rentnerdasein orginell auszufüllen, durch Ausgrabungen in Ägypten. Die Idee war gerade in Mode. Wenn man über einen gewissen Reichtum verfügte, war es »in«, den Winter im Land der Pharaonen zu verbringen und dort einige Löcher zu graben, in der Hoffnung, einen Schatz zu entdecken. Der Antiquitätendienst, bei dem die fehlenden finanziellen Mittel schon zu einer chronischen Krankheit geworden waren, ermutigte freigebige Spender, die im Austausch gegen eine Erlaubnis ihre eigenen Ausgrabungen finanzierten und eventuelle Funde mit dem Dienst teilten. Selbstverständlich nahm der Auftraggeber kein Werkzeug in die Hand und begnügte sich damit, die angestellten Mannschaften zu überwachen, manchmal aus großer Entfernung. Es war trotzdem er, dem man die Entdeckungen zuschrieb, und, wenn ein Grab entdeckt wurde, mußte er als erster dort eintreten.

Theodore M. Davis war, anders als die Aristrokraten, die schnell bei den langen und oft unproduktiven Ausgrabungskampagnen müde wurden, ein hartnäckiger Mensch. Klein, stämmig, autoritär, war er kein Muster an Liebenswürdigkeit und Umgänglichkeit. Er war es gewohnt zu befehlen, mit rauhen, schroffen Manieren. Dennoch hatte er eine Leidenschaft: die Königinnen Ägyptens.

Gaston Maspero, der glücklich war, frisches Geld zu bekommen, bot ihm eine Konzession, die er bis 1915 in Anspruch nahm. Dreizehn Jahre lang würde das Tal nun die intensivste Ausgrabungskampagne kennenlernen, die je geführt wurde, um ihm seine letzten Geheimnisse zu entreißen.

Natürlich mußte man einen Berufsarchäologen nominieren, einen wirklichen Ausgraber. Wer konnte da kompetenter sein als Howard Carter!

Ein Tempelvorsteher und zwei alte Damen

Von Beginn an waren die Beziehungen zwischen Davis und Carter eher unterkühlt. Der Amerikaner betrachtete den Archäologen als einen einfachen Angestellten, der Engländer seinen »Chef« als unerträgliche Person, bar jeglicher ernsthafter Kenntnisse in Ägyptologie. Vom Antiquitätendienst nominiert, erfüllte Carter dennoch seine Funktion mit um so mehr Schwung, da er in seinem teuren Tal arbeitete, das Davis verlassen hatte, um sich in Assuan auszuruhen, weit weg von den verwüsteten Abhängen und der königlichen Totenstadt.

Carter konnte eine große Mannschaft nutzen, sechzig Männer, um eine erste Ausgrabungskampagne im Namen von Theodore M. Davis im Gebiet des Grabes der drei Sänger zu beginnen. Er räumte eine Schlucht frei, stieß bis zum Felsen vor und holte aus der Erde ein Fragment aus Alabaster mit dem Namen Thutmosis' IV., dessen Grab noch nicht entdeckt worden war. Es verbarg sich also ganz in der Nähe. Sicher, dem Ziel nahe zu sein, stellte Carter noch vierzig Mann zusätzlich ein.

Am 25. Januar 1902 räumte seine Mannschaft den Eingang zu einem Brunnen frei, der in das Grab von Userhet, dem Tempelvorsteher der XVIII. Dynastie führte. Das Grab, das die Nummer 45 tragen wird, war in der XXII. Dynastie durch einen Mann namens Mereskhons und seine Gattin belegt worden.

Die Bilanz dieser ersten Saison war eher dürftig. Davis fuhr trotzdem fort, in Carter Vertrauen zu haben, der einen außerordentlichen Ruf hatte. Im Januar 1903 entdeckte der englische Ägyptologe ein zweites Privatgrab (Nr. 60), das die Sarkophage von zwei alten Damen enthielt, von denen eine vielleicht eine Frau namens In, die Amme von Thutmosis IV., war. Das Gewölbe, das auch mumifizierte Enten enthielt, wurde wieder verschlossen, und niemand hat es seither wieder untersucht.

Das Grab von Thutmosis IV. (Nr. 43)

Carter war unnachgiebig. Nachdem er viele zerbrochene Gegenstände mit dem Namen Thutmosis' IV. ausgegraben hatte, blieb er davon überzeugt, daß das Grab des Königs ganz in der Nähe war. Am Fuße des Hügels grub er ein Grundlager aus, das aus Modellen von Werkzeugen, kleinen Vasen, Scheiben aus Alabaster und Tafeln aus Fayence bestand. Dies kündete von dem Grabmal, das Carter am 18. Januar 1903 entdeckte.

Ein Königsgrab – Carter erlebte die größte Freude eines Archäologen und Liebhabers des Tales. Den Gepflogenheiten entsprechend, hätte er auf die Ankunft von Theodore M. Davis warten müssen und erst nach seinem Chef in das Grabmal hineingehen dürfen. Da der Amerikaner aber so schnell nicht von Assuan zurückkehrte, widerstand der Engländer nicht der Neugier und stattete dem Monument einen schnellen Besuch vor der offiziellen Öffnung ab, die sechzehn Tage später in Anwesenheit Masperos stattfand.

Davis und die Autoritäten, die der Zeremonie beiwohnten, fühlten sich durch die schwere und staubige Luft gestört, die ihr Fortkommen behinderte. Das große, mit Sorgfalt gehauene Grab, mit Malereien verziert, war eines Pharaos würdig. Der angewinkelte Plan, durch einen Brunnen unterbrochen, war charakteristisch für die XVIII. Dynastie. Das Grabmal war ausgeräubert worden, und die Diebe hatten vor Ort das Seil hinterlassen, dessen sie sich bedient hatten. Der Boden war mit Schutt bedeckt, und im Begräbnisraum befanden sich tausende Fragmente von rituellen Gegenständen, an denen man eine außergewöhnliche blaue Fayence bemerken konnte.

Diese Reste zeugten von einem reichen und üppigen Begräbnismobiliar: Vasen, Teller, Töpfe, Kanopengefäße, Uschebtis, Statuetten des Königs, Spiele, Stoffe, Panther aus Holz, vier magische Steine, Schwerter, ein Bogen, Bogenhandschuhe, Teile von Wagen, Nahrung für das Jenseits. Kein einziges Element des alltäglichen Lebens, das in die andere Welt übertragen wurde, war vergessen worden. Alle Gegenstände waren Kunstwerke, die vom hohen Niveau der Verfeinerung zeugten, das die Zivilisation der XVIII. Dynastie erreicht hatte.

Der Sarkophag ruhte in einer Art Gruft. Sein Deckel, der den Platz geändert hatte, war eingeklemmt zwischen dem Kopf einer Kuh aus Holz und einem Pfeiler aus Steinen. Vielleicht hatte diese Einrichtung eine rituelle Bedeutung, die von den Priestern vorgesehen war, um die Mumie aus dem Sarkophag zu nehmen, um sie im Grab Amenhoteps II. in Sicherheit zu bringen.

In einer seitlichen Kapelle wartete ein schreckliches Schauspiel auf die Archäologen: Die Mumie eines jungen Mannes war aus den Bändern geholt und gegen eine Mauer geworfen worden, gegen die sie aufrecht angelehnt blieb, ihr Zwerchfell hing heraus.

Eine Inschrift teilte mit, daß Maya, der königliche Schreiber und Superintendant des Schatzes, im Jahre 8 des Haremhab das Grab betreten hatte, um es zu »renovieren«, ungefähr dreiviertel Jahrhunderte nach dem Begräbnis. Was hieß das? Das bedeutet wahrscheinlich mehr als eine einfache Inspektion. Dennoch war das Tal zu jener Zeit gut bewacht, und es fand kein einziger Grabraub statt. Das Grabmal von Thutmosis IV. konnte also nicht beschädigt sein. Es blieb die Mumie: Erforderte sie spezielle Pflege?

Thutmosis IV. hatte eine eher kurze Regierungszeit (1401–1390), die friedlich und glücklich verlief. Kein einziges tragisches Ereignis störte die Leichtigkeit seiner Epoche. Dieser Pharao ist durch eine Stele bekannt, die er zwischen die Pfoten der großen Sphinx von Gizeh stellen ließ, um von einem besonderen Abenteuer zu berichten.

Eines Tages, bei großer Hitze, jagte der junge Prinz Thutmosis in der Wüste. Ermüdet stieg er von seinem Wagen und schlief im Schatten einer Sphinx ein, die zu großen Teilen versandet war.

In seinem Schlaf hörte er die Stimme eines Löwen mit einem Menschenkopf, dem Hüter des Ortes, an dem sich die Pyramiden von Cheops, Kephren und Mykerinos erheben. Die Verkörperung der aufgehenden Sonne, die Gottheit aus Stein, versprach dem Schläfer das Königreich, wenn er sie von der Sandschlacke befreite, die sie erstickte. Der Prinz gehorchte und wurde Pharao Thutmosis IV.

Howard Carter bewies dank dieses Meisterstücks seine Qualitäten als Archäologe und konnte auf eine strahlende Karriere im Tal hoffen. Was den Geldgeber, Theodore M. Davis, betrifft, so beglückwünschte er sich zu seinen ersten Kampagnen in Ägypten: zwei Privatgräber und ein Königsgrab. Sein Rentenalter begann vielversprechend.

22
Das unglaubliche Grab der Königin-Pharaonin Hatschepsut

Eine Frau auf dem Thron Ägyptens

Wer hat nicht von dieser außergewöhnlichen Königin gehört, die nach dem Tode von Thutmosis II. zunächst die Regierung absicherte und dann für eine Herrschaft von zwanzig Jahren (1478–1458) auf den Thron Ägyptens stieg? Wer hat nicht die Szene ihrer Krönung auf der Spitze des liegenden Obelisken in Karnak bewundert, wo die Königin vor Amon kniet?

»Die Regel *(Maât)* ist die Kraft *(ka)* des göttlichen Lichtes *(Rê)*«, »Diejenige, die Amon küßt«, »Die anbetungswürdigste der Frauen«: Dies waren die Namen Hatschepsuts. Als wirklicher Pharao erfüllte sie mit Strebsamkeit ihre erste Aufgabe: Tempel zu bauen. In Karnak ließ sie zwei Obelisken aufstellen und die Hauptpartie des Tempels verändern. In der Zone, die heute »Freilichtmuseum« genannt wird, kann man die Blöcke der herrlichen »Roten Kapelle« betrachten, ein Gebäude, das wahrscheinlich nie aufgebaut wurde und eine Menge seltener ritueller Szenen bietet. Auf dem Westufer von Theben ließ Hatschepsut den Tempel von Deir el-Bahari errichten, »Das Großartige unter den Großartigen«, dessen drei Terrassen am Abhang aufsteigen. Das letzte Sanktuarium wurde im Herzen des Steins gegraben. Die Flachreliefs von einer wunderbaren Feinheit erzählen vom Transport der Obelisken und von der berühmten Expedition ins Land der Punt*, von wo die ägyptische Armee,

---

* Wort aus dem alten Ägypten, das die somalische Grenze bezeichnete (d. Ü.)

die aus friedlichen und freundlichen Soldaten bestand, Weihrauchbäume mitbrachte, die in den Gärten vor dem Tempel gepflanzt wurden. Diese Esplanade ist heute verwüstet, von der Sonne verbrannt. Der Amon gewidmete Tempel enthüllte auch die Geheimnisse von Anubis, der die Aufgabe hatte, die Gerechten zu mumifizieren und auf den Wegen des Jenseits zu geleiten.

Die Gräber der Hatschepsut

Im Alten Reich ließen sich die Pharaonen zwei, wenn nicht drei Gräber erbauen. So gibt es auch in Saqqara, im Inneren des Gebäudes von Djese, ein Nordgrab und ein Südgrab, und es ist wahrscheinlich, daß eine dritte Grabstätte in Ober-Ägypten gegraben wurde. Der physische Körper des Königs wurde in eines dieser Gräber gelegt; die anderen empfingen sein unsichtbares Wesen. Deshalb ist es nicht sicher, ob die Pyramiden des Alten Reiches Mumien beherbergt haben.

Im Neuen Reich ist es anders; ein hoher Würdenträger läßt sein Grab vorbereiten, aber wenn er Pharao wird, muß er ein anderes graben lassen, was der neuen Funktion entspricht. Hatschepsut mußte also als hohe Dame des Königreiches ein Grabmal außerhalb des Tales der Könige besitzen, einmal gekrönt, konnte sich ihre Bleibe für die Ewigkeit aber nirgendwo anders befinden.

Das Grab Nr. 20 oder Der längste Weg des Tales

Am Rande eines Abhangs gelegen, war das Grab Nr. 20 seit langem bekannt. Die Spezialisten der Ägyptischen Expedition hatten es ausgemacht, Belzoni hatte sich dafür interessiert, James Burton war dort eingetreten; aber vor Carter hatte niemand ernsthafte Ausgrabungen vorgenommen. Sie waren so schwierig, daß sie mehrere Monate Arbeit und zwei Ausgrabungskampagnen in Anspruch nahmen, von Februar 1903 bis Mitte April 1903 und von Oktober 1903 bis März 1904.

Carter war nicht darauf vorbereitet, eine Höhle von solcher Länge vorzufinden. Eine Serie von Gängen, die bis 97 Meter in die Tiefe gingen, entfaltete sich auf 213 Metern! Ohne Zweifel handelte es sich um das längste und tiefste der ägyptischen Grabmale. Wozu so viel Aufwand, wenn der sichere Grabraub kaum auf große Entdeckungen hoffen ließ? Weil Davis die Königinnen Ägyptens liebte und seine Leidenschaft befriedigen wollte, erschien es ihm unabdingbar, sich um Hatschepsut zu kümmern.

Carter und seine Mannschaft stießen auf ernsthafte Schwierigkeiten. Der Staub und die Hitze waren so intensiv, daß es unmöglich war, normal zu atmen. Sie benutzten eine Luftpumpe, um im Inneren des Grabes zu arbeiten. Die Lichter gingen ständig aus, und im Dunkeln, an der Grenze zu ersticken, hieß es, Ruhe zu bewahren. Da der Gang fast zur Gänze mit Schutt angefüllt war, mußte er geleert werden. Aber nur zwei oder drei Männer konnten zur selben Zeit Körbe füllen, die sie nach draußen brachten. Als die Räumung beendet war, brauchte man nicht weniger als zwanzig Minuten Fußmarsch, um das Ende des Grabes zu erreichen.

Auf diesem Weg entnahm Carter Fragmente von Steinvasen, auf denen die Namen der Königin Ahmose-Nefertari, von Thutmosis I., dem Vater Hatschepsuts, und von Hatschepsut selbst eingeschrieben waren. Das Andenken dieser drei berühmten Personen war also mit diesem Ort verbunden. Eine andere interessante Feststellung: Die Blöcke trugen Stellen aus dem *Amduat*; der Text aus der »verborgenen Kammer« war auf die Wände geschrieben.

Unter enormen Anstrengungen gelangte Carter endlich

zur Begräbniskammer. Hier befanden sich noch zwei wunderschöne Sarkophage aus Quarzit, dem härtesten Stein. Einer war für Thutmosis I. bestimmt, der andere für seine Tochter Hatschepsut. Das waren die ersten Exemplare dieser Art, aus dem Mittleren Reich inspiriert. Sie eröffneten die unvergleichliche Reihe der Königsgräber.

Die phantastischen Ausmaße dieses Grabes und sein einzigartiger Grundriß ließen, wie gesagt, Romer später vermuten, daß es das erste – durch Ineni, den Baumeister von Thutmosis I. – in das Tal gegrabene Grab sei.

Hatschepsut hätte sich damit begnügt, es zu vergrößern, um dort in der Gesellschaft ihres Vaters zu ruhen. Aber Thutmosis III. ließ ein neues Grab für Thutmosis I. graben und die Mumie dorthin verlegen. Dies sind nur Hypothesen. Die einzige anerkannte Tatsache ist, daß die zwei Gräber, Nr. 20 und Nr. 38, dafür vorgesehen waren, die sterbliche Hülle von Thutmosis I. aufzunehmen.

Die Mumie der Hatschepsut, die vielleicht im Versteck von Deir el-Bahari in Sicherheit gebracht wurde, konnte nicht mit Gewißheit identifiziert werden. Aus ihrem Begräbnismobiliar, das völlig verschwand, ist nur ein Köfferchen übriggeblieben, das, so scheint es, eine mumifizierte Leber enthielt. Ein zweites Rätsel, das nicht gelöst wurde, betrifft das Verhältnis der großen Königin zum Tal: Die Dame In, wahrscheinlich im Grab Nr. 60 einbalsamiert, war sie tatsächlich die Amme Hatschepsuts, der man diese Ehre zuteil werden ließ, ihre Ewigkeit in der königlichen Totenstadt zu leben?

23
Der Pharao des Exodus

Das Grab von Merenptah, dem Erneuerer (Nr. 8)

Während seiner Ausgrabungskampagne von 1903–1904 entschloß sich Carter, das Grab des Königs Merenptah freizuräumen, das zum Teil seit der Antike zugänglich war. Dessen Eingang, der durch ein schönes Portal gekennzeichnet war, war nicht verborgen und hatte die Aufmerksamkeit von Dieben und Besuchern auf sich gezogen. Dennoch hatte sich das Grabmal im Laufe der Zeit mit Geröll gefüllt. Howard Carter hielt es für notwendig, es freizuräumen, und erfüllte damit eine ermüdende Aufgabe, deren wenig spektakuläre Ergebnisse Schatten auf seine Verdienste warfen, obwohl er damit ein Meisterstück der XIX. Dynastie wiedererstehen ließ.

Das Grab war in der Tat der Ort mehrerer Innovationen. Wenn der Bauplan auch einfach ist, ein steil abfallender Gang führt gerade zu der Sarkophagenhalle, so bemerkt man ein klares Ansteigen der Proportionen des Grabes. Die Höhe des Ganges geht von fünf auf sechs, sogar sieben Ellen über (mehr als drei Meter). Die Breite steigt ebenfalls an, auch wenn die Proportion von fünf mal fünf Ellen, die in der XVIII. Dynastie herrschte, fallengelassen wurde.

Die Begräbniskammer sieht neu aus. Der Sarkophag ist in einem kleinen Gewölbe installiert, das in den Boden der Kammer gegraben wurde. Man wollte noch tiefer in die Tiefen dringen, aus denen das Licht wiedergeboren wird. Der Sarkophag ist kolossal. Unter einem Deckel aus rosa Granit sind drei Särge ineinandergestellt. Der Körper des

Königs, durch eine dreifache Schicht aus Stein geschützt, ruhte in einem Sarg aus Alabaster, von dem nur noch einige Reste überlebt haben. Die Polierung des Deckels aus Granit ist von unvergleichlicher Perfektion.

Von der Begräbnisausrüstung, über die ein *Ostrakon* informiert, daß sie in das Grab im Jahre 7 des Königs gebracht wurde, bleiben nur noch Kanopenvasen und Uschebtis. Die Gegenstände waren zahlreich und von hoher Perfektion. Hinsichtlich der Texte entspricht die Anwesenheit des *Buches der verborgenen Kammer* der Tradition der XVIII. Dynastie, und die *des Buches der Türen* entspricht jener der XIX. Dynastie. Bemerkenswert ist ein Aufruf an den Richter der Toten, der später wiederaufgenommen wird. Auf vielen Gebieten kennzeichnet der Sohn Ramses' II. eine wichtige Etappe in der Geschichte des Tales.

Merenptah und die Verteidigung Ägyptens

Die Nachfolge von Ramses II. war problematisch, obwohl der König zahlreiche Söhne hatte. Khaemuaset, Hüter der Riten, Magier, Hohepriester und Restaurator alter Monumente, schien am fähigsten, den Thron zu besteigen, aber er starb vor seinem Vater. Zu seinen Lebzeiten wählte Ramses II. Merenptah, »den von Ptah geliebten«. Ptah war der Gott von Memphis, der alten Hauptstadt, die sich am Knotenpunkt zwischen dem Delta und dem eigentlichen Niltal befand. So zeigte er ein gewisses Mißtrauen gegenüber Theben und den Willen, das Machtzentrum in den Norden zu legen, wegen der tiefgreifenden Umwandlungen, die sich in Asien ankündigten.

Merenptah regierte etwa zehn Jahre (1212–1202). Schon alt, als er gekrönt wurde, lebte er in Pi-Ramses, im Delta, erfüllte seine Rolle als Erbauer im ganzen Land und ließ, wie seine Vorfahren, seinen »Tempel der tausend Jahre« am Westufer von Theben errichten.

Die Hauptaufgabe dieses erfahrenen Monarchen, der die Zeit hatte, das Regieren zu erlernen, war es, sein Land gegen einen gefährlichen Invasionsversuch zu verteidigen. Im Jahre 5 seiner Herrschaft fielen die »Völker des Meeres«, eine indo-europäische Koalition, in der die Anatolier und Ägäer dominierten, in die reichen Gebiete des Deltas ein mit der Absicht, sich dort niederzulassen. Die ägyptische Armée, mutig und gut organisiert, schaffte es, die Flut einzudämmen. Die auf dem Schlachtfeld Gefallenen wurden auf Zehntausende geschätzt, und man vermutet eine ebenso hohe Zahl an von den Soldaten des Pharaos Gefangengenommenen.

Das Problem der Auswanderung

Unter der Herrschaft von Merenptah erscheint auf einer Stele die älteste Erwähnung Israels in einem Hieroglyphen-Text. Israel wird als ein untergebener Stamm angesehen, der keine Störung der eingeführten Ordnung hervorruft.

Aus jüdischer Sicht ist der Exodus ein bedeutendes Ereignis. Aus ägyptischer Sicht ist nichts geschehen. Die Schreiber, die doch alles aufschrieben, sprechen nicht von einem massiven Ausreisen der Hebräer aus Ägypten. Hinsichtlich der Auslöschung einer ägyptischen Armee und der Niederlage eines Pharaos in der Nähe des Roten Meeres gibt kein einziges Dokument Auskunft. Der Exodus, der wahrscheinlich keine historische Grundlage hat, muß dem Mythos zugeordnet werden. Die Hebräer waren keine Sklaven, sondern Lohnarbeiter, von denen ein Teil in einem Schlüsselsektor der ägyptischen Industrie tätig war, der Herstellung von Steinen, die für den Bau von Palästen und Häusern benutzt wurden. Einige bekleideten wichtige Positionen am Hofe. Salomon, der gewillt war, eine dauerhafte Zivilisation zu schmieden und den Frieden im Nahen Osten zu befestigen, sah Ägypten nicht als Feind an und nahm es sogar zum Vorbild.

Carters Mißgeschick

In diesem Jahre 1904 schien Howard Carter eine schöne Karriere vor sich zu haben. Seine Anfänge als Archäologe im Tal der Könige waren von Erfolg gekrönt. Ein Königsgrab und Privatgräber standen auf seiner Haben-Seite, erfolgreiche Räumungen, ein angeborenes Gespür für die Leitung und die Organisation. Gaston Maspero war so zufrieden, daß er beschloß, ihm eine Beförderung zu geben. Er nominierte ihn zum Inspektor der Antiquitäten von Nieder-Ägypten und stellte somit die kostbaren Stätten von Saqqara und Gizeh unter seine Verantwortung. Der kleine englische Zeichner, der einst im Schatten von Newberry und Petrie gearbeitet hatte, war nun ein erprobter Profi geworden.

Nachdem Howard Carter sich in Kairo niedergelassen hatte, wurde er in einen Zwischenfall verwickelt, der dramatische Ausmaße annahm. Eine Gruppe von Franzosen, die ziemlich angeheitert war, verlangte, das Serapeum nach dem Ende der Öffnungszeit zu besichtigen. Der Wächter lehnte seinen Anweisungen entsprechend ab. Es kam zu Beleidigungen und dann zu Handgreiflichkeiten. Carter, der herbeigerufen wurde, übernahm die Verantwortung und warf die Unruhestifter hinaus. Diese jedoch hatten diplomatische Verbindungen. Es wurde mit Maspero gesprochen, der von Carter eine Entschuldigung verlangte.

Seit frühester Kindheit war der englische Archäologe ein Liebhaber der Gerechtigkeit. Da er keinen Fehler begangen hatte, sah er nicht ein, weshalb er klein beigeben und sich zu Füßen irgendeiner Autorität werfen sollte. Verlegen bestand Maspero darauf. Er hatte keine Lust, einen Mitarbeiter von solcher Qualität zu verlieren. Aber Carter, sicher, im Recht zu sein, beharrte auf seiner Position. Dem Druck der Briten nachgebend, die sich der Wut der beleidigten Franzosen anschlossen, war Maspero gezwungen, Howard Carter zu entlassen.

Der Fall war schmerzhaft. Der Ägyptologe, aus dem Antiquitätendienst, dem er seine Existenz widmen wollte, zu Unrecht verjagt, verließ Ägypten nicht. Er wurde wieder Maler und lebte bescheiden in Kairo vom Verkauf seiner Aquarelle. Ohne Geld und ohne Beziehungen sah er sich auf immer von den Ausgrabungen und seinem teuren Tal getrennt.

24
Die ersten Schritte Ayrtons und Ramses IV.

Das Zwischenspiel von Quibell

Nach der Ära »Carter« (1902–1904) war Theodore M. Davis in Schwierigkeiten. Auch wenn er diesen Engländer mit seinem schwierigen Charakter kaum schätzte, hatte der doch das Verdienst, sein Rentenalter in den Beginn einer archäologischen Saga verwandelt zu haben. Am dringendsten war es nun, ihn zu ersetzen.

Im November 1904 wurde James Quibell als Berufsarchäologe Carters Nachfolger, der beauftragt war, im Namen von Theodore M. Davis im Tal zu graben. Quibell war kein Autodidakt wie sein Vorgänger. Als vornehmer Universitätsgelehrter hatte er in Oxford studiert und interessierte sich vor allem für die ersten Dynastien und besonders für die archaische ägyptische Kunst. Sein Ziel war es ganz gewiß nicht, einen spektakulären Fund zu machen. Er wollte sich Zeit nehmen, lange und sorgfältige Ausgrabungskampagnen führen, ohne sich um die ersten Ergebnisse Sorgen zu machen. Ausgeglichen und reserviert stieß er schnell mit dem autoritären Davis zusammen.

Davis war Amerikaner und reich. Er bezahlte und wollte noch unentdeckte Gräber. Carter hatte bewiesen, daß dies möglich war. Man mußte also in dieser Richtung weitermachen. Diese Litanei mißfiel Quibell, der seine Versetzung verlangte, ohne im Tal eine einzige große Arbeit unternommen zu haben.

Maspero ersetzte ihn durch Arthur Weigall, der aber war

ebenfalls nicht auf der Höhe der Anforderungen. Der pragmatische Davis traf den Direktor des Antiquitätendienstes und verlangte, die Ausgrabungen nach seinem Gutdünken zu führen und mit dem Personal, das ihm gefiel, da er der Geldgeber war.

Der Leidensweg Edward Ayrtons

Dem offiziellen Inspektor des Dienstes, Weigall, wurde eine obskure Rolle als Beobachter zugewiesen, und er nahm nicht direkt an der Suche teil. Drei Jahre lang, von 1905 bis 1908, nutzte Davis die Begabung eines jungen Archäologen, Edward R. Ayrtons, der trotz seiner bemerkenswerten Arbeit viel zu wenig bekannt ist.

Eingestellt mit einem Gehalt von zweihundertfünfzig Pfund pro Jahr, war Ayrton ein athletischer Engländer mit einem offenen und sympathischen Gesicht. Gut angezogen, Anhänger des Flanell, mutig und eher methodisch, hatte er nur mangelhafte Erfahrung in Ägyptologie. Sein größter Vorzug war sein guter Wille. Davis ergeben, war er das Modell eines Angestellten, der nie über die Befehle seines Chefs diskutierte.

Da er über keine Macht und Manövrierfreiheit verfügte, gehorchte Ayrton aufs Wort. Er war der Prügelknabe von Davis, und sein Abenteuer ähnelte einem Leidensweg. Ein Beweis: Ayrton machte im Laufe seiner Untersuchungen eine Reihe von Aufzeichnungen über die Gräber, die er entdeckte, die eine erste wissenschaftliche Annäherung darstellten. Davis hielt es nicht für notwendig, diese wichtigen Informationen mittelmäßigen Publikationen zugrunde zu legen, die er mit seinem Namen und unter Hinzufügung der Namen anderer bekannter Archäologen unterzeichnete. Ayrton wurde darin gar nicht erwähnt. Die Papiere Ayrtons gingen verloren, die Hirngespinste von Davis wurden gedruckt.

Der junge Engländer akzeptierte es, geopfert zu werden. Einsam lebte er in einem bescheidenen Haus in der Wüste, weitab von der Menge und der Welt zog er die Gesellschaft seiner zwei Hunde der der Menschen vor.

Ayrton war kein Eremit. Er liebte es, Diabolo zu spielen, das zu seiner Zeit in Mode war, und gestattete sich jede Woche einen Vergnügungsabend in Luxor. Mit einem dienstbaren Charakter ausgestattet, führte er gerne Besucher in das Tal, damit sie seine Kostbarkeiten bewundern konnten.

Davids hatte seinen rechten Arm gut gewählt; drei Jahre lang verlangte er ein Maximum an Arbeit und Ergebnissen. Mit sechsundzwanzig Jahren rebellierte der treue Hund, weil er die Knechtschaft zu erstickend fand. Nach seiner Ansicht hatte Davis die Grenzen überschritten, deshalb verließ er das Tal der Könige. Seine Freunde hatten gerade ihre Aktivitäten auf anderen thebanischen Baustellen beendet, und sich allein mit dem Amerikaner wiederzufinden, schien ihm unerträglich. Er stieß zu einer amerikanischen Mission in Abydos, der Stadt von Osiris. Am Ende einer Ausgrabungssaison studierte er ein Jahr in Oxford und fuhr nach Indien. Er bekam einen Posten in Ceylon und ertrank im Frühjahr 1914 im Alter von einunddreißig Jahren.

Seit Ayrton von Davis eingestellt war, präzisierte letzterer seine Absichten: jeden Hügel und jeden Fuß eines Hügels auf definitive Art und Weise zu durchsuchen. Diesmal spielte der Zufall überhaupt keine Rolle. Indem er dem Plan Buchstabe für Buchstabe folgte, entging Davis kein einziges Grab, ob königlich oder privat.

Die Verwaltung war ein »Haus der Ausgrabungen« am westlichen Eingang des Tales. Im Inneren gab es ein Laboratorium und ein Abstellzimmer. Obwohl dieser Ort weder mit Wasser noch mit Elektrizität ausgestattet war, mußte er trocken und sauber gehalten werden.

Alles war bereit für die großen Manöver.

Das Grab Ramses' IV. (Nr. 2)

Ayrton begann damit, ein ramessidisches Grab zu erkunden, das schon lange bekannt, aber noch nicht systematisch geräumt worden war. Dies erlaubte es ihm, sich zu erproben und seine erste wichtige Baustelle zu leiten.

Das Grab ist sechsundsechzig Meter lang und hat die Form eines immer enger werdenden Ganges. Ramses IV. entwickelt noch die Proportionen, die schon von Merenptah erhöht wurden. Die geräumige und großartige Begräbniskammer enthält den größten und schwersten Sarkophag des Tales aus Granit (elfeinhalb Fuß lang und neun Fuß hoch), der übrigens in Form eines königlichen Ziertitels gehauen ist. Diese Halle der Auferstehung wurde im V. Jahrhundert n. Chr. in eine Kirche umgewandelt, und die Verzierung der Wände von sehr schöner Qualität litt sehr darunter. Bemerkenswert sind die vielen Texte: *Litanei der Sonne, Buch der Höhlen, Buch der Türen*, Auszüge aus dem *Buch der Toten*, darunter die bekannte »negative Beichte«, in der das Wesen, das sich vor der Waage des göttlichen Gerichtes präsentiert, bekräftigt, daß es keine schweren Fehler begangen hat, die es zu einem zweiten Tode, der »Auslöschung«, verdammen würden.

Als Ramses IV. auf den Thron steigt, ist er etwa vierzig Jahre alt. Als Sohn und Nachfolger von Ramses III. kündigt er seine Absicht an, im ganzen Land Tempel zu errichten und eine lange und glorreiche Herrschaft Ägyptens. Er läßt die Mannschaft von Deir el-Medina auf einhundertzwanzig Männer verdoppeln. Im Jahre zwei seiner Herrschaft läßt er seinen Krönungsvornamen ändern und sein Grab vorbereiten. Mehrere Expeditionen werden organisiert, um Bausteine und Edelsteine aus den Steinbrüchen des Wadi Hammamat und aus den Minen des Sinai zu holen, denn der König verlangt von seinen Bildhauern, große Statuen zu schaffen, und von seinen Baumeistern, Blöcke für neue Grabmale vorzubereiten.

Der Tod unterbrach diesen Elan. Das Schicksal ließ Ramses IV. nur sechs Jahre der Herrschaft (1154–1148), nicht genug für seine Ambitionen.

25
Das unberührte Grab von Juja und Tuja (Nr. 46)

Das Gold glänzt in der Dunkelheit

Der Monat Februar des Jahres 1905 war wärmer als gewöhnlich. Unter einem Berg von Steinsplittern entdeckten die Arbeiter von Davis eine versiegelte Tür. Der Chef der Mannschaft, der Reis, ließ seinen kleinen Jungen kommen, nachdem er ein Loch gebohrt hatte. Er verlangte von ihm, sich in das Grabmal hineinzuschlängeln. Der Junge gehorchte. Zuerst die Angst, dann Unbeweglichkeit und Stille. Schließlich gewöhnte sich der Besucher an die Dunkelheit und erkannte einen leichten Schein, wie von Gold! Nach genauerem Hinsehen waren dort die Deichsel eines Wagens, ein Ehrenstab und ein Skarabäus, die von Blattgold bedeckt waren.

Es gab keinen Zweifel: Das war ein unberührter Schatz! Die erste Reaktion des Reis war es, den Ort durch bewaffnete Männer bewachen zu lassen. Er war überzeugt davon, daß die Neuigkeit sich wie ein Lauffeuer verbreiten würde und daß sich Grabräuber jeder Sorte ohne Zögern auf den Weg machen würden.

Maspero und Davis trafen, alarmiert und ohne Zeit zu verlieren, vor Ort ein. Der eine wie der andere stellten mit Genugtuung und Hoffnung fest, daß die Tür noch versiegelt war. Seit dem Begräbnis war niemand hier eingetreten. Nun ging es ans Öffnen. Mit Hilfe von Fackeln kamen sie auf rutschigem Untergrund zu einer zweiten versiegelten Tür, die die Siegel der thebanischen Totenstadt trug. Sie mußten

Steine beiseite räumen, ein Loch bohren und auf die Schultern des Inspektors Weigall klettern, um am 11. Februar 1905 in das Gewölbe einzudringen.

Die Eltern der Königin Teje

Die Inschriften informierten Maspero, daß die Besitzer des Grabes Juja und Tuja hießen. Das Grabmal war von kleinen Ausmaßen und nicht verziert wie die anderen nicht-königlichen Gräber des Tales. Auf dem Boden war nach den Riten eine feine Schicht gelben Sandes gestreut worden, der symbolisch daran erinnerte, daß der Verstorbene jener ist, »der sich auf seinem Sand befindet«.

Die schöne Bestattungsausrüstung war unberührt. Der bescheidene Raum war tatsächlich mit wunderbaren Gegenständen angefüllt, mit Kanopenvasen, Musikinstrumenten, raffiniert mit rituellen Szenen verzierten Sitzen, von denen einer Sitamon, der Tochter von Amenhotep III. gehörte, ein Stuhl der Königin Teje, deren Flächen mit den Schutzgottheiten Bès und Thueris verziert waren, Betten, deren Täfelung dieselbe Figur von Bès zeigten, dem Beschützer des Schlafes, Schmuckkästen mit dem Namen Amenhoteps III. und von Teje, ein Wagen, der für die Reise in die andere Welt bestimmt war, Krüge, mit Natron gefüllt. Der »vegetarische Osiris«, eine technische Bezeichnung, war ein bescheidener Abdruck von großer Bedeutung. In eine Vertiefung in Form eines Osiris wurde täglich ein Gemisch aus Sand und eingeweichter Gerste gefüllt. Die Gerste keimte und wuchs ungefähr bis zu einer Höhe von zehn Zentimetern. Alles wurde in ein Stück Leinen gewickelt und auf das Grab als Beweis der Wiederauferstehung gelegt.

Die Archäologen näherten sich den Sarkophagen. Der von Juja stand auf einem Schlitten, Symbol des Atum, des Schöpfungsprinzips. Im Inneren gab es drei mumienförmige

Särge. Der Sarkophag seiner Gattin Tuja enthielt in seinem Inneren nur zwei Särge. Die Gesichter der zwei Mumien, deren Augen fast geöffnet waren, waren außergewöhnlich. Das Paar, in der gleichen ungetrübten Freude vereint, schien zu leben. Juja war ein schöner blonder Mann, sehr würdevoll, der die Hände in Höhe des Halses gekreuzt hatte. Man hat ihn mit dem amerikanischen Schauspieler Charlton Heston verglichen. Tuja war eine wunderbare Frau mit schlankem Körper, einem feinen Gesicht und blonden Haaren, deren Sanftheit bis weit über den Tod hinaus erkennbar blieb.

Als Eltern der Königin Teje, der Gattin von Amenhotep III., hatten Juja und Tuja in jener Periode gelebt, in der die Verfeinerung der thebanischen Zivilisation ihren Höhepunkt erreichte. Juja stammte aus der Stadt Akhmîm in Mittel-Ägypten und hatte genausowenig Verbindung zur königlichen Familie wie seine Gattin. Ihre Tochter, Teje, wurde trotzdem die »große Königsgattin« und ihr Sohn Anen Hohepriester. Juja hatte einen Posten als Leiter des Wagenparks des Königs.

Das Paar lebte eine Art Märchen. Ohne Zweifel von ihrer Tochter, die Königin von Ägypten geworden war, an den Hof gerufen, führte es ein friedliches Leben und genoß besondere Achtung, um im Tal der Könige beigesetzt zu werden. Hier sieht man ohne Zweifel einen der zahlreichen Beweise des Einflusses von Teje, von der man weiß, daß sie an der Seite ihres Mannes regierte. Da man nur den Reichen leiht, vermuten einige, daß Juja und Tuja auch die Eltern der berühmten Nofretete waren, aber dafür fehlt ein entscheidendes Dokument.

Reibungen unter Archäologen

Entgegen dem, was man hier und da lesen kann, war das Grab nicht ausgeraubt worden. Ohne Zweifel waren hier während einer alten Epoche kosmetische Produkte entnommen worden; übrigens kennt man das gleiche Phänomen vom Grab des Tutanchamun, ohne daß es dafür eine Erklärung gäbe. Wenn Diebe einen solchen Schatz entdeckt hätten, so hätten sie nur Krümel übriggelassen.

Am 14. Februar besichtigte Quibell das Grab. Seine Feindseligkeit Davis gegenüber erhöhte sich noch um einen Grad, als er bemerkte, daß der Amerikaner bereits mehrere Gegenstände umgestellt hatte, ohne vorher deren genauen Standort notiert zu haben. Als Techniker ist er wütend und fragt sich, warum man es Amateuren erlaubt, die Untersuchung eines noch unberührten Grabes zu verderben. Nun wurde, wie so oft, die Gruft mit höchster Geschwindigkeit geleert, um die Gegenstände ins Museum von Kairo zu transportieren, wo sie heute ausgestellt sind, in der Nähe von jenen des Tutanchamun, dem sie im Stil und im Geiste nahe sind.

Die Mannschaft von Davis machte zahlreiche Zeichnungen, keine genaue Veröffentlichung. Drei Wochen nach der Entdeckung war das Grab des Paares mit dem weichen Lächeln vollkommen seines Inhalts entledigt.

Quibell nahm in Kairo den seit Carter leergelassenen Posten ein und kehrte nicht in das Tal zurück, in dem Davis weiter regierte.

26
Der Erfolg Ayrtons: Ein Pharao, Hunde und ein Wesir

Das Grab von Siptah (Nr. 47)

Ayrton organisiert als guter und ergebener Diener die Arbeit in zügigem Rhythmus. Aufgrund der Mittagshitze fängt die Mannschaft der vierzig Männer, die aus Gurna und den umliegenden Dörfern kommen, schon um sechs Uhr an. Unter der Anleitung des Reis hacken sie in die Gesteinsmassen, füllen die Körbe und räumen Schritt für Schritt eine Stelle frei, wo man hofft, ein Grab zu entdecken. Eine langsame und regelmäßige Prozession organisiert sich. Jeder wiederholt die gleichen Gesten beim Singen alter Rezitative. Während der Mahlzeit nehmen die Arbeiter im Kreis Platz und essen Zwiebeln, Tomaten und Brot. Die Tomate ist süß, die Zwiebel leicht und das Brot ausgezeichnet. Sechs von sieben Tagen arbeitet die Mannschaft im Tal. Am Freitag ist auf islamischem Boden Ruhetag. Die Löhne sind mager, aber sehr begehrt. Viele Anwärter hoffen, vom Reis eingestellt zu werden.

Im November 1905 entdeckte Ayrton das Grab eines Königs aus der XIX. Dynastie, Siptah. Es wird das letzte Grabmal sein, das in dieser Periode im Tal ans Tageslicht gebracht wird. Der Gang war angefüllt mit Geröll, das man vorsichtig ausräumen mußte, denn die Decke drohte einzustürzen. Diese schlechten Bedingungen verhinderten eine vollständige Erforschung, die erst 1912 durch Burton vorgenommen wurde. Das Grab war groß, mit Sorgfalt eingerichtet, und seine Verzierungen, in denen das Grün vorherrschte, phantastisch. Eine Zeitlang nahm man im Glauben an Fragmente eines Sarges aus Alabaster und wegen anderer aus dem Geröll geborgener Gegenstände an, daß es sich um das Grabmal einer Königin handle, was das Interesse von Davis weckte. Der Eifer verflog, als man die Wahrheit eingestehen mußte. Da die Verzierungen außerhalb der zwei Gänge sehr beschädigt waren und da die unteren Partien gefährlich erschienen, hatte Davis ein Einsehen mit seinem Archäologen, der vorschlug, die Ausgrabung zu beenden. Die Mumie des Königs ruhte im Museum von Kairo, da konnte man nur auf kleine Funde hoffen.

Siptah, der »Sohn des Ptah«, Gott von Memphis, regierte sechs Jahre lang (1196–1190). Er nannte sich zuerst Ramses-Siptah, was ihn mit seinem glorreichen Vorfahren verband, änderte dann aber seinen Vornamen, um sich Merenptah, der »von Ptah geliebte« zu nennen und so auf der Beziehung zu Gott zu bestehen. Als Sohn von Setoy II. und Tausret, die wie Hatschepsut zuerst Regentin und dann Pharao war, ging Siptah im Jahre eins seiner Herrschaft nach Nubien, um einen Vizekönig zu benennen, einen hohen Funktionär, der damit beauftragt war, die Gegend zu ägyptianisieren und den Frieden aufrechtzuerhalten. Über die Herkunft des Königs, die Ausübung seiner Macht und sein Ende weiß man fast nichts.

Königliche Tiere

Ende 1905 grub Ayrton im südlichen Teil der Schlucht, in der Nähe des Grabes von Amenhotep II. Er überwachte großflächige Abtragungen, gemäß den Anweisungen von Davis, und war nicht glücklos.

Er entdeckte zunächst eine kleine Gruft aus der XVIII. Dynastie, die einen Würdenträger beherbergte, dessen Identität nicht genau festgelegt werden konnte. Er wurde eine einfache Zahl auf der Liste, die Nummer 49. Anschließend brachte Ayrton drei Gruben ans Tageslicht, die zu drei Kammern führten, die ihm eine schöne Überraschung bereithielten. Das waren keine Menschen, die dort ruhten, sondern Tiere. Das schönste und majestätischste war ein gelber Hund von mittlerer Größe, auf seine Pfoten gestellt, mit kurzem, auf seinen Rücken gebogenem Schwanz. Vor seiner Nase ein Affe, der ebenso lebendig schien, um so mehr, da Diebe ihm seine Bänder abgenommen hatten. Andere Bewohner erwarteten Ayrton: Nasenaffen, weitere Hunde, Enten, Ibisse, Vögel und ein weiblicher Affe, der zärtlich sein Kleines hielt. Als wertvolle Wesen angesehen, auf gleicher Ebene wie die Menschen, waren die Tiere nach den Riten mumifiziert worden und verfügten über Särge, Kanopenvasen, Amulette und Schmuck, wie der Affe, dem die Grabräuber seine Halskette aus blauer Fayence nicht abgerissen hatten.

Die Biologen untersuchten die Körper. Sie stellten fest, daß diese Tiere gut gefüttert worden waren, daß ihre Gesundheit ausgezeichnet und ihr Leben leicht gewesen waren. Weil sie im Tal gefunden wurden, handelt es sich hierbei wohl um Tiere, die am königlichen Hofe gelebt haben, verwöhnt von der Zärtlichkeit der Pharaonen und Königinnen. Dies ist die Stelle, um den wichtigen Platz hervorzuheben, den das Tier im ägyptischen Universum inne hatte. Es wurde wie ein Träger und eine Form der Verkörperung einer göttlichen Kraft angesehen, die, anders als beim Menschen, nicht denaturiert werden konnte. Treu dem Geist seiner Rasse, übertrug es ohne Deformation eine Macht in die andere Welt. Der Mensch hatte viel von den Tieren zu lernen, die zu den besten Meistern auf dem Weg zur Weisheit zählten.

Der Wesir Amenemope (Nr. 48)

Im Januar 1906 entdeckte Ayrton einen Brunnen, der zu einem sehr bescheidenen Grabmal einer mächtigen Persönlichkeit führte, dem Wesir und Gouverneur von Theben, Amenemope, dem Bruder von Sennufer. Es ist das Grab Nr. 48.

Beide lebten zu Zeiten Amenhoteps II., kannten ein glückliches Dasein und ein außerordentliches Schicksal nach dem Tode, da sie beide nahe beieinanderblieben und in der königlichen Totenstadt aufgenommen wurden. Es ist wahrscheinlich, daß der Wesir Amenemope der Gemeinschaft von Deir el-Medina nahestand und daß seine ungewöhnliche Fähigkeit als Baumeister und Überwacher der königlichen Gräber seine Anwesenheit im Tal der Könige gerechtfertigt hat.

Obwohl das Grab zerstört war, enthielt es noch den Sarkophag und die Mumie. So war die Erinnerung an einen hohen Würdenträger der XVIII. Dynastie bewahrt, der dieses bescheidene Grab in der Nähe des Königs, dem er diente, einem großzügigen und herrlichen Grab im Tal der Adligen vorgezogen hatte.

Eine eigenartige blaue Schale und ein unbekannter König

Zu Beginn des Jahres 1906 grub Ayrton am Fuße eines hohen Hügels, nahe der Schlucht mit den Gräbern von Thutmosis III., Amenhotep II. und von Thutmosis IV. Unter einem Felsen war eine schöne blaue Schale mit der Inschrift des Namens Tutanchamuns verborgen.

Ayrton wurde neugierig. Noch kein anderes Objekt, das diesem König gehörte, zirkulierte auf dem Antiquitätenmarkt. Es war schwierig, dieses erste Auftreten Tutanchamuns im Tal zu interpretieren und den bescheidenen Fund auf seinen wirklichen Wert zu schätzen; handelte es sich um eine Schale, die während der Begräbniszeremonie benutzt wurde? Woher stammte sie, und warum war sie dort verborgen? Es gab keine Antwort auf diese Fragen. Ayrton und Davis vergaßen sie.

Ein Lord bei schlechter Gesundheit und die Rückkehr Carters

In jenem Jahre hielt sich ein britischer Aristokrat, Lord Carnarvon, in Ägypten auf, in der Hoffnung, seine schwache Gesundheit zu verbessern. Der unverzagte und belesene Reisende, der sich für alte Geschichte begeisterte und einen unabhängigen Geist hatte, verfügte über großen Reichtum. Sein Gut von Highclere war eines der schönsten Güter Englands. Lord Carnarvon schien einer leichten Zukunft entgegenzusehen, als ein ernster Unfall mit dem Automobil ihn beinahe das Leben gekostet hätte. Stark verletzt, fand er seine frühere Dynamik nicht wieder und litt unter seiner Behinderung. Ägypten war als touristischer Ort in Mode, wo die wohlhabenden Kranken die reine Luft und die Sonne genossen. Carnarvon vergaß hier ein bißchen sein physisches Unglück, indem er die pharaonischen Stätten kennenlernte, insbesondere die von Westtheben.

Eine Idee amüsierte ihn: Was, wenn er, wie die anderen Persönlichkeiten seines Ranges, Ausgrabungen finanzierte? Gut informiert über die Politik des Orients, kannte er die Probleme Ägyptens gut und erwirkte ein Treffen mit Gaston Maspero. Der akzeptierte den Vorschlag von Lord Carnarvon. Natürlich mußte man ihm einen Berufsarchäologen zuteilen. Maspero ergriff die Gelegenheit, die schreckliche Ungerechtigkeit wiedergutzumachen, deren Opfer Howard Carter geworden war. Dem unerfahrenen Lord schlug er vor, diesen ausgezeichneten Archäologen einzustellen, der in Kairo dahinvegetierte.

Carnarvon akzeptierte, Carter ebenfalls. Er half dem Aristokraten, schöne Stücke für seine Antiquitätensammlung zu erwerben, und leitete die Ausgrabungen in seinem Namen. Sie erforschten zunächst ohne große Mittel einen kleinen Sektor von Deir el-Bahari. Eine feste und dauerhafte Freundschaft begann. Weder der Aristokrat noch der Ägyptologe besaßen einen einfachen Charakter, aber sie schätzten und ergänzten sich gegenseitig.

Carter näherte sich dem Tal, aber es war immer noch Davis, der hier als der absolute Herrscher regierte.

27
Das geheimnisvolle Grab Nr. 55 und der Pharao mit der goldenen Maske

Ein neues Königsgrab

Am ersten Januar 1907 verlangte Ayrton von seinen Arbeitern, nachdem er mit Davis diskutiert und dessen Einverständnis bekommen hatte, Massen von Geröll südlich des Grabes von Ramses IX. im zentralen Teil des Tales, an dem bis 1991 ein häßliches Übernachtungsgebäude stand, zu untersuchen. An dieser Stelle ist der Felsen beinahe vertikal. Fast dreißig Fuß vom Grabmal Ramses' IX. entfernt, grub Ayrton Vasen aus und legte schließlich die Stufen einer Treppe frei, die zum Eingang eines Grabes führten, das unter dem Hang des Hügels lag.

Am Ende der Stufen erhob sich eine Mauer aus trockenen Steinen, auf der die Siegel der Nekropole aufgedruckt waren. Es handelte sich also um ein Königsgrab. Im Angesicht der Bedeutung der Entdeckung kam der Chef-Inspektor des Antiquitätendienstes, Arthur Weigall, und untersuchte den Ort. Er nahm an, daß die Mauer nicht die ursprüngliche sei und daß sie erbaut wurde, um das Grab zu schützen, wahrscheinlich nach einem Raub.

Die Archäologen stießen auf einen gut gehauenen Gang von ungefähr sechs Fuß Breite. Er war angefüllt mit Geröll, das aber weder mit Sand noch mit Schuttabfällen vermischt war. Er war folglich nicht lange dem Wind oder dem Regen ausgesetzt gewesen. Das Grab mußte seit der ägyptischen Antike geschlossen und seitdem nicht geöffnet worden sein.

Ein Vorankommen war beinahe unmöglich. Auf dem

Gipfel eines Berges von Geröll berührte ein riesiges Schild aus Holz die Decke. Mit Blattgold bedeckt, kam es aus einer mit Reliefs und Inschriften verzierten Kapelle. Beim Näherkommen bemerkte man, daß die Decke eingerissen war. So hatte auch Wasser durchsickern und das Blattgold beschädigen können, das trotzdem noch glänzte, als das Licht von draußen es erhellte.

Davis, eine Königin und ein Massaker

Angesichts dieses Zustandes war höchste Vorsicht angebracht. Um das Blattgold und die empfindlichen Überreste des Grabes zu retten, wäre es nötig gewesen, es wieder zu schließen und sofort einen Photographen und einen Spezialisten der Restaurierung herbeizuholen.

Leider arbeitete am Tage der Entdeckung überhaupt kein Spezialist in der Nähe des Tales. Außerdem wollte der eilige Davis Ergebnisse. Dem Reis wurde die Anweisung gegeben, zur Rechten ein langes Brett anzubringen, das als Zugangsweg ins Innere des Grabes diente. Beim Kriechen im Gang wurde der Name der Königin Teje entdeckt, der Gattin Amenhoteps III. und Mutter von Echnaton. Angestachelt durch die Hoffnung, das Grab einer Königin zu durchsuchen, vergaß Davis alle Geduld, allein schnelles Vorwärtskommen in der Gruft zählte.

Sie war ein hoher und sehr weiter, aber nicht verzierter Raum, auf dem Boden lagen Holztafeln, Stücke von Blattgold und verschiedenste Objekte. Die Aufmerksamkeit wurde schnell von einem außergewöhnlichen Sarkophag gefesselt, der mit Halbedelsteinen und stellenweise mit Gold ausgelegt war. Für Davis gab es über die Identität seines Besitzers, obwohl der auf der Stirn einen Uraeus trug, keinen Zweifel: Das war eine Königin, eine der berühmtesten der ägyptischen Geschichte, die große Königsgemahlin Teje.

Einige überraschende Einzelheiten verdienen besondere Aufmerksamkeit: Die Kanopenvasen waren ein schönes Beispiel der »amarnischen« Kunst, das heißt, der Epoche von Echnaton und Nofretete; auf einer Tafel sieht man Echnaton, der Aton anbetet, den Sonnenglobus, in dem sich das Licht verkörpert. Seine Mutter, Teje, nahm an dem Brauch teil und stand hinter ihrem Sohn. Wir sind hier also in die Atmosphäre der Sonnenstadt getaucht, mit Echnaton in seiner Mystik als »ketzerischer« König. Im Herzen des Tales, auf dem Westufer Thebens, in dem Gebiet Amons wurde also der Kult des Aton für die Ewigkeit begangen. Dafür spricht auch, daß niemals ein Krieg der Anhänger Amons gegen die Anhänger Atons geführt wurde, das wäre im alten Ägypten auch unfaßbar gewesen, da hier niemand nur auf Grund seines religiösen Glaubens getötet wurde.

Das Gesicht des Sarkophags, dessen Unterbau zusammengebrochen war, war eine Maske aus Gold, die abgerissen wurde. Weshalb und aus welchem Grund? Es blieben nur eine Augenbraue und ein Teil des rechten Auges. Vor so vielen Rätseln würde man Vorsicht und Genauigkeit erwarten; aber weder Davis, noch Ayrton, Weigall oder Maspero dachten daran, dieses überraschende Grab Nr. 55 gründlicher zu untersuchen, nicht einmal daran, einen detaillierten archäologischen Bericht zu schreiben. Um eine »schöne« Photographie vom Grab zu machen, gab es keine bessere Idee, als es zu räumen. Dabei gelingt es Davis, die Mumie zu beschädigen. Ohne irgendeine Vorsichtsmaßnahme wurde das Blattgold breitgetreten und so jegliche Hoffnung auf eine intelligente Restaurierung zunichte gemacht, die es ermöglicht hätte, zumindest teilweise eine Kapelle aus Gold zu bewundern, die ebenso wunderbar war, wie jene der vergleichbaren Grabkammern des Tutanchamun.

Ende Januar 1907 war das Grab gereinigt, und Besucher stellten sich ein. Davis gab ihnen die Erlaubnis, als Souvenir Stücke von Blattgold mitzunehmen. Was die professionellen Diebe betrifft, die seit dem ersten Tag in Bereitschaft waren, so entnahmen sie aus dem schlechtbewachten Grab mehrere Gegenstände. Man muß die Unnachsichtigkeit Carters loben, der einige Jahre später eine radikal andere Einstellung an den Tag legte.

Eine Königin oder ein König?
Wurde Echnaton wiedergefunden?

Die Mumie war nicht gut erhalten. Davis beschädigte sie zusätzlich, indem er die Vorderzähne, die sich vollkommen ablösten, zu heftig berührte. Die Gewißheit des Amerikaners bestätigte sich: Er hatte vor seinen Augen sehr wohl den Körper einer Frau. Und wurde dies nicht durch die erste Untersuchung der Knochen bestätigt? Die ersten »Spezialisten« waren derselben Meinung. Hinzu kommt, daß die rituelle Position des rechten Armes an der Seite und des linken Armes über die Brust gelegt die Position der Königinnen war. Andere Spezialisten nahmen sich des Problems an und bewiesen, daß die Mumie die eines Mannes war, der zwischen seinem zwanzigsten und dreißigsten Lebensjahr verstorben war!

Hatte Maspero nicht den Namen Echnatons gelesen? Aber wo, auf dem Sarkophag oder woanders? Der Gedanke wurde von einigen Archäologen wieder aufgenommen, die versicherten, daß dieses Grab Nr. 55 die Gruft des Königs sei, dessen sterbliche Hülle nach Theben gebracht worden war. Die vergoldete Kapelle, die für immer verloren war, sei von der Königin Teje ihrem Sohn geschenkt worden. Was die Kanopenvasen betrifft, so seien sie für Amenhotep hergestellt worden, als er in Theben regierte, bevor er den Namen wechselte. Die magischen Steine mit dem Namen des Königs, die ihn als Osiris qualifizierten, des Gottes, der in der religiösen Thematik von el-Amarna nicht mehr vorhanden war, seien hier vor dem Umzug in die neue Hauptstadt hinterlegt worden oder vielleicht während des Begräbnisses der Mumie von Echnaton.

War der Sarkophag nicht ursprünglich für Nofretete gebaut und schließlich von Echnaton benutzt worden, der die Position einer Königin annahm, um allein das Königspaar zu verkörpern? Wenn irgend jemand sich dem Transport von El-Amarna aus angenommen hat, so würde es Tutanchamun gewesen sein. Der junge König habe den Hof umziehen lassen und die Mumie seines Vorgängers mit sich geführt, die so die Zerstörung überlebt habe.

Diese Version der Tatsachen ist nicht allgemein anerkannt. Andere meinen, daß der Kadaver von einem zu jungen Mann sei, um der des Echnaton zu sein. Außerdem gibt es keine einzige Inschrift als formellen Beweis. Warum sollte man nicht an den Mitregenten des Königs denken, Semenchkare, den Echnaton während der letzten zwei Jahre seiner Herrschaft mit auf den Thron gerufen hatte? Dieser Mitregent, dessen Existenz von einigen bestritten wird, hätte symbolisch die Rolle der verstorbenen Nofretete gespielt. Die Inschriften des Sarkophages waren übrigens modifiziert, damit die Wörter weiblich statt männlich wurden. Ein störendes Detail: Kein einziges Objekt mit dem Namen von Semenchkare wurde im Grab gefunden. Es gibt noch eine andere Möglichkeit: Ursprünglich war der Sarkophag für eine Frau, Nofretete, die Frau Echnatons, gedacht oder für Teje, seine Mutter, der er seine goldene Kapelle gewidmet hatte, oder für eine seiner Töchter. Und man dachte sogar an seine zweite Frau, Kiyra.

Es gibt nur eine einzige Gewißheit: Die Gegenstände (Sarkophag, magische Steine, Kanopenvasen) stehen im direkten Verhältnis zur Königin Teje und der Herrschaft Echnatons. Die »große Königsgemahlin« war eine Persönlichkeit von erstem Rang, die Maât verkörperte, das universelle Maß; sie nahm auch an allen Riten teil. Teje starb vor ihrem Gemahl, Amenhotep III. aber lebte bis zum Jahre 8 der Herrschaft seines Sohnes Echnaton. Man könnte annehmen, daß das Grab Nr. 55 anfänglich als Grabmal für diese Königin vorgesehen war, die als würdig angesehen wurde, die Ewigkeit der Monarchen zu teilen. Dann wurde ihre Mumie – die nicht formell identifiziert wurde – in ein anderes Grab umgelegt, um Platz zu lassen für ihren Sohn oder seinen Mitregenten.

Auf Grund der Zerstörung von zu vielen wesentlichen Indizien ist die Untersuchung schwer zu führen. Dies ist eine der letzten Episoden des amarnischen Abenteuers, das uns entgleitet. Das Tal bewahrt einmal mehr sein Geheimnis.

28
Könige, Archäologen und ein kleiner Schatz

Harold Jones, Aja und Tutanchamun

Im Februar 1907 stellte Davis einen neuen Mann ein, um Ayrton zu helfen. E. Harold Jones war kein Archäologe, sondern Künstler. Ohne große Erfahrung in Ägyptologie, wagte er sich mit einer gewissen Unschuld in das Tal und machte, da er von der systematischen Erkundung durch Ayrton profitierte, eine der merkwürdigsten Entdeckungen in der Sohle der Schlucht, die zum Grabe Amenhoteps II. führt. Ein relativ breiter Brunnen führte zu einem Begräbnisraum, in dem er Fragmente von Blattgold mit dem Namen des Königs Aja und Tutanchamuns fand. Eine Szene zeigt Aja aufrecht auf seinem Wagen, Pfeile gegen die Asiaten abschießend; er symbolisiert die Ordnung, die das Chaos besiegt.

Tutanchamun wird auch in kriegerischer Handlung gezeigt, indem er einen Libyer erschlägt. Seine Gemahlin und sein Nachfolger Aja wohnen dieser Szene bei, die keine historische Begebenheit berichtet, sondern an die Hauptrolle des Pharaos anknüpft, der damit beauftragt ist, die Ordnung an die Stelle der Unordnung zu setzen. Es scheint sicher zu sein, daß diese Fragmente von der Verzierung eines rituellen Wagens stammen, der zum Begräbnismobiliar gehörte, das vom Besitzer des Grabes in der anderen Welt benutzt wurde.

Wer war der Bewohner dieses Grabes Nr. 58? Jones fand neben Resten von Mobiliar und Fragmenten von Verzierungen mit dem Namen Ajas die Statue eines hohen Würdenträgers in der Haltung von Osiris, jedoch keine Inschrift, die den Namen der Persönlichkeit preisgegeben hätte.

Das Grab Nr. 58 wurde für einen Mann ersten Ranges gegraben, der wichtige Funktionen in Theben unter der Herrschaft Tutanchamuns und Ajas innehatte. Die Anwesenheit eines rituellen Wagens, wie im Grabe von Juja, läßt an einen Vorgesetzten des Wagenparks denken, plaziert an der Spitze eines Elitecorps der Armee und damit beauftragt, die Sicherheit des Herrschers zu gewährleisten. Dies sind nur Hypothesen, da das Grab die Identität des Würdenträgers nicht erkennen läßt.

Carters Träume

1907 läßt sich Carter ein Haus in Westtheben auf einer Anhöhe bauen, von der man ein Königsgrab aus dem Mittleren Reich in einer Entfernung von ungefähr zwanzig Minuten im Tal der Könige sehen kann. Er grub, da er für Lord Carnarvon arbeitete, nicht weit vom Tal entfernt, das im Zentrum seines Interesses blieb, obgleich es ihm verboten war.

Auf seiner Veranda mit Blick auf die Beerdigungstempel am Rande der Anbaugebiete träumte Carter von noch verborgenen Gräbern. Er verfolgte mit Aufmerksamkeit die Ausgrabungen von Ayrton und informierte sich ständig über das Tal. Schritt für Schritt wurde er der beste Spezialist. Es gab nichts, was er nicht wußte, und er konnte den kleinsten Schlupfwinkel beschreiben.

Aber die Konzession gehörte Davis. Für Carter blieb das Tal Sperrgebiet.

Das Grab von Amenmesse (Nr. 10)

Im Dezember 1907 wurde der Eingang eines beschädigten Grabes freigelegt; es bestand aus einem Gang, einer Vorhalle und einem Begräbnisraum mit vier Säulen. Ziertitel, von denen die meisten getrieben waren, bewiesen, daß es sich um ein Königsgrab handelte, das für den Pharao Amenmesse gegraben wurde, der, so scheint es, drei Jahre lang (1202–1199) regiert hat, parallel zu Setoy II.

Das Ende der XIX. Dynastie war getrübt durch einen Zwist, der Setoy II., dem Nachfolger von Meremptah, Amenmesse, den Vize-Prinzen von Nubien gegenüberstellte. Stiftete er von dieser reichen und streitlustigen Provinz aus eine Revolte gegen den Herrscher an? Diese Hypothese ist schwer zu halten, da Amenmesse, wie Setoy II., im Tal der Könige begraben wurde, nachdem man ihn als Pharao anerkannt hatte.

Die Dokumentation ist so ärmlich und so indirekt, daß es viele Fragen gibt. Die zwei Frauen, die in dem Grab ruhten, sind ebenfalls geheimnisvoll; ihre Identifikationen als Mutter und Gemahlin von Amenmesse wurden bestritten, und man hat an die Mutter und die Frau von Ramses IX. gedacht. Die Mumie des Königs ist nicht wiedergefunden worden.

Das Material für die Einbalsamierung von Tutanchamun

Am 21. Dezember 1907 legte die Mannschaft von Davis einen Begräbnisbrunnen frei, dessen Inhalt erst am 17. Januar 1908 untersucht wurde. Die rechteckige Vertiefung, die im östlichen Teil des Tales, nicht weit vom Grabe Ramses' X. entfernt, gegraben wurde, war angefüllt mit Vasen, die Blätter, getrocknete Blüten und kleine Säckchen enthielten. Leinwand war um die Gefäße gewickelt; auf diese Leinwand war der Name eines Pharaos geschrieben: Tutanchamun.

Die Schlußfolgerung von Davis kam ohne Zögern: Er war gerade dabei, das Grab dieses obskuren Pharaos zu identifizieren. Diese Behauptung regte Carter auf, der immer noch aufmerksam das Leben im Tal beobachtete; ein solcher Brunnen konnte in keinem Fall ein Königsgrab sein! Davis hörte nicht auf diese Warnung; für ihn vervollständigte dieses Grab Nr. 54 die Nr. 58, eine Entdeckung der vorangegangenen Saison. Das Ensemble bildete das komplette Grabmal von Tutanchamun.

In diesem Jahre 1908 ist der Amerikaner eine berühmte und geachtete Persönlichkeit. Es heißt über ihn, daß er einen Pharao pro Jahr entdeckt. Keine Kritik kann ihn erreichen. Im Museum von Kairo wird ein »Davis-Saal« eingeweiht, in dem seine Funde ausgestellt werden; ohne Zweifel war er der beste Ausgrabungsmäzen des Tales. Eine offizielle Anerkennung des britischen Generalkonsuls, Sir Eldon Gorst, hätte aber ohne eine Besichtigung des Hauses der Ausgrabungen keinen Wert gehabt.

Davis empfing ihn mit der Absicht zu blenden. Der Inhalt der Vasen eines Königsgrabes konnte nicht anders als außergewöhnlich sein; so ging der Amerikaner vor den Augen von Sir Eldon Gorst an deren Öffnung.

Das große Spektakel wurde zum jämmerlichen Fiasko. Der Generalkonsul war enttäuscht von den spärlichen Resten, die der Amerikaner ausstellte, und verließ das Haus der Ausgrabungen früher als geplant, ärgerlich darüber, seine Zeit verloren zu haben.

Der unglückliche Ayrton, dem die Schuld zugesprochen wurde, mußte sich ernste Vorhaltungen anhören. Wütend gab Davis gern den Inhalt dieses verwunschenen Grabes Nr. 54 an Winlock weiter, einen amerikanischen Archäologen, der ihn ins Metropolitan Museum von New York brachte, um ihn genauer zu untersuchen.

Erst fünfzehn Jahre später gab er die Ergebnisse seiner Untersuchungen bekannt; als Freund Howard Carters hatte er ihm zweifelsohne schon vorher vertrauliche Mitteilungen gemacht. In Wirklichkeit gab es eine sensationelle Entdeckung; auf einem Stoff fand man ein Datum: das Jahr 6 von Tutanchamun. Dieser so wenig bekannte König hatte also keine kurzlebige Herrschaft. Was enthielten die Vasen? Bänder, Stoffreste, um damit den Körper des Monarchen zu reinigen, Beutel von Natron, Reste eines Mahles, bei dem Lamm und Geflügel gegessen und Wein und Bier getrunken wurde; dazu kamen noch Blumenketten aus Zweigen des Olivenbaumes und Kornblumen, die die Gäste getragen hatten, und sogar ein Besen, der dazu benutzt wurde, die Spuren der Schritte nach dem Hinausgehen aus dem Grab zu verwischen. Winlock verstand, daß das Grab Nr. 54 Erinnerungsstücke eines Banketts enthielt, das anläßlich der Begräbnisfeier von Tutanchamun abgehalten wurde, der also im Tal begraben war. Auf acht Personen ungefähr belief sich die Anzahl der Gäste dieses erstaunlichen Mahles.

Aus Flüchtigkeit und Inkompetenz war Davis an einem der berührendsten Funde der ägyptischen Archäologie vorbeigegangen. Wenn auch seine Natur erhellt wurde, so setzt doch die Existenz dieses Versteckes in Erstaunen. Warum wurde es eingerichtet, weshalb wollte man das Andenken dieses Banketts erhalten, das das ewige Mahl andeutet? Tutanchamun war, obwohl er zu oft als ein »kleiner König« ohne Einfluß angesehen wurde, ganz im Gegenteil mit außergewöhnlicher Fürsorge von den Hütern der Riten behandelt worden. Der Zufall spielte zweifellos keine Rolle bei der Bewahrung seines Grabes.

Das »goldene Grab« (Nr. 56)

Am 5. Januar 1908 hatte Ayrton ein anderes Privatgrabmal entdeckt, in der Nähe von Nr. 58. Wie gewöhnlich zeigte es sich in der Form eines Brunnens, der zu einer unverzierten Gruft führte. Es war überschwemmt worden, und der Boden war mit einer Schicht von trockenem Schlamm bedeckt, in dem der Ausgräber Fragmente von Gegenständen entdeckte. Man hätte viel Zeit gebraucht, um ihre genaue Lage zu bestimmen und den Ort wissenschaftlich zu untersuchen. Aber der eilige Davis befahl Ayrton, schnell zu machen und zu untersuchen, ob dieser Ort nicht einen Schatz verbarg.

Mit Hilfe eines Messers wurden zwei Ohrringe aus Gold geborgen, die den Ziertitel Setoys II. trugen, Fragmente von Blattgold und von Schmuck, ein Ring mit sechzehn Mohnblumen, zwei kleine Handschuhe aus Silber, Fingerlinge aus Gold mit dem Namen Ramses' II. und Setoys II., Ketten, Amulette, Armbänder aus Silber, deren Gravur Tausret vor Setoy II. zeigt. Dieses »goldene Grab« wurde, so scheint es, für die Tochter von Setoy II. und von Tausret gegraben. Es war ihnen ein Schatz geschenkt worden, der den Grabräubern entgangen war.

29
Das Grab von Haremhab (Nr. 57)

Unglück und Glück von Ayrton

Nach der mißratenen Show in Anwesenheit des erhabenen britischen Generalkonsuls mußte Ayrton den Tadel seines Vorgesetzten aushalten und einmal mehr der Prügelknabe sein, obwohl er gar keine Verantwortung in dieser Angelegenheit trug.

Er nahm jedoch seine Arbeit wieder auf. Das Tal bescherte ihm am 22. Februar 1908 eine phantastische Entdeckung. In einem der unteren Teile des Gebietes, auf dem Grunde einer Schlucht, legte er den Eingang zu einer unbekannten Gruft frei. Die Treppe in schöner Ausführung war breit und kündigte ein Grab von großen Ausmaßen an, das aber von einer riesigen Masse Geröll versperrt war, durch Sturzbäche hineingespült.

In den Ziertiteln stand ein berühmter Name: Haremhab. Er glaubte, daß er sich täuschte, da diese bekannte Persönlichkeit schon ein Grab in Memphis besaß. Tatsächlich war letzteres für den General Haremhab vorgesehen. Als er Pharao wurde, mußte er, dem Brauch zufolge, ein Grab im Tal graben lassen.

Ein verleumdeter Pharao

Zu viele Autoren haben Haremhab als den Liquidator der »amarnischen Erfahrung« geschildert; man hat ihn mit den

Zügen eines Verfolgers gezeichnet, und das amerikanische Kino hat aus ihm sogar einen gewalttätigen und angetrunkenen Haudegen gemacht.

Unter der Herrschaft Echnatons residierte Haremhab in der Sonnenstadt und erfüllte dort die Aufgaben des Generals. Er war nicht nur ein Militär, sondern auch ein königlicher Schreiber, ein Belesener und Verwalter von hohem Rang, in der Nähe des Pharao. Es scheint sogar, daß er den Posten des Premierministers eingenommen hat. Als ein Spezialist der Außenpolitik war er ein bemerkenswerter Gesetzgeber, der Umgangsformen reformierte, die ungerecht geworden waren.

Als Tutanchamun der Nachfolger Echnatons wurde, fuhr Haremhab fort, dem König zu dienen; er war ebenfalls der Diener Ajas, bevor er selbst gerufen wurde, den Thron Ägyptens zu besteigen, auf dem er etwa dreißig Jahre blieb (1323–1293). Seine friedliche und herausragende Herrschaft beschloß die XVIII. Dynastie und weihte auf gewisse Weise die XIX. Dynastie ein, für die Haremhab den Grundstein legte. Er war ein Monarch, der den Angelpunkt zwischen zwei Phasen der ägyptischen Geschichte bildete. Seine Verwaltungs- und Gesetzesreformen veränderten die Physiognomie des Landes und bereiteten die Jahre vor, in denen sich Setoy I. und Ramses II. auszeichneten. Es ist letzterer, der die Hauptstadt von Echnaton abreißen läßt.

Die Baumeister Haremhabs arbeiteten vor allem in Memphis und Karnak, wo sie drei Türme errichteten: den zweiten, der den Säulensaal zum Westen hin schließt, und den neunten und zehnten auf dem Prozessionsweg. Sie wurden mit kleinen Blöcken gefüllt, den *Talataten*, mit denen die Tempel des Aton erbaut wurden, die sich in der Osthälfte Karnaks erheben. In den Fundamenten dieser Türme hat sich Haremhab am Werk Echnatons orientiert.

Er reorganisierte die Mannschaften von Deir el-Medina, erhöhte die Anzahl der Handwerker und gab den Befehl, eine Reihe von Restaurierungsarbeiten an den Königsgräbern durchzuführen.

Eine aufregende Erkundung

Drei Tage waren notwendig, um durch das Geröll die unteren Partien des Grabes zu erreichen, zwei, um den Gang freizuräumen, einer, um den Brunnen zu überqueren. In seinem Bauplan markiert dieses Grabmal einen Bruch im Vergleich zur XVIII. Dynastie, als der rituelle Weg durch einen rechten Winkel gebrochen war. Das Grab von Haremhab nimmt einen direkten Weg, ohne Winkel, und bietet das »fehlende Kettenglied« zwischen den kleinen und geheimen Gräbern der XVIII. Dynastie und den großen Gräbern mit sichtbarem Portal, die der XIX. Dynastie angehören. Auf diesem Gebiet wie auf anderen erscheint Haremhab als der erste der Ramessiden. Nach dem Eingangsflur ließ er also die Richtungsänderung weg, und nach der Brunnenhalle begnügte er sich mit einer leichten Biegung, bevor es zum Begräbnisraum geht.

Eine andere aufsehenerregende Innovation war der Übergang von den Wandmalereien zu bemalten Reliefs, die sich in einem märchenhaften Konservierungszustand befanden. Sie leuchteten mit einem eigenartigen Licht und schienen aus dem Felsen herauszukommen. In dem Maße, wie die Räumungsarbeiten vorangingen, sah man Haremhab erscheinen, der Gottheiten mit erhabenen Gesichtern Opfergaben brachte; vor allem die Blautöne waren von einer Frische und einer erstaunlichen Schönheit. Außerdem wurde hier zum erstenmal das *Buch der Türen* enthüllt, ein esoterischer Text über die Umwandlungen des Lichtes.

Vier Säulen stützten die Decke des Begräbnisraumes, der mit Schutt angefüllt war. Trotz des Grabraubes blieben Fragmente eines Kanopengefäßes aus Alabaster, von Holzstatuen, eines Opferaltars aus Alabaster in der Form eines Löwen, eines Panthers aus Holz und von magischen Steinen erhalten.

Der Sarkophag, den vier Göttinnen beschützten, die sich in den vier Winkeln befanden, ähnelte dem des Aja; der Sarkophag von Tutanchamun ist kaum davon verschieden. Die Anwesenheit von Isis, Nephtys, Neith und Serket sollte das gute Gelingen des Prozesses der Wiederauferstehung und der Ablegung jeglicher Fesseln garantieren.

Auf der Wand über dem Sarkophag war in Schwarz eine Szene gemalt, die Osiris zeigt, der das Herz überprüft. Von seinem Urteil hing der Richtspruch über das Wesen ab, ob es gerufen war, im Paradies wiedergeboren zu werden oder zu verschwinden. Haremhab, der Gesetzesgeber, wollte unter diesem wichtigen Akt des göttlichen Gerichtes ruhen.

Im Sarkophag lagen menschliche Knochen, wie auch in der kleinen anhängenden Kammer: Es handelte sich wahrscheinlich nicht um die Reste der Mumie Haremhabs, die nicht gefunden oder nicht identifiziert wurde unter den Mumien, die aus dem Versteck von Deir el-Bahari stammen. Graffiti eines Schreibers geben Auskunft darüber, daß das Grab im Neuen Reich unterhalten wurde.

Ein Werkstattgrab

»Unvollendetes Grab« schreibt man oft in bezug auf die Gruft von Haremhab, weil bestimmte Szenen nur gezeichnet und nicht gemalt sind; auf anderen sieht man das Raster, das die Zeichner für die Umrechnung der Proportionen benutzt haben.

In dreißig Jahren der Herrschaft hatte Haremhab genug Zeit, sein Grab graben zu lassen, eine phantastische Verzierung vorzusehen und sie zu vollenden. Anscheinend ist das, was man sieht, so vom König gewollt. In Wirklichkeit ist dieses Grabmal eine Werkstatt, in der alle Stufen des Schaffens der Zeichner, der Maler und der Bildhauer enthüllt werden, von der weißen Oberfläche bis zur Farbe. Hier werden die Kunst der Proportionen und die heilige Geometrie gelehrt, wie sie von der Bruderschaft von Deir el-Medina praktiziert wurden. Das unterstreicht die Bedeutung des Grabes von Haremhab, das von diesem Standpunkt aus noch nicht mit Aufmerksamkeit untersucht wurde. Es wurde jedoch bemerkt, daß der Baumeister das Raster für die Proportionen und die Anzahl der Quadrate, die benutzt werden, um die Länge und Höhe der Figuren zu messen, verändert hat. Auch auf diesem Gebiet war die Herrschaft Haremhabs innovativ.

Ruhm und Niedergang von Ayrton

Die Pracht des Grabes von Haremhab beeindruckte alle, die das Glück hatten, es zu betrachten; für Ayrton war dies ein Erfolg, der den Scheitelpunkt seiner Laufbahn kennzeichnete. Ohne Zweifel erwartete er einige Achtung seitens seines Vorgesetzten; aber Davis hätte das Grab einer Königin und einen schönen Schatz aus seltenen und aufsehenerregenden Objekten bevorzugt.

Davis, der angefangen hatte, sich für Archäologie zu interessieren, beging einen schweren Fehler, als er es ablehnte, die wissenschaftlichen Notizen von Ayrton zu drukken. Ohne Zweifel fand letzterer, daß die Zeit gekommen war, um sich selbst mehr zur Geltung zu bringen. Er hörte auf, sich wie ein Lasttier zu benehmen, und stellte Forderungen, die Davis für inakzeptabel hielt.

Ayrton verließ also das Tal, das so freigebig mit ihm gewesen war, aber sein Schicksal verlief danach nicht günstiger. Die Bilanz seiner Arbeitsjahre (1905–1908) ist bemerkenswert, und es ist bedauerlich, daß Davis die Entdekkungen seines Archäologen so schlecht genutzt hat. Nicht ohne eine gewisse Nostalgie blättere ich die Seite des Abenteuers von Ayrton um, einem der größten Erforscher des Tales und, ohne jeden Zweifel, dem verkanntesten; er verstand es weder, für sich selbst zu werben, noch, seine Funde auszunutzen. Ayrton war gegangen, und Davis war in Schwierigkeiten.

30
Ein Künstler im Unglück und eine Königin-Pharao

Das Unglück von Jones

Davis nominierte für den Posten von Ayrton E. Harold Jones, der schon in der archäologischen Gruppe gearbeitet hatte. Der empfindliche Künstler hatte einen wenig gefestigten Charakter und gehorchte den Befehlen des Amerikaners. Dieser wollte, getreu seiner Strategie der totalen Abtragung, die Seiten der Schluchten und Hügel durchsuchen, die das Tal nach Westen begrenzen. Das Unternehmen schuf eine enorme Arbeit, die überhaupt kein Ergebnis zeigte.

Während der Jahre 1910 bis 1911 wurden andere, ergebnislose Ausgrabungen um das Grab von Amenhotep III. herum vorgenommen. Das Glück schien Davis verlassen zu haben, der nun nicht mehr einen Pharao pro Jahr entdeckte. Der unglückliche Jones mußte Wutausbrüche und schlechte Launen seines Chefs über sich ergehen lassen; während Ayrton Erfolg auf Erfolg häufte, bot der Künstler nicht ein einziges neues Grab. Er erkrankte und starb Ende März des Jahres 1911.

Setoy II., König von Ägypten; Baja, Kanzler; Tausret, Königin-Pharao

Im Jahre 1909 wurde das Grab von Tausret, das schon lange Zeit bekannt war, aufs neue untersucht. Um zu versuchen, die Persönlichkeit der Herrscherin des Endes der XIX. Dynastie zu verstehen, muß man das Durcheinander um sie herum entwirren.

Setoy II. regierte sechs Jahre lang (1202-1196); entweder folgte er Amenmesse, der das Grab Nr. 10 belegte, oder die Herrschaft des letzteren verlief parallel zu der Setoys. Kein dramatisches Ereignis kennzeichnete diese Periode. Arbeiten wurden in Karnak und in Hermapolis, der Stadt von Thoth, unternommen. Dennoch ist das Grab von Setoy II., dessen Mumie im Versteck von Amenhotep II. wiedergefunden wurde, sehr bescheiden (Nr. 15). Es hat keinen Brunnen, und der ursprüngliche Gang scheint in die Sarkophagenhalle umgewandelt worden zu sein. Daß der König in Hast einbalsamiert wurde und die Verzierungen schnell ausgeführt wurden, aufgrund der politischen Unruhen, ist nur eine Hypothese, um so mehr, da das Datum der Entdeckung des Grabes unbekannt ist.

Beim Tode Setoys II. war der designierte Pharao, Siptah, zu jung, um zu regieren; man zählt trotzdem sechs Jahre der Herrschaft (1196-1190). Er wurde im Grab Nr. 47 begraben. In Wirklichkeit war es Tausret, die die Macht ausübte, zunächst in Begleitung von Siptah, danach zwei Jahre lang allein (1190-1188). Sie war die große Königsgemahlin von Setoy II. und in dieser Rolle bestens informiert über die Geschäfte des Königreiches. An ihrer Seite war es der Kanzler, königlicher Schreiber und Schatzmeister, Baja, dem die Ehre widerfuhr, ein Grab im Tal zu bekommen (Nr. 13), das wenig bekannt und noch nicht durchsucht worden ist. Baja war ein Würdenträger höchsten Niveaus unter Siptah; ein Text teilt mit, daß er weit weg von Theben die Sehnsucht nach der großen Stadt und ihren herrlichen Frauen verspürte.

Ein Grab wurde also gegraben für Tausret, »die Mächtige«, die eine mit Hatschepsut vergleichbare Karriere hatte und die letzte Monarchin der XIX. Dynastie war. Es handelt sich sehr wohl um ein königliches Grab, unter Anwendung der besonderen Kriterien für die Messungen und Proportionen, und nicht um ein Grabmal für eine Königin.

Das Grab ist ein Meisterwerk. Da es zum Teil von Sethnacht verändert wurde, dem Nachfolger Tausrets, spricht man von Komplott, Intrigen am Hofe und anderen Dingen. Aber kein einziges Dokument untermauert diese Annahmen.

Sethnacht, der Begründer und Restaurator

Sethnacht, dessen Name »Seth ist siegreich« bedeutet, regierte nur zwei Jahre (1188–1186). Er begründete die XX. Dynastie, die dritte und letzte, deren Herrscher im Tal beigesetzt wurden. Entsprechend dem von jedem Pharao wieder aufgefrischten Mythos mußte er ein ruiniertes Land restaurieren und aufs neue die Ordnung an die Stelle der Unordnung stellen. Indem er sich in Beziehung zu Seth setzt, unterstreicht er die Mächtigkeit des Kosmos, der fähig ist, alle sichtbaren oder unsichtbaren Hindernisse aus dem Weg zu räumen. Im Namen dieser Macht und dank ihrer vernichtete er die Aufwiegler und verjagte die Feinde, vor allem die Asiaten, die versuchten, Ägypten einzunehmen.

Dieser Restaurator der Harmonie veränderte nicht die Regierung, und das Land fuhr fort, in Frieden zu leben. Sehr früh nominierte Sethnacht den zukünftigen Pharao Ramses III. zum »Prinzen« und »überlegenen Mund« des Territoriums, Kommandant und Chef aller Armeen.

Nach einer sehr kurzen Herrschaft, die an diejenige von Ramses I. erinnert, der auch der Begründer einer Dynastie war, kehrte Sethnacht wieder zum Licht des Ursprungs zurück. Man vollendete für ihn, was für Osiris vollendet worden war, damit er in der Barke die himmlischen Paradiese durchqueren konnte. Im Grab Nr. 14, dem von Tausret und Sethnacht, gibt es, heiter und strahlend, die schönsten Gesichter ägyptischer Göttinnen.

Zusammenstoß der Gräber und erzwungene Heirat

Die Herrschaft von Sethnacht war zu kurz, als daß die Handwerker von Deir el-Medina Zeit gehabt hätten, sein Grab zu beenden. Sie hatten begonnen zu graben, aber ein Zwischenfall hielt sie davon ab weiterzugraben. Dieses »Projekt« eines Grabes (Nr. 11) mündete in das des Amenmesse (Nr. 10), als ob der vorherige Plan unvollständig oder falsch gewesen wäre. Die Erbauer, von der Zeit getrieben, entschlossen sich, das frische Grab von Tausret zu vergrößern und ihm ihren Nachfolger Sethnacht hinzuzufügen. Eine erzwungene Heirat, die sich durch eine herrliche Gruft vergegenständlicht, in die alle großen Texte eingeschrieben sind. Die Qualität der Darstellungen und die Schönheit der Farben lassen darauf schließen, daß die Bruderschaft in aller Ruhe gearbeitet hat, was der Hypothese von der inneren Unruhe widerspricht. Bestimmte Darstellungen von Tausret wurden mit Stuck bedeckt; heute ist die dünne Schicht heruntergefallen und die Königin-Pharao wiedererschienen.

Die Mumie von Tausret scheint verlorengegangen zu sein; die von Sethnacht wurde verlegt. Letzterer ließ wahrscheinlich die Grabmale Setoys II. und Siptahs restaurieren, zumindest führte er eine Folge von Bräuchen zu Ehren dieser Pharaonen ein, um als Begründer der Dynastie seine unmittelbaren Vorfahren zu ehren.

31
Carter, Amenhotep I. und der große Krieg

Die letzten Feuer von Davis

Theodore Davis war betagt und deprimiert. Mit fünfundsiebzig Jahren hatte er keine Lust mehr, ergebnislose Ausgrabungen zu finanzieren. Er hatte einen Nachfolger für den unglücklichen Jones gefunden; Harry Burton, am 13. September 1879 in Stamford, in Lincolnshire geboren, war sogar ein Freund. Davis traf ihn in Florenz, wo er als Kunstphotograph arbeitete. Er engagierte ihn 1910, obwohl Burton überhaupt keine archäologische Erfahrung hatte. Der ruhige, liebenswürdige, ausgeglichene, geschmackvoll gekleidete und mit vernünftigem Menschenverstand ausgestattete Harry Burton vermochte es nicht, seinem Chef die Hoffnung zurückzugeben. Seit zwei Grabungsperioden war nichts mehr entdeckt worden.

Der Amerikaner konnte trotzdem stolz auf sich sein. Im Laufe von zwölf Jahren hatte er an die dreißig Gräber freilegen lassen, unter denen sich eine beeindruckende Anzahl von Meisterwerken befindet; sein Name war auf immer mit dem Tal verbunden, selbst wenn die eigentliche Arbeit durch andere gemacht worden war.

Der Winter 1912 sollte die letzte Ausgrabungssaison sein. Davis hatte eine Gewißheit erlangt: Nach den enormen Räumungsarbeiten, die auf systematische Art und Weise von seinen Archäologen durchgeführt wurden, hätte ihm kein einziges Königsgrab entgehen können. Diesmal hatte das Tal all seine Geheimnisse preisgegeben.

Eine Kleinigkeit machte ihm zu schaffen: Ein englischer

Lord, Carnarvon, und sein Archäologe, Carter, wollten die Konzession erwerben. Daß man versuchte, seinen Platz einzunehmen, war ungehörig. Um die Störenfriede zu entmutigen, befahl er Harry Burton, einige Grabmale, die schon ausgegraben waren, zu reinigen. Zurück in Newport, in den Vereinigten Staaten, verzichtete Davis nicht auf sein Recht auf das Tal, in dem seine Angestellten bis zum Verschwinden ihres Chefs im Jahre 1915 weiterarbeiteten.

Harry Burton, der offizieller Photograph des Metropolitan Museum of Art geworden war, beschäftigte sich mit den thebanischen Monumenten. Als exzellenter Techniker stellte er mit zwei Assistenten ungefähr siebentausendfünfhundert Platten her, darunter vierzehnhundert vom Grabe Tutanchamuns, in dem er an der Seite Carters arbeitete. Er starb am 27. Juni 1940 im amerikanischen Hospital von Assiut und wurde auf dem kleinen amerikanischen Friedhof am Fuße des Hügels beigesetzt.

Howard Carter: die Rückkehr

Carter hatte nicht aufgehört, die Gruppe von Davis zu beobachten. Seit mehreren Jahren sammelte er eine großartige Dokumentation über das Tal, entwarf die vollständigste Karte und wußte, daß mindestens ein Grab auf der Liste fehlte: das von Tutanchamun. Die Indizien waren klar und stimmten überein.

Im März 1914 wurde das Tal Opfer von sintflutartigen Regenfällen; das Grab von Ramses III. wurde überschwemmt und das von Ramses II. mit neuen Gesteinsmassen angefüllt. Carter war sich der Maßnahmen bewußt, die getroffen werden mußten, aber was konnte man ohne offizielle Autorisierung tun?

Diese lag in den Händen von Gaston Maspero. Wie Davis war Maspero betagt und erschöpft. Das heilige Feuer der

Archäologie war erloschen; mit Ehren überhäuft, fühlte der alte Gelehrte sich müde. Nach vierzehn Jahren an der Spitze des Antiquitätendienstes hielt er seine Mission für ausgeführt. Er hatte den Dienst umorganisiert, die Sammlungen des Kairoer Museums entwickelt, ausgezeichnete Beziehungen zu den britischen Autoritäten unterhalten, sogenannte Werke der »Vulgarisation« geschrieben, die ihn berühmt gemacht haben und zugleich die Anziehungskraft des alten Ägypten verbreitet haben. Der Zeitpunkt des Abschieds war gekommen; Maspero entschloß sich, nach Europa zurückzukehren.

Vor dem Sommer 1914 mußte er eine gewisse Anzahl von Problemen lösen. Eines davon hieß Howard Carter. Starrköpfig und voller Eifer war sein ehemaliger Inspektor entschlossen, gegen Freund und Feind im Tal zu graben, wo nach Meinung Masperos und der Gemeinschaft der Spezialisten alle Untersuchungen enttäuschend verlaufen würden.

Da Davis nach Amerika gegangen war, bestand Carter darauf; Maspero gab nach. Lord Carnarvon war ein Mäzen von Qualität; außer seinem Wissen über Ägypten hegte er eine gewisses Interesse für die ägyptische Kunst und war eine getreue Stütze für den Archäologen. Sie bildeten zu zweit ein tolles Team.

Maspero unterzeichnete einen Vertrag mit Lord Carnarvon; das Dokument erlaubte es, Ausgrabungen im Tal zu unternehmen. Für Carter war das ein großer Sieg; nach so vielen schwierigen, entmutigenden Jahren erhielt er endlich, was er so herbeigesehnt hatte. Nun stellte sich seiner Berufung nichts mehr in den Weg.

Der Vertrag sah vor, daß Lord Carnarvon die Ausgrabungen finanzierte und daß, wenn er ein unberührtes Königsgrab entdeckte, dies das Eigentum der ägyptischen Regierung bleiben sollte; dennoch würden ihm bei der Teilung der Objekte einige als Entschädigung zugesprochen werden. Maspero glaubte natürlich nicht eine Sekunde an die Möglichkeit eines solchen Ereignisses. Jeder wußte, daß alle Königsgräber ausgeräubert worden waren.

Die Projekte von Carter waren grandios: Er hätte dreihundert Männer benötigt, um den enormen Abraum wegzuräumen, den Davis auf den unerforschten Gebieten am Boden des Tales angehäuft hatte. Carter dachte, daß sich die noch verborgenen Gräber unter dem Felsen befanden.

Mit bemerkenswerter Intuition, durch seine tiefe Kenntnis des Ortes genährt, wollte Carter mit der Untersuchung des Dreiecks beginnen, das durch die Gräber von Ramses II., von Merenptah und von Ramses VI. begrenzt war. Die Idee war ausgezeichnet, aber ein historisches Ereignis verschob das Abenteuer.

Im August 1914 begann der Erste Weltkrieg.

Das Grab von Amenhotep I.

Carter und Carnarvon erlebten den Krieg verschieden. Carter war für einige Zeit »Sendbote des Königs« für den Nahen Osten, aber wegen Ungehorsam wurde er von seinem Posten enthoben und kam so schnell wie möglich ins Tal zurück, wo er die Erkundungen mit den vorhandenen Mitteln begann. Der Archäologe, dessen Geist vollständig von seiner Leidenschaft beherrscht war, schien kaum vom Konflikt betroffen zu sein, der Europa entflammte. Der Lord war, im Gegenteil, besessen vom Gedanken, seinem Land zu dienen. Er versuchte, sich einberufen zu lassen, aber sein Gesundheitszustand verbot es ihm, an die Front zu gehen. Als guter Photograph stellte er seine Talente in den Dienst der Armee. Sein Schloß von Highclere beherbergte verwundete Offiziere. Ägypten und das Tal standen nicht mehr in der ersten Reihe der Sorgen Carnarvons.

1914, bevor der Krieg erklärt wurde, hatte Carter ein interessantes Grab in Dra Abu el-Nagah, außerhalb des

Tales entdeckt; er war überzeugt, das Grabmal des zweiten Königs der XVIII. Dynastie und des ersten Amenhotep entdeckt zu haben, dessen Herrschaft zwanzig Jahre (1526–1506) währte.

Die Mumie dieses Pharaos, der von den Handwerkern von Deir el-Medina so geliebt wurde, daß sie ihm einen Kult widmeten, wurde im Versteck von Deir el-Bahari wiedergefunden, umhüllt von einer orange farbenen Leinwand mit einer Maske aus Holz und Pappe; sie war bedeckt mit Girlanden aus blauen, gelben und roten Blumen.

Trotz seiner Namen, »Stier, der das Land unterwirft« und »Der, der große Furcht einflößt«, war Amenhotep I. nach dem Befreiungskrieg, der von seinem Vorgänger Ahmose geführt wurde, ein friedlicher König. Er kümmerte sich vor allem um die ältesten Traditionen, auf deren Basis er das *Amduat* zusammenstellen ließ, das *Buch der verborgenen Kammer*, das für die Königsgräber des Tales bestimmt war. In Karnak gibt es eine Kapelle aus Alabaster von Amenhotep I., ein Ruhealtar für die göttliche Barke; einer der Verdienste dieses Pharaos besteht darin, die Bruderschaft von Deir el-Medina organisiert zu haben und so die Schaffung des Tales vorbereitet zu haben. Die Feier des gottgewordenen und auferstandenen Königs war eine der freudigsten des Kalenders, dessen siebenter Monat den Namen »Jener Amenhoteps« erhielt.

Hatte Carter tatsächlich das Grab dieses Pharaos wiedergefunden, von dem man wußte, daß es sich »der Horizont der Ewigkeit« nannte? Einige Ägyptologen bestreiten dies, darunter F.-J. Schmitz, für den das Grabmal Amenhoteps I. das Grab Nr. 320 war, das von Inhâpi wiederbenutzt wurde, anders gesagt, das berühmte Versteck von Deir el-Bahari.

Von 1915 bis Ende 1917 wanderte Carter durch das Tal, vervollständigte seine Karte, las aufs neue seine Notizen und Akten und bereitete sich auf den großen Tag vor, an dem Lord Carnarvon ihm endlich die Mittel geben würde, um die Ausgrabungen zu beginnen. Beim Durchschreiten des Tales, das sich auf der westlichen Seite des Gipfels befindet, entdeckte er das kleine Grab der Prinzessin Neferu und ein anderes bescheidenes Grabmal, das der großen Königsgemahlin Hatschepsut, bevor diese in den Rang der Pharaonin erhoben wurde.

Mit dem Tode Masperos im Jahre 1916 war eine ganze Epoche der Ägyptologie beendet. Die Zeit der Abenteurer hatte sich verändert; niemand grub mehr in Ägypten wie einst Belzoni. Ein administrativer Rahmen, der Antiquitätendienst, war eingerichtet worden; die Ära der wilden Erkundungen und systematischen Grabräuberungen war beendet, selbst wenn der Handel mit Antiquitäten noch ergiebige Tage vor sich hatte.

In den letzten Monaten des Jahres 1917 wußte Carnarvon, daß der Sieg den Alliierten nicht entgleiten würde; sein Geist wandte sich aufs neue in Richtung Ägypten, dem Tal der Könige zu.

32
Von der Schwärmerei zur Niederlage: Die Niederlage Carters

Carter, der Verrückte

Im Dezember 1917 zog Carter, weit weg vom Lärm der Waffen, in ein schönes Haus am Westufer und richtete dort sein Hauptquartier ein. Um seine Inbesitznahme deutlich zu kennzeichnen, wandelte er das Haus der Ausgrabungen von Davis in ein Lager um; im Inneren entdeckte er einen Plan des Tales, der von Ayrton angelegt worden war; er stellte fest, daß er mehr wußte als der Archäologe des Amerikaners und daß er fähig war, dieses Dokument zu vervollständigen.

Carter hatte viele Neider. Er war nur ein Autodidakt, besaß keine Universitätsdiplome, kam nicht von einer bekannten Hochschule, und trotzdem war er der Verantwortliche einer gut finanzierten Mission geworden und mit neuen technischen Mitteln ausgestattet, wie dem Decauville, einem System, das aus einer verlegbaren Schiene bestand, auf der man einen Waggon fahren lassen konnte, der mit Geröll beladen war.

In dem kleinen Milieu der Ägyptologie wußte man, daß Carter der beste Spezialist des Tales war; aber man machte sich lustig, da er trotz seiner Erfahrung vergaß, worüber sich die Wissenschaftler schon geäußert hatten: Es gab kein einziges unentdecktes Grab mehr im Tal. Dieser verrückte Carter engagierte sich für eine unerfüllbare Mission, aus der er lächerlich und geschlagen hervorgehen würde.

Die erste Kampagne

Carter stellte als Reis Ahmed Girigar ein, seinen alten Freund. So war er sicher, unter seinem Befehl eine Gruppe von ernsthaften und treuen Arbeitern zu haben. Die Arbeiten begannen im Dezember 1917 an der Stelle, die den Archäologen schon lange beschäftigte, zwischen den Gräbern von Ramses VI. und Meremptah.

Es dauerte einen guten Monat, die Geröllmassen wegzuräumen, die den Grabungsort versperrten. Der offene Kippwaggon von Decauville erwies sich als sehr nützlich. Entgegen seinen Vorgängern begnügte sich Carter nicht damit, einen Haufen wegzuräumen und einen anderen zu machen. Er ließ den Schutt aus dem Tal bringen, damit er auf einem Gebiet abgeladen wurde, in dem schon gegraben worden war. Zum ersten Mal wurde in großem Stil eine intelligente Methode angewandt.

Außerdem war Carter der erste Archäologe, der sich für den Inhalt des Abraums interessierte; in dieser Masse verbargen sich Fragmente von Antiquitäten, von denen der Engländer eine Liste angefertigt hat; die bescheidenen Reste erlaubten es manchmal, interessante Schlußfolgerungen zu ziehen.

Seit der ersten Kampagne stieß der Engländer auf Gegner, die er mehr und mehr verfluchte: Touristen. Der große Krieg war noch nicht zu Ende, da kamen die Besucher schon wieder nach Ober-Ägypten und flanierten im Tal der Könige. Sie besuchten vor allem das Grab von Ramses VI., das für die Schönheit seiner geheimnisvollen Figuren bekannt war, und störten so die Ausgrabungsmannschaft. Besorgt um die Sicherheit der Eindringlinge fragte sich Carter, ob diese Neugierigen nicht in das dreißig Fuß tiefe Loch fallen würden, das er hatte ausheben lassen, und ordnete den Bau von Schutzzäunen an.

Carter erreichte eine bis dahin noch unbeachtete Stelle des Tales; er bemerkte, daß der Eingang zum Grab von

Ramses VI. fünfzehn Fuß unterhalb des ursprünglichen Bodens geöffnet gewesen war. Zwölf Fuß unterhalb dieses Eingangs erschienen Reste von rudimentären Hütten aus Stein, die von ihren Erbauern bewohnt worden waren. Man fand dort einige Stücke Blattgold, Glasperlen und eine Vase, die den Kadaver einer getrockneten Schlange enthielt, das Symbol des Schweigens und des Geistes der Erde.

Seit Anfang 1918 stellte sich Carter die grundlegende Frage, ob er weitergraben sollte und etwas unter den Hütten entdecken konnte. Um darauf zu antworten, hätte er den Weg, der zum Grab Ramses VI. führt, abschneiden und den Touristen den Zugang dazu verbieten müssen. Das schien zu kompliziert zu sein.

Am 2. Februar 1918 ging die erste Ausgrabungskampagne zu Ende, und Carter entfernte sich vom Grab von Tutanchamun, das ganz nahe war.

Zweite Kampagne

Ägypten hatte unter dem großen Krieg gelitten; 1918 gab es im Lande mehr Todesfälle als Geburten. Eine enorme Inflation unterhöhlte die geschädigte Wirtschaft, und das Land war auf dem Weg in eine moralische Notlage, aus der dennoch die Hoffnung wuchs, die nationale Unabhängigkeit zu erlangen.

Die Begeisterung von Carter blieb unbeschädigt, sein Verhalten war nicht das eines Schatzsuchers, sondern das eines in das Tal verliebten Wissenschaftlers. So grub er im Februar 1919 fünf Tage lang vor dem Grab Nr. 38, jenem von Thutmosis I., um eine Fundamentsablagerung zu finden, die die Zuordnung des Grabes beweisen würde. Das magere Ergebnis bestand natürlich aus dem Depot, aber die hieroglyphischen Inschriften waren ausgewischt.

Im Jahre 1919 erfüllte Carter eine ganz andere Mission.

Auf dem Antiquitätenmarkt waren die zwei wohlhabendsten Käufer Lord Carnarvon und das Metropolitan Museum von New York; wenn sie sich gegenüberstanden, liefen sie Gefahr, die Preise in die Höhe zu treiben. Carter war der Mann des Augenblicks und der Vermittler. Als Archäologe von Carnarvon hatte er mehrere Freunde unter den amerikanischen Ägyptologen; er wurde also der Experte, der damit beauftragt war, die Antiquitäten zu kaufen und sie mal seinem Chef, mal dem Museum vorzuschlagen, indem er ein Nicht-Konkurrenz-Abkommen durchsetzte. Carnarvon verkaufte über Carter sogar einen Teil seiner Sammlungen an das Museum. Bei dieser Gelegenheit zeigte der Aristokrat sich freigebig, und der Ägyptologe kannte endlich eine gewisse materielle Sicherheit.

Weder Carnarvon noch Carter, die doch Engländer waren, verhandelten mit dem British Museum, dessen Autoritäten eine abfällige Haltung einnahmen; Carter war nicht von einer großen Universität diplomiert und würde von den mit Titeln versehenen Kollegen nicht anerkannt.

Ein Vermögen für dreizehn Vasen

Carnarvon wurde etwas ungeduldig; die Ausgrabungen waren sehr teuer und die Ergebnisse eher mager: weder ein Grab noch wertvolle Objekte. Wie es schon Davis bestätigte, war das Tal wohl ausgeschöpft.

Ende Februar des Jahres 1920 entschlossen sich Lord Carnarvon und seine Gemahlin, begleitet von ihrer Tochter Eve, ihre Grabungsstelle zu besichtigen. Eve war begeistert und enthusiastisch, Lady Almira war reservierter. Was Carter betrifft, so war er wirklich beunruhigt; was sollte er ihnen zeigen, wenn nicht die riesige Arbeit eines Technikers, die Unkundigen kaum etwas sagt?

Er hatte Glück. Vor der Ankunft des Trios grub Carter

vor dem Eingang des Grabes von Ramses IV. und fand ein Fundamentsdepot. In der Nähe der Gräber von Merenptah und Ramses II. brachte er ein Versteck an den Tag, das Objekte enthielt, die bei den Begräbnisfeierlichkeiten des Königs Merenptah benutzt wurden. Unter ihnen waren dreizehn Vasen aus Alabaster von sehr schöner Ausführung. Es war Lady Almira, die sie mit ihren eigenen Händen aus der Erde holte.

Der Jesuit und der Archäologe

Entsprechend der herrschenden Rechtsprechung mußte Carter den Direktor des Antiquitätendienstes benachrichtigen. Letzterer war der französische Jesuit Pierre Lacau, ein hervorragender Philosoph, exzellenter Kenner der religiösen Texte und mit Leib und Seele Funktionär. Zwischen dem Mann der Tat und dem Stubengelehrten gab es keinen Draht, sie sahen die Welt nicht auf die gleiche Art, und außerdem stand ihnen ihre jeweilige Nationalität im Weg, die Dinge einvernehmlich zu arrangieren.

Ohne sich dessen bewußt zu sein, machte sich Carter einen Feind von großem Einfluß; nicht nur, daß Lacau ihn nicht mochte, er hatte sogar beschlossen, den geringsten Fehltritt zu sanktionieren. Was die Teilung der dreizehn Vasen zwischen Carnarvon und dem Museum von Kairo betraf, so gab es keinen Konflikt; Lacau zeigte sich vermittelnd und akzeptierte, daß der Aristokrat einige der heiligen Behältnisse als Entschädigung für das in die Ausgrabungen investierte Geld erhielt.

Ein schönes Weihnachten 1920

Carter verfolgte ohne große Resultate seine Untersuchungen in der Nähe des Grabes von Merenptah und beschäftigte sich danach mit der Reinigung des Grabes von Ramses XI., das als Speisesaal und Lager für französische Weine und andere Annehmlichkeiten verwendet wurde. Im ersten Gang waren Tische und Stühle aufgestellt, die Lord Carnarvon bei seinem Empfang zum Jahresende nutzte. Das war ein schönes Weihnachten: Kann man sich vorstellen, an einem vornehmeren und noch raffinierteren Ort zu feiern?

Zur gleichen Zeit unternahm Carter Sondierungen ganz in der Nähe der Hütten der Arbeiter, an der Seite des Eingangs zum Grabe Ramses' VI. Diese Anordnung machte ihn neugierig, aber die Graber störten den Verkehr der Touristen, die zu dieser Jahreszeit zahlreich waren. Während er sich also erneut dem Ziel näherte, mußte der Archäologe wieder die Arbeit in diesem Gebiet einstellen und seine Mannschaft zu einer Schlucht dirigieren, die zum Grab Thutmosis' III. führte.

Er fand Fragmente einer Kanopenvase, die aus der Begräbnisausstattung des Grabes von Sennufer (Nr. 42) stammte, das erste, das Carter zwanzig Jahre vorher entdeckt hatte, als seine Erkundung des Tales begonnen hatte. Unter seinen Trophäen befand sich auch das Fundamentsdepot der Königin Meryt-Rê Hatschepsut, der Gemahlin Thutmosis' III. und Mutter Amenhoteps II.

Der Himmel bezieht sich

Anfang 1921 ließ Carter zwischen dem Grab Nr. 55 und dem von Ramses II. graben; er wendete immer dieselbe Methode an: abräumen, um den Felsen und das älteste Niveau des Tales zu erreichen.

Die Ausgrabung war nicht völlig ergebnislos. Er fand ein Fragment einer Kanopenvase mit dem Namen der Königin Takhat, der Gemahlin von Setoy II., und ein kleines Versteck für Objekte, das vor allem Rosetten aus Bronze enthielt. Das war wenig im Verhältnis zu den hohen Summen, die von Lord Carnarvon investiert worden waren. Letzterer wurde ungeduldig und zog Schlußfolgerungen. Da die professionellen Qualitäten Carters außer Frage standen, hatte das Tal nichts mehr zu bieten.

Im Februar 1922 leitete Carter eine kurze Kampagne von einem Monat, um die Kosten gering zu halten; er begann die Arbeit im Osten des Grabes von Siptah und drehte sich im Winkel zu der Schlucht des Grabes von Thutmosis III. Aus dem Boden holte man nur einige Ostraka (Tonscherben). Der beste Kenner des Tales hatte also kein einziges neues Grab entdeckt, obwohl er über materielle Mittel verfügte, einen ausgezeichneten Reis und eine gute Mannschaft von Arbeitern hatte und die Ausgrabungen nach Methode leitete.

Die Hoffnung wurde kleiner.

Das Treffen von Highclere

Im Verlauf des Sommers 1922 hielt Carter sich in Highclere auf, dem Schloß Lord Carnarvons. Der Aristokrat stellte zu seinem großen Bedauern das Scheitern des Unternehmens fest; hatten sich Carter und er nicht in ein etwas verrücktes Abenteuer eingelassen? Sie hatten vernachlässigt, daß das Tal schon in alle Richtungen durchgraben worden war und daß es kein Grab mehr zu entdecken gab. Carnarvon bedauerte nichts, aber sein Reichtum war nicht unerschöpflich.

Carter erwartete eine solche Rede. Er war achtundvierzig Jahre alt und dachte, daß das Glück ihn verließ. Das Tal der

Könige – davon hatte er so oft geträumt! Und das Tal war es, das ihm die größte Niederlage einbrachte. Aber gab man einem Verurteilten nicht noch eine letzte Chance? Carnarvon war sechsundfünfzig Jahre alt, er war krank, müde, und er hatte genug davon, unergiebige Ausgrabungen zu finanzieren; aber Carter verteidigte seine Sache gut. Er erzählte ihm von den Hütten der ramessidischen Arbeiter. Vor dem definitiven Aufhören wollte er sicher sein, was sich darunter verbarg. Wenn er nichts entdeckte, sollte das das tatsächliche Ende des Abenteuers sein.

Die Begeisterung Carters riß Carnarvon ein erneutes Mal mit. Er würde also ohne die geringste Hoffnung eine letzte Saison finanzieren.

33
Tutanchamun oder Der Triumph Carters

Die große Stille vom 5. November 1922

Carter begann seine letzte Ausgrabungssaison im Tal der Könige, ohne sich um die Welt um sich herum große Sorgen zu machen; Ägypten wurde jedoch im Jahre 1922 durch Revolten und den Willen zur Unabhängigkeit erschüttert, die immer heftiger wurden. Natürlich hielten die Engländer noch die Stellung, aber ein so gescheiter Mann wie Lord Carnarvon wußte, daß die Situation dabei war, sich in unumkehrbarer Weise zu verändern. Howard Carter kümmerte dies kaum. In jenem Herbst 1922 spielte er seine letzte Karte. Seine erste Aufgabe bestand darin, den Zugang zum Grabe Ramses' VI. abzuschneiden, um die Erkundungen in der Tiefe zu verfolgen. Diesmal hatten die Touristen das Nachsehen.

Treu seiner Ausgangsidee konnte er endlich unter den ramessidischen Überbleibseln graben und ein früheres Niveau erreichen, das sicher aus der XVIII. Dynastie stammte; dort war nur eine bescheidene Fundamentablagerung.

Am 5. November 1922, als Carter auf der Ausgrabungsstelle ankam, bemerkte er sofort die ungewöhnliche Stille. Die Abwesenheit von Lärm, Liedern und Worten war nicht normal. Ein außergewöhnliches Schweigen, ein außergewöhnliches Ereignis.

Ein Arbeiter hatte gerade eine Stufe freigelegt. Carter gab die Anweisung weiterzumachen. Eine zweite Stufe erschien, dann eine dritte... bis zur zwölften. Der Archäologe verglich diese Treppe mit der des Grabes Nr. 55 und mit jener des Grabmales von Juja und Tuja; ohne jeden Zweifel stammte sie aus der XVIII. Dynastie und führte wahrscheinlich zu einem Versteck. Die Stufen waren gut gehauen und ließen auf eine Gruft von guter Qualität hoffen.

Voller Emotionen schritt Carter diese dreitausend Jahre alte Treppe hinunter und stieß auf eine anscheinend nicht aufgebrochene Tür, auf die die Siegel der Totenstadt gedrückt waren. Er glaubte zu träumen. Hatte er ein unberührtes Königsgrab entdeckt, das einzige des Tales? Das war bestimmt eine Fata Morgana. Er mußte überlegen, seine Begeisterung bremsen. Ein einfaches Versteck, natürlich, eine zerstörte und ausgeraubte Gruft wie die anderen.

Carter bohrte ein Loch. Auf der anderen Seite lag ein Gang. Der Traum wurde Wirklichkeit.

Ohne Zeit zu verlieren, sandte er ein Telegramm an Carnarvon: »Phantastische Entdeckung im Tal. Ein herrliches Grab mit ungebrochenem Siegel.« In Erwartung des Aristokraten mußte man den Ort beschützen. Carter hatte nützliche Hilfe im Reis Ahmed Girigar; er wandte sich auch an seinen Freund Callender, einen Riesen in Rente, der die ägyptische Eisenbahn geleitet hatte. Calleder kam sofort; er würde die Diebe vertreiben und nicht zögern, auf jeden zu schießen, der versuchen sollte, in die Gruft zu kommen. Für mehr Sicherheit wurde die Treppe gefüllt und Schutt darüber verteilt. Auf den Berg legte Carter einen großen Stein, auf den er das Wappen Lord Carnarvons zeichnete.

Tutanchamun, endlich

Am 23. November 1922 ließ Carter in Anwesenheit seines Chefs und Freundes erneut die Treppe freiräumen und, zum ersten Mal, das Unterteil der Tür. Da fanden sich auch die Siegel der Nekropole und vor allem ein lesbarer königlicher

Ziertitel. Der Eigentümer dieses Grabes war also mit Bestimmtheit identifiziert: Tutanchamun!

Die Gefühle waren auf ihrem Höhepunkt. Ein ganzes Dasein voller Mühen, Leiden und Suche war von diesem Augenblick erfüllt. Carter war zu der theoretischen Schlußfolgerung gelangt, daß das Grab dieses kaum bekannten Königs der XVIII. Dynastie mit Sicherheit im Tal gegraben worden war. Von nun an handelte es sich nicht mehr um eine Theorie, sondern um Realität.

Die aufmerksame Untersuchung der Tür kühlte die Begeisterung ab; sie war geöffnet und danach wieder versiegelt worden. Bedeutete dies nicht, daß Diebe eingetreten waren? Es sei denn, die Autoritäten der Totenstadt hätten nach dem Begräbnis eine Inspektion vorgenommen.

Carter studierte die Fragmente der vor der Tür angehäuften Objekte. Er entnahm die Namen Thutmosis' III. und Amenhoteps III. auf Skarabäen, den von Echnaton und Semenchkare auf Fragmenten von Holzschachteln. Es handelte sich wahrscheinlich nicht um ein Grab, sondern um ein Versteck, vergleichbar mit dem »Grab« Nr. 55, in dem man Objekte und Mumien versteckt hatte. Da blieb noch der Ziertitel von Tutanchamun.

Und das Gold glänzte in der Dunkelheit

Die Haltung des Antiquitätendienstes war überraschend. Lacau, der mit administrativen Arbeiten beschäftigt war, wollte sein Kairoer Büro nicht verlassen; wahrscheinlich dachte er, daß Carter ein kleines Grabmal ohne Bedeutung ausgegraben hatte. Was den Ortsinspektor betrifft, den kühlen und steifen Rex Engelbach, so interessierte sich der kaum für die Ausgrabung. Carnarvon und Carter standen also allein vor der 1,70 Meter breiten und einen Meter dikken Tür.

Als sie entfernt war, zeigte sich ein 7,60 Meter langer Gang voll Schutt. Es brauchte zwei Tage Arbeit, um ihn zu leeren, zwei Tage, in denen Carter wohlbedacht die Fragmente von Antiquitäten notierte, die in diesem Magma lagerten, vor allem der Kopf eines jungen Mannes, der aus einer Lotosblume wuchs. Er erinnerte gleichermaßen an den Gott Nefertum und die erfolgreiche Wiederauferstehung.

Der Gang wurde durch eine zweite versiegelte Tür beendet, die die verrückte Hoffnung größer werden ließ. Mit Vorsicht ging Carter an die Öffnung der Tür und sah mit Hilfe einer zusammengebastelten Beleuchtung dahinter.

Lord Carnarvon wurde ungeduldig; »Sehen Sie etwas?« fragte er. »Ja«, antwortete Carter, im Schockzustand, »phantastische Dinge!« Die Dunkelheit war angefüllt mit eigenartigen Figuren, phantastischen Tieren, Statuen, einer unglaublichen Anzahl von wertvollen Objekten, kurz, dem märchenhaftesten Schatz, der jemals in Ägypten entdeckt wurde.

Die schönste Liebesgeschichte des Tales

Carter triumphierte. Er wußte nicht, daß nun ein langer Leidensweg kommen würde, der zehn Jahre, von 1922 bis 1932, dauern sollte; weit davon entfernt, als der beste Archäologe seiner Zeit angesehen zu werden, wird er vom Antiquitätendienst angegriffen und von den britischen Autoritäten geringgeschätzt werden, der Ungerechtigkeit und den politischen Veränderungen wird er standhalten und nach dem Tode Carnarvons allein weiterkämpfen müssen.

An diesem Ende des Jahres 1922 herrschte allein die Freude. Das Tal hatte Carter über seine Erwartungen hinaus geantwortet. Es hatte ihn für seine unendliche Geduld, seine methodische Annäherung und seine Verbissenheit belohnt.

Howard Carter, mit achtzehn Jahren »Ägypter« geworden, hatte nie aufgehört, das Tal, das Objekt all seiner Begierden, zu lieben. Er glaubte immer daran, sicher, daß sein Schicksal hier und nirgendwo anders war. Dem Mann, der es leidenschaftlich liebte, schenkte das Tal, was es als Schönstes und Außergewöhnlichstes besaß: das einzige unberührte Königsgrab.

34
Von den ersten Schätzen bis zum Tode Carnarvons

Teamgeist

Als ungebändigter und unabhängiger Geist war Carter ein bemerkenswerter Leiter. Er sprach arabisch und verstand es, die Arbeiter mit der unersetzlichen Hilfe seines Freundes Ahmed Girigar anzuweisen. Vor der Größe der Aufgabe verstand er es auch, sich mit Technikern wie dem Chemiker Lucas, dem Photographen Burton, dem Konservierungsspezialisten Mace, den Epigraphikern Gardiner und Breasted und vielen anderen zu umgeben. Carter begriff schnell, daß die Untersuchung eines unberührten Königsgrabes nicht die Sache eines einzelnen Mannes sein konnte. Natürlich blieb er das Oberhaupt der Operation unter allen Umständen, aber er delegierte nach bestem Wissen und Gewissen. Endlich war ein Archäologe gekommen, der entschlossen war, sich genügend Zeit zu nehmen und nicht so schnell wie möglich das Grabmal zu leeren.

Die meisten der Freunde Carters gehörten zum wissenschaftlichen Personal des Metropolitan Museum von New York; andere, wie Callender und Lucas, hatten offizielle Posten in Ägypten selbst bekleidet. Niemand bestritt die Autorität Carters; in den schlimmsten Momenten des Konflikts mit dem Antiquitätendienst und der ägyptischen Regierung unterstützten ihn die Mitglieder seiner Mannschaft und verteidigten seine Positionen. Mehrere Jahre lang erlebte die »Mannschaft Tutanchamun« aufregende Augenblicke, tagtägliche Wunder, mit einer ständigen Sorge: nichts zu zerstören und der Nachwelt die Schätze zu übermitteln, die der Dunkelheit entrissen wurden.

Das Grab spricht

Nachdem die zweite Tür überwunden war, durchquerten die Grabenden einen Raum von 8 Metern Länge und 3,60 Meter Breite, den Carter »Das Vorzimmer« nannte. Mit einem leichten Grausen hörten alle die Stimme des Grabes. Die Objekte, unter dem Schock der von außen eindringenden Luft, gaben befremdende Laute von sich, als ob sie aus einem dreitausend Jahre währenden Schlaf erwachten.

Die Mauern des Vorzimmers waren mit Gips geweißt und unverziert. Köfferchen, Sitze, Throne, vier zerlegte Wagen, Stöcke, Waffen, Alabastervasen, Szepter, Trompeten, vier Ellen, Schmuck, Kleider, Sandalen, Toilettengegenstände, rituelle Betten in Tierform und anderes gehörten zum Begräbnismobiliar des Königs Tutanchamun.

Die dritte Tür

In der Nordmauer des Vorzimmers tauchte ein vermauerter Durchgang auf, der erneut vom Siegel der Totenstadt gekennzeichnet war. Auf jeder Seite gab es zwei Statuen aus schwarz lackiertem Holz von 1,70 Meter Höhe, die den Zugang zu neuen Reichtümern hüteten. Stöcke, Schmuck, Hauben, Lendenschurz und Sandalen waren vergoldet. Diese Statuen stellten Tutanchamun selbst dar, in seiner Aufgabe als Hüter der Schwelle zur anderen Welt. Jeder, der sie überschreitet, im eisigen Rahmen des Museums von Kairo, empfindet immer noch eine tiefe Bewegung. Die Inschrift identifizierte die zwei Hüter als »königlichen *Ka* von Horus, der doppelten Landschaft des Lichtes, der Osiris Tutanchamun«. Jedes der Bildnisse war geschmückt mit einem Blumenstrauß, in dem auch Olivenzweige waren.

Ende Januar 1923 stellte Lord Carnarvon, der in das Tal zurückgekommen war, fest, daß die Räumung des Vorzimmers begonnen hatte. Carter wachte darüber, daß auch das kleinste Objekt mit einem Maximum an Sorgfalt behandelt wurde; das Grab von Setoy II., das einfach zu bewachen war, diente als Laboratorium und Zwischenlager, das von Ramses XI. als Speisesaal.

Nach Carter wurde das Tal zu einem richtigen Jahrmarkt, auf dem sich zweifelhafte Personen, sensationshungrige Journalisten, geschwätzige und undisziplinierte Touristen gegenseitig auf die Füße traten. Diese Masse war neugierig auf Informationen, beobachtete den kleinsten Schritt der Archäologen und behinderte sie bei ihrer Arbeit. Tutanchamun und Carter waren zu Berühmtheiten geworden, die nun die Last der Berühmtheit ertragen mußten. Eine viel zu schwere Last für die Schultern des Ägyptologen, der weder diplomatisch noch weltmännisch war. Wenn er diese ganze Gesellschaft aus dem Tal hinauswerfen und das Tal hätte schließen können, er hätte nicht einen Augenblick gezögert.

Der Raum mit dem Schatz

Zu linker Hand des Vorzimmers entdeckte Carter einen viel kleineren Raum, der eine unglaubliche Anzahl an zauberhaften Gegenständen enthielt. Am Eingang wachte ein Anubis, der auf einer großen Truhe ausgestreckt und in einen Leinenstoff gewickelt war, mit durchbohrendem Blick. Anubis kannte das Geheimnis der Wege in der anderen Welt und führte die Gerechten in das Labyrinth des Jenseits. Er bewachte die Schwelle zu diesem Schatz, wo Carter beeindruckt den Kopf der Kuh Hathor aus vergoldetem Holz bewunderte, ein Wesen aus schwarzem Holz auf einem schwarzen Panther, mehrere Schiffe, Juwelen, Armbänder, Ohrringe und ein Brustschild, die in Kisten geräumt waren, Spiegel, das Material eines Schreibers, einen Fächer aus dreißig Straußenfedern, hundertdreizehn Uschebtis, einen Heiligenschrein, von vier Göttinnen umgeben und beschützt, worin sich, in Kanopenvasen, die inneren Organe des Königs befanden, Krüge mit Wein und Bier, Körbe, die Obst, Blumen und diverse Nahrungsmittel enthielten. Diese Fülle von Raritäten stellte Carter vor große Probleme der Konservierung. Viele Objekte zerfielen zu Staub, wenn sie nicht richtig behandelt wurden.

Carter und seine Mannschaft überstürzten trotz dieser Zwänge nichts; Kollegen, die scheinbar guter Absicht waren, warfen ihnen Langsamkeit vor, verärgert, daß sie nicht an den Restaurierungsarbeiten teilnehmen konnten.

In dieser Schatzkammer entdeckte Carter überraschende Reliquien; zunächst zwei Föten von sechs und sieben Monaten, dann eine kleine Statuette aus massivem Gold von Amenhotep III. in einem vergoldeten Sarkophag und in einem anderen eine Locke goldbraunen Haares der Königin Teje. So waren die Eltern von Tutanchamun in seiner Bleibe für die Ewigkeit anwesend.

Der Besuch eventueller Diebe erschien mehr und mehr befremdlich. Was hatten sie gestohlen, wenn nicht Kosmetik und Salben? Einige Kisten, die untersucht wurden, waren nicht verschlossen. In Wirklichkeit war das Grab nicht angetastet worden, und man muß definitiv die Hypothese irgendeiner Ausräuberung ablehnen. Nach R. Krauss scheint es wahrscheinlicher, daß die Verwirrungen und Anomalien von Carter und den Mitgliedern seiner Mannschaft selbst verursacht worden waren.

Zweifel und Konflikte

Carter verbarg Carnarvon nicht seine Beunruhigung; der Plan dieses Grabes war ungewöhnlich. Keine andere königliche Gruft sah ihm ähnlich. Es war schwer, sich vorzustellen, daß sich hinter der dritten versiegelten Tür der Sarkophag eines Pharaos befand. Carnarvon hatte andere Sorgen; Pierre Lacau stellte den mit Maspero geschlossenen Vertrag in Frage hinsichtlich der Teilung der Objekte. Niemand hatte das Ausmaß und die Qualität des Schatzes vorhergesehen. Der Aristokrat war mit dieser Änderung nicht einverstanden. Die Ausgrabungen hatten viel Geld gekostet, und die Leerung des Grabes, die erstmals seriös durchgeführt wurde, erforderte eine nicht unerhebliche Finanzierung. Warum sollte man unter solchen Bedingungen nicht das gegebene Wort respektieren können? Lacau entgegnete mit einer neuen Reglementierung, die auf das Grab von Tutanchamun angewendet würde. Lord Carnarvon, in der Annahme viel Zeit zu haben, verhielt sich diplomatisch und stritt nicht mit dem Direktor des Antiquitätendienstes.

Die Öffnung der dritten Tür

Am 17. Februar 1923, anläßlich einer Art Show, öffnete Carter die versiegelte Tür in der Nordwand des Vorzimmers. Tutanchamun war ein Weltstar geworden, der die Schlagzeilen einer Menge von Zeitungen lieferte, die gezwungen waren, ihre Informationen von der *Times* zu kaufen, die, nach dem Willen von Carnarvon, die Exklusivität der Berichterstattung erhalten hatte. Hinsichtlich eines Scoops war das Grab Tutanchamuns eine Fundgrube; jeden Tag geschah etwas! Man warf Carnarvon und Carter vor, dieses Privileg der großen englischen Tageszeitung zugebilligt zu haben. Die Ägypter fühlten sich beleidigt, und mit Hilfe des Korrespondenten der *New York Times*, die genauso beleidigt war, führten sie Pressekampagnen gegen den Ägyptologen.

Die Zeremonie des 17. Februar wurde von Meisterhand vorbereitet; die ägyptischen und ausländischen Persönlichkeiten waren glücklich, diesem einmaligen Augenblick beizuwohnen. Die gesamte Welt wartete auf das Ergebnis. Und was, wenn hinter der Mauer nur ein leerer Raum war? Wenn Carnarvon und Carter sich auf die spektakulärste Art und Weise der Lächerlichkeit preisgaben?

Unmöglich, würde man antworten, wenn sie, anders, als es die Inszenierung glauben machte, schon die Gesamtheit des Grabes untersucht hatten. Einige Indizien weisen darauf hin, daß Carter, Carnarvon und seine Tochter Eve ein Loch in den unteren Teil der berüchtigten Mauer gebohrt hatten, und, unfähig zu warten, in das Innere des Begräbnisraumes gekrochen waren. Am Ende ihres nächtlichen Besuches hatten sie das Loch wieder verschlossen.

Carter entsiegelte einige Blöcke und ging ein zweites Mal in die »Goldhalle«, in der sich eine Kapelle aus Gold befand, die vielleicht den unberührten Sarkophag von Tutanchamun enthielt.

Die Neuigkeit ging um die Welt. Die Fortsetzung der Erkundung schien Spannung zu versprechen.

Das Verschwinden von Lord Carnarvon

Die Arbeit im Begräbnisraum erwies sich als schwierig; zwischen der goldenen Kapelle und den Mauern gab es wenig Platz. Carter blieb von der Notwendigkeit besessen, nichts zu zerbrechen.

Während er einen Plan vorbereitete, um die Kapelle zu zerlegen, geschah ein Drama. Carnarvon war von einer Mücke gestochen worden. Die Wunde hatte sich wahrscheinlich während des Rasierens infiziert. Eine schwere Krankheit brach aus, als ob der geschwächte Organismus des Aristokraten nicht mehr imstande war zu kämpfen.

Lord Carnarvon spürte den Tod nahen, und mutig und ehrenvoll erklärte er, bereit zu sein. Am 6. April 1923, um 1.55 Uhr, tat er seinen letzten Atemzug. In diesem Augenblick erloschen alle Lichter Kairos, ohne daß dieser Zwischenfall erklärbar gewesen wäre. Sein Hund heulte wegen des Todes und starb wenig später.

Carnarvon, der auf seinem Gut beigesetzt wurde, hatte Ägypten und das Tal der Könige geliebt. Obwohl er sich Carter bei einer Gelegenheit entgegengestellt hatte, als er den Archäologen verdächtigte, unerlaubte Gefühle für seine Tochter Eve zu empfinden, verhielt er sich als achtbarer Mäzen und treuer Freund des Entdeckers des Grabes von Tutanchamun.

35
Fall und Erlösung Howard Carters

Die Einsamkeit eines Ägyptologen

Carter, der eigentlich wenig Veranlagung dazu hatte, die britische Aristokratie zu bewundern, hatte eine ehrliche Zuneigung zu Carnarvon und fühlte sich völlig hilflos nach seinem Verschwinden; Carnarvon sah also nicht den Sarkophag von Tutanchamun, vorausgesetzt, es gab ihn. Carter schwor sich, die Ausgrabungen bis zu Ende zu führen und seine letzten Siege dem Mann zu widmen, der ihm ermöglicht hatte, das märchenhafteste der Geheimnisse des Tales zu erkunden.

Carnarvon war nicht nur ein Freund, sondern auch ein Beschützer, der Carter jede materielle Sorge aus dem Weg räumte, mit dem Antiquitätendienst verhandelte, sich um die Presse kümmerte, um die Besucher und die Öffentlichkeitsarbeit. Von nun an mußte Carter diese Schwierigkeiten allein meistern und zur gleichen Zeit die wissenschaftliche Arbeit fortführen. Er, der weder diplomatisch noch weltmännisch war, machte mehrere Fehltritte, zerstritt sich mit den Journalisten und den administrativen Autoritäten und galt letztendlich als eine Art Kolonialist, der das Grab des Tutanchamun als sein Eigentum betrachtete. So ungeschickt, wie man nur sein kann, ohne Ahnung vom Aufblühen des ägyptischen Nationalismus, wich der Ägyptologe nicht von dem gemeinsam mit Carnarvon beschrittenen Weg ab: die Schätze des Tutanchamun ans Tageslicht zu bringen.

Der Begräbnisraum

Von den vier Räumen, aus denen das Grab besteht, ist dies der einzige, der verziert wurde. Die Themen sind selten, sogar einmalig; der Betrachter nimmt teil an der Begräbnisfeierlichkeit für Tutanchamun, am Transport des Sarges durch die Bruderschaft der Weisen, an der Öffnung des Mundes des Verstorbenen durch seinen Nachfolger, Aja, und am Empfang des Wiederauferstandenen durch die Göttin des Himmels, Nut, die ihm Energie überträgt, die aus ihren Händen strömt. Gleichermaßen anwesend sind Affen, die die Stunden einteilen, und der Skarabäus, Symbol der wiedergeborenen Sonne.

Zwischen der goldenen Kapelle und der Mauer hatte Carter nur fünfundsiebzig Zentimeter zum Handeln; er bemerkte, daß die Kapelle aus Stücken zusammengesetzt war und drei andere Kapellen aus Gold enthielt! Vier Kapellen waren also ineinander gesteckt, wie die Schutzhüllen eines Körpers der Wiederauferstehung, der keinem anderen gehören konnte als dem König.

Die Verzierung der ersten Kapelle aus vergoldetem Holz, mit einer Mischung aus eingelegtem blauem Glas, ist der Wiederbelebung der Seele des Pharaos gewidmet. Noch heute sind die Geheimnisse aller Schriften und Darstellungen nicht gelöst. Im kleinen Raum zwischen der Kapelle und der Mauer waren die Wiederauferstehungshäute von Anubis untergebracht, die während der Einweihungsrituale benutzt wurden, elf Ruder aus Holz, die der Navigation in der anderen Welt dienten, eine Schachtel in Form eines Auferstehungswesens, eine andere in Form eines Turmes, ein Strauß Persea und Weinkrüge. Vor der Tür befanden sich die Statue einer Gans, Symbol des Amon, eingewickelt in Leinenstoff, zwei Lampen aus Alabaster und eine Trompete aus Silber, die Rê, Atum und Ptah gewidmet war. Diese Häufung von Symbolen im Zusammenhang mit dem Licht, der Energie und der Wiedergeburt war notwendig, um aus dem Grab ein Sammelbecken der Schöpfungskräfte zu machen.

Die zweite Kapelle war bedeckt mit einem Tuch, das mit Margeriten aus vergoldeter Bronze verziert war; die Kordeln des Schlosses waren erhalten, und Carter war der erste, der seit dem Jahre 1327 v. Chr. die Klinken aus Ebenholz drückte, mit denen der Hüter der Riten den Begräbnisraum vor der äußeren Welt abgeschlossen hatte. Die Verschlüsse der dritten Kapelle waren ebenfalls unberührt; die vierte enthielt ein Becken aus Sandstein, das mit einer Göttin an jeder Ecke ausgestattet war.

Das Drama vom Februar 1924

Am 12. Februar 1924, nachdem die vier Kapellen demontiert worden waren, entschied Carter, den Deckel des Sarkophags anzuheben. Der zeigte die Spuren eines Bruches, der in der Antike repariert worden war. Es erschien der äußere Sarkophag des Königs, eingewickelt in ein Leinentuch. Das Becken beherbergte in Wirklichkeit drei mumienförmige ineinandergestellte Sarkophage, der erste aus vergoldetem Holz, der zweite bedeckt mit Goldplatten und der dritte aus massivem Gold.

Carter konnte diese Kostbarkeiten nicht zutage fördern, denn ein ernster Zwischenfall stellte ihn gegen das Ministerium für öffentliche Arbeiten und den Antiquitätendienst. Seit langem versuchte Pierre Lacau, der das Ohr der Regierung hatte, Carter in eine Falle laufen zu lassen; am Ende seiner Kraft verlor dieser die Nerven, als der Dienst den Frauen seiner Mitarbeiter den Eintritt in das Grab verweigerte. Der Ägyptologe fand, daß er das Opfer einer ungerechten und skandalösen Maßnahme geworden war; Berufskollegen, wie Gardiner und Breasted, schrieben einen Brief, der scharf die Haltung Lacaus kritisierte. Carter ging noch weiter, indem er ein Blatt, auf dem er Lacau Vergeltung ankündigte, in der Halle des Winter Palace, einem der größten Hotels von Luxor anbrachte, in dem sich Touristen und Honoratioren aufhielten.

Die Affäre verschlimmerte sich, und Carter entschloß sich, das Grab zu verschließen. In den Augen der Regierung überstieg er seine Befugnisse. Pierre Lacau brach die Tür des Grabmales in Begleitung von Polizisten auf und ließ den Deckel des Sarkophags fallen, den Carter hängengelassen hatte.

Carter bekommt Grab-Verbot

Lacau hatte gewonnen.

Der Antiquitätendienst nahm das berühmteste Denkmal Ägyptens in Besitz. Entgegen den Wünschen Carters ließ er Tausende von Touristen in das Grab, vorher hatte der englische Archäologe die Besuche nur mit äußerster Sparsamkeit genehmigt.

Mehrere ägyptische Persönlichkeiten der Politik fuhren zum Grab und machten aus dieser Reise im wiedereroberten Gebiet einen Sieg des modernen Ägypten, fähig, die Ansprüche eines kolonialistischen Engländers abzuweisen.

Der Erfolg Lacaus war vollendet, als es ihm gelang, Carter den Eintritt in das Grab zu verbieten; mit Unterstützung von Lady Carnarvon strengte Howard Carter einen Prozeß gegen die ägyptische Regierung an, aber der endete unter unglaublichen Umständen mit seiner Niederlage. Niedergeschlagen und nervlich am Ende, verließ Carter Ägypten, um in den Vereinigten Staaten eine Vorlesungsreise zu machen, ohne zu wissen, ob er eines Tages das Tal der Könige wiedersehen würde und seine Arbeit beenden könnte.

Die Arbeit wird wieder aufgenommen

Die Vorlesungen Carters waren vielbesucht; in den Augen der amerikanischen Öffentlichkeit wurde er ein Star. Dieser Ruhm erfüllte ihn nicht, und er dachte nur an Tutanchamun, den Gefangenen von Pierre Lacau. Lacau war in einer Sackgasse. Niemand wagte es, Carter zu ersetzen. Der Antiquitätendienst verfügte über das Grabmal, aber nicht über einen kompetenten Ausgrabungsleiter.

Nach England zurückgekehrt, sprach Carter mit Lady Carnarvon. Sie einigten sich in einem komplizierten Punkt: Es war besser, jeden Eigentumsanspruch an die im Grab entdeckten Objekte fallenzulassen. In Ägypten veränderte sich die Lage. Die Regierung Zaghlul wurde gestürzt. Die Politiker, die die Macht an sich genommen hatten, waren viel weniger feindlich gesinnt gegenüber England und Carter. Lacau war isoliert und mußte sich beugen. Er akzeptierte die Rückkehr desjenigen, den er erfolgreich verjagt hatte. Als er ihm die Schlüssel des Grabes gab, drückte er ihm seine Freude aus, ihn wieder vor Ort zu sehen.

Der einundfünfzigjährige Carter bildete erneut seine Mannschaft – mit Ausnahme von Mace, der an Tuberkulose gestorben war –, um die letzte Etappe der Ausgrabung vorzunehmen. Er war wütend darüber, daß die schon in das Museum von Kairo gebrachten Objekte durch inkompetentes Personal behandelt worden waren. Die Zusammensetzung der Wagen war mißlungen. Aber das Kriegsbeil war begraben. Der ägyptische Staat behielt die Gesamtheit des Schatzes und zahlte der Witwe Lord Carnarvons die Ausgaben, die ihr Mann eingesetzt hatte, zurück. Die Arbeit verlief in freundlichem Klima.

Letzte Schätze

Am 28. Oktober 1925 öffnete Carter den dritten Sarkophag, den die Göttinnen Isis und Nephtys mit ihren Flügeln beschützten. Er sah die berühmte Goldmaske und entnahm der Mumie einhundertdreiundvierzig Schmuckstücke und Amulette. Sarkophag und Verzierungen wogen 1110,4 Kilogramm.

Eine kleine Öffnung ermöglichte den Zugang zum letzten Raum des Grabes, den Carter »Anhang« taufte (4 Meter lang und 2,90 Meter breit); eine beträchtliche Anzahl an Objekten erwartete ihn dort. Sie waren so kompliziert ineinandergestellt, daß man, wenn man ein Teil herausziehen wollte, Gefahr lief, alles zusammenstürzen zu lassen. Die Leerung, die während der Saison 1927/1928 begann, wurde erst zwei Jahre später beendet. Der Schatz bestand aus Kisten, Schachteln, Wagen, rituellen Betten, einem Thron aus Ebenholz, Bögen, Pfeilen, Speeren, Schwertern, Schildern, kleinen Modellen von Schiffen, Stäben, Stöcken, Spielen, vergoldeten Wagen, Salben und verschiedenen Nahrungsmitteln, mumifiziertem Fleisch, Weintrauben, Nüssen, Melonen und vielem mehr.

Im Jahre 1931 sandte Carter die Teile der großen Kapelle in das Museum von Kairo, wo sie zusammengesetzt wurden; 1932 war das Grab geleert und die sagenhafteste Ausgrabung der Geschichte der Archäologie beendet. Nach einer enttäuschenden Untersuchung seiner schlecht erhaltenen Mumie ruhte Tutanchamun weiter in seinem Sarkophag.

Undankbarkeit

Howard Carter war ohne Zweifel der Urheber der spektakulärsten archäologischen Entdeckung aller Zeiten. Man hätte erwarten können, daß ihm hohe Ehren zuteil würden und daß er seine Begabungen an einem neuen Platz ausüben würde.

Doch es verlief anders. Carter, gehaßt, beneidet und verachtet, ging in eine Art Untergrund. Er war wenig darum besorgt, die Gunst des *establishment* und der sogenannten »wissenschaftlichen« Welt zu erhalten.

Carter kehrte mehrere Male nach Ägypten zurück, aber er grub dort nie mehr. Er starb in London, einsam, im Jahre 1939.

36
Das Rätsel Tutanchamun

Königsgrab oder Privatgrab?

Man liest des öfteren, daß das Grab von Tutanchamun ein Privatgrab war, das eilig verändert wurde, um ein Königsgrab zu werden. Nichts beweist das. Der belgische Ägyptologe Claude Vandersleyen nimmt an, daß die Treppe und der Gang charakteristisch für ein Königsgrab sind; man kann dem den Dekor des Begräbnisraumes hinzufügen. Obwohl der Bauplan originell ist, gibt es keinen ernsthaften Grund anzunehmen, daß die Gruft nicht von Anfang an für Tutanchamun geplant wurde. Manche sehen in der relativen Unordnung der Objekte die Folge eines Umzugs, zum Beispiel aus dem Grab Nr. 23; da aber diese Unordnung aller Wahrscheinlichkeit nach durch die Ausgrabungsmannschaft hervorgerufen wurde, hält auch dieses Argument nicht stand.

Es handelt sich sehr wohl um ein Königsgrab, mit allen Elementen ausgestattet, die für die Wiederauferstehung des Pharao notwendig sind. Das goldene Zimmer beherbergte sogar den märchenhaftesten Sarkophag, der je entdeckt wurde. Das »typische« Grab der Handbücher existiert nicht, da Ägypten weder systematisch noch doktrinär gewesen ist. Einem außergewöhnlichen Pharao entspricht ein außergewöhnliches Grab.

Wer war Tutanchamun?

Der Prinz Tutanchaton, »lebendes Symbol Atons«, wurde am Königshof von el-Amarna erzogen, an dem Echnaton und Nofretete herrschten; man weiß immer noch nicht genau, wer seine Eltern waren. Als der Hof nach Theben zurückkehrte, wurde der Name des Prinzen in Tutanchamun, »lebendes Symbol Amuns« verändert, und er stieg auf den ägyptischen Thron, den er neun Jahre lang innehatte (1336–1327). Es war also keine kurzfristige Herrschaft. Der bei seiner Krönung jugendliche Tutanchamun wurde für reif genug gehalten, um regieren zu können, und nichts läßt darauf schließen, daß er ein schwächlicher König ohne Persönlichkeit war.

Er heiratete die dritte Tochter Echnatons und Nofretetes, Ankhesenpaaton, »Sie lebt für Aton«, die in Theben ebenfalls ihren Namen änderte, um die zu werden, »die für Amun lebt«; ihren Porträts nach zu urteilen, war sie eine junge Frau von großer Schönheit.

Die Herrschaft Tutanchamuns war also nicht verschieden von der eines »klassischen« Pharaos; er ließ seinen »Tempel der Millionen Jahre« am Westufer, wahrscheinlich in der Nähe von Medinet Habu, erbauen und seine Bleibe für die Ewigkeit im Tal graben. Seine Baumeister und Bildhauer schufen Statuen. Das Land lebte harmonisch und friedlich, als Tutanchamun etwa zwanzigjährig starb.

Seine Gemahlin stellte am Ende des in der Nähe seines Grabes gehaltenen Banketts eine Alabasterschale auf die Schwelle des Begräbnisraumes, um vom ewigen Leben des geliebten Wesens zu künden. Die junge Frau wollte weder den alten Höfling Aja heiraten, der nach Tutanchamun auf den Thron stieg, noch den hohen Würdenträger Haremhab, der Ajas Nachfolger wurde; dem Fragment eines Briefes zufolge bat sie den König der Hethiter, ihr einen seiner Söhne nach Ägypten zu schicken. Haremhab verhinderte diese Verbindung.

Doktor Maurice Bucaille, Spezialist in der Untersuchung von Mumien, hat präzisiert, daß Douglas Derry, Professor für Anatomie an der Universität von Kairo, die Mumie Tutanchamuns regelrecht massakriert hat, indem er sie zerschnitt und zersägte, um die Amulette und wertvollen Objekte zu entnehmen, die in den Bändern hingen, vor allem zwei aus Eisen, eins in der Form einer Haube und das andere ein Dolch mit einem Knauf aus Bergkristall. Selbstverständlich wurde das Martyrium der Leiche des jungen Königs durch die offiziellen Berichte verschleiert, für die anschließend Desroches-Noblecourt bürgte, indem er aus Derry den Restaurator der Mumie machte, die »fast verbrannt war durch die Anhäufung der Salben, die im Augenblick der Zeremonien des Begräbnisses und der Mumifikation über ihn gegossen wurden«. Bucaille bewies, daß die »zerstörerische Rolle der Salben, die für die Mumifizierung benutzt wurden, reine Erfindung ist«, und der amerikanische Ägyptologe Hans Goedicke bedauerte, daß seine Kollegen »in den nächsten Jahren die Phantasien und irrtümlichen Konzeptionen bekämpfen müßten«, die seit 1963 verbreitet würden. Bucaille, der wirklich die Dokumentation untersucht hat, schloß daraus eine »verdammenswerte Zerstückelung der Mumie« und wendet sich mit Entschlossenheit gegen die Verdunkelung der Wahrheit. Er faßte das Schicksal der unglücklichen Mumie folgendermaßen zusammen: »Dreiunddreißig Jahrhunderte der Ruhe, eine Woche der Zerstückelung, ein Vierteljahrhundert betrügerischer Berichte«. Es sind nicht die Ägypter, die den Körper des jungen Königs beschädigt haben, sondern die Ägyptologen.

Ein Schatz für die Ewigkeit

Es wurden einige Schätze in Ägypten entdeckt; jene von Hetepheres, der Mutter von Cheops, in Gizeh; der Prinzessinnen der XII. Dynastie in Illahun und in Dachur; des Architekten Kha und Sennedjem in Deir el-Medina; der Schatz von Juja und Tuja im Tal der Könige; der der Pharaonen der XXI. und der XXII. Dynastie in Tanis. Die Pracht des Schatzes von Tutanchamun stellt sie alle in den Schatten. Er bestand aus Hunderten von Objekten, die heute, siebzig Jahre nach der Entdeckung des Grabes, immer noch nicht alle der Öffentlichkeit zugänglich sind.

Andere Sarkophage, die berühmten Herrschern gehörten, haben überdauert, aber kein einziger war so massiv und spektakulär mit Gold geschmückt. In den Augen der Ägypter war das Gold das Fleisch Gottes. Als alchimistisches Werk bindet es die himmlische Energie und läßt sie strahlen.

Wenn das Grab von Tutanchamun mit so viel Sorgfalt versteckt wurde, hinter dessen System kein Grabräuber kommen konnte, so war das kein Zufall. Für sich genommen ist der Schatz die Synthese der Herrlichkeiten des Tales und eine Art Gipfelpunkt der Symbolik des alten Ägypten. Objekte, Schriften und Darstellungen lehren die Umstände und Etappen der Umwandlung eines toten Körpers in ein Lichtwesen. Dieses Grab ähnelt keinem anderen, weil die Ägypter selbst daraus ein Heiligtum des Wesentlichen gemacht haben. Tutanchamun, »gewandt wie Ptah und weise wie Thoth«, war sicher nicht der kleine König ohne Bedeutung, sondern ein bedeutender Monarch, auserwählt, um Träger der ägyptischen Tradition zu sein.

Es muß ein Adliger, Maja, erwähnt werden, dessen Andenken im Grabe dank der Inschriften auf den Uschebtis gegenwärtig ist. Er hatte hohe Funktionen als oberster Hüter des Schatzes der Totenstadt inne. Er organisierte das Begräbnis des Königs und wachte darüber, daß die Begräbnisausrüstung komplett war; er ist es vielleicht auch gewesen, der die Stelle auswählte, an der der Körper des Königs, Gold geworden, versteckt wurde.

Hat Carter eine Gotteslästerung begangen, indem er die Stille brach? Vielleicht nicht, wenn es uns gelingt, die Sendung Tutanchamuns zu entziffern, um den Preis von Untersuchungen und Forschungen, die lange noch nicht beendet sind. Die goldene Maske des auferstandenen Königs gehört von nun an zu unserer kulturellen Landschaft.

Nach Tutanchamun

Dieses seinem Inhalt nach bedeutendste Grab unter den Königsgräbern war die letzte Entdeckung; Howard Carter war der letzte Ägyptologe, der eine Gruft im Tal entdeckte. Danach gab es nichts mehr; keine Ausgrabungskampagne wurde später unternommen. Diesmal nimmt die Gemeinschaft der Wissenschaftler an, daß am berühmtesten Ort Ägyptens keine weiteren Gräber zu entdecken sind. Nun wird er den Touristen überlassen, die nicht müde werden, dorthin zu kommen.

Von 1930 bis 1966 interessierte sich Alexander Piankoff für die rätselhaften Texte, die auf die Wände der Gräber geschrieben sind, und veröffentlichte zahlreiche Übersetzungen, die immer noch als Grundlage der Forschung dienen; Ägyptologen wie Erik Hornung traten in seine Fußstapfen.

Zwischen 1978 und 1979 hat John Romer eine Ausgrabungskampagne im Grab Ramses' XI. organisiert. Aber hat das Tal wirklich all seine Geheimnisse preisgegeben?

37
Die unauffindbaren Gräber

Die Begründer der XVIII. Dynastie

Ahmose, »Der vom Mond geborene«, war der erste Pharao der XVIII. Dynastie und hatte eine lange Regierungszeit von etwas mehr als einem Vierteljahrhundert (1552–1526). Der Monarch verjagte den Okkupanten Hyksos und legte die Grundlagen für die thebanische Zivilisation.

Es ist allgemein anerkannt, daß er nicht im Tal der Könige begraben wurde; aber das ist nur eine Hypothese, das Grab wurde nicht gefunden, obwohl einige Archäologen meinen, es befände sich in Dra Abu el-Neggah. Dies bleibt ein Rätsel der ägyptischen Archäologie.

Der Fall Amenhoteps I., Nachfolger von Ahmose, ist noch nicht vollständig aufgeklärt. Die Auffassung Carters, der sein Grab im Gebiet von Dra Abu el-Neggah identifiziert zu haben glaubte, hat nicht die allgemeine Zustimmung gefunden. Wenn dieses kleine Grabmal nicht das von Amenhotep ist, wo wurde er dann begraben, und kann man das Tal vollkommen ausschließen?

Das Durcheinander der Thutmosis'

Für Thutmosis III. (Nr. 34) und Thutmosis IV. (Nr. 43) ist die Lage klar; ihre Gruften sind mit Gewißheit identifiziert. Aber der Fall der ersten zwei Könige dieser Linie der »Söhne des Thoth« wirft Probleme auf.

Das Grab Nr. 38 wird Thutmosis I. zuerkannt; selbst wenn es sich nicht um eine ursprünglich für einen König vorgesehene Grabstätte handelt, würde man diese vergebens suchen. Er wurde an dieser Stelle durch Thutmosis III. erneut bestattet, und seine alte Ruhestätte wurde, wenn es sich tatsächlich um das riesige Grab Nr. 20 handelt, für Hatschepsut hergerichtet.

Das Grab Nr. 42, das oft Thutmosis II. zugesprochen wird, bleibt rätselhaft; gewiß, es hat die Form der Gräber von Thutmosis I. und Thutmosis III., und es wäre sinnvoll, eine chronologische Folge anzunehmen. Aber man stößt an eine unbestreitbare Tatsache: In diesem Grab wurde nicht das kleinste Fragment mit dem Namen Thutmosis II. gefunden. Man muß also an das Grabmal eines Prinzen denken, oder an das einer Prinzessin oder Königin, aber nicht an das eines Pharaos.

Wo befindet sich Thutmosis II.?

Am 23. Februar 1929 entdeckte der Amerikaner Winlock, ein großer Freund von Carter, in Deir el-Bahari ein Grab, das die Nummer 358 erhielt; einige nehmen an, daß Thutmosis II. hier einbalsamiert wurde. Aber weshalb sollte Thutmosis II. seine Ruhestätte außerhalb des Tals graben lassen? Gewiß, die Anwesenheit eines Brunnens läßt Zweifel aufkommen, aber ist dieses Indiz zureichend?

Über seine Herrschaft ist wenig bekannt; man ist nicht einmal sicher über die Anzahl der Jahre. Zwei, drei, acht oder zwölf, je nach dem Spezialisten der Chronologie. Man glaubt zu wissen, daß der König in relativ jungen Jahren starb, mit etwa Dreißig, und daß er besorgt war um die Aufrechterhaltung des Friedens in Nubien; das ist so ziemlich alles.

Vielleicht bleibt das Grab Thutmosis' II. in den Tiefen

des Tales verborgen; was seine Mumie betrifft, so wurde sie im Versteck von Deir el-Bahari identifiziert.

Das Rätsel um Ramses VIII.

Ramses VIII., einer der Söhne Ramses' III., regierte Ägypten nach Ansicht der einen drei Jahre lang (1128–1125), ein Jahr lang nach Auffassung der anderen. Von seiner Regierung weiß man fast nichts, außer daß aus dieser Zeit die letzte derzeit bekannte Erwähnung von Pi-Ramses stammt, der großen Stadt des Deltas, die Ramses II. so liebte. Das bedeutet aber nicht, daß sie in dieser Zeit verlassen wurde. Residierte Ramses VIII. im Norden oder in Theben?

Es gibt kein Fragment aus seinem Begräbnismaterial. Seine Mumie befand sich weder im Versteck von Deir el-Bahari noch in dem von Amenhotep II.

Es gibt also keine Spur von seinem Grab, eine vergleichbare Situation mit dem Grab Tutanchamuns.

Jacques Vandier versucht, den Eifer eventueller Ausgräber zu dämpfen, indem er schreibt, daß Ramses VIII. sich mit der Grabstätte zufriedengab, die er sich im Tal der Königinnen einrichten ließ, als er noch der Prinz Seth-her-khepechef war; aber als er Pharao wurde, hat er wohl der Regel folgen müssen, eine neue Bleibe für die Ewigkeit zu bauen, die seiner Rolle entsprach.

Daß das Grab von Thutmosis II. sorgfältig versteckt wurde, würde der Praxis der XVIII. Dynastie entsprechen; der Fall von Ramses VIII. ist demgegenüber viel überraschender. Zu seiner Zeit ließen die Könige vor ihre Gruft eine monumentale Tür bauen, die den Zugang zeigte. Warum sollte der Achte der Ramses' diesen Brauch geändert haben?

Eine Lösung bleibt offen: Das ursprünglich für Ramses VIII. vorgesehene Grab wäre von einem seiner drei Nachfolger eingenommen worden. Es gibt jedoch den Fall eines Doppelgrabes, von Ramses V. und Ramses VI., in dem die zwei Könige klar bezeichnet werden; nichts dergleichen für Ramses VIII.

Thutmosis II. und Ramses VIII.: zwei Rätsel, die der Unfähigkeit entspringen, die archäologischen Fakten korrekt auszuwerten, oder zwei Gräber, die noch im Tal der Könige verborgen sind.

38
Die »Privatgräber«

Eine unangebrachte Terminologie

Die Worte, die wir benutzen, um die ägyptische Wirklichkeit zu beschreiben, sind oft schlecht gewählt; so könnte »Privatgrab« bedeuten, daß sich irgend jemand aus eigener Initiative im Tal der Könige ein Grab bauen lassen könnte, um die Phantasie oder einen Wunsch nach Prunk zu befriedigen.

Der Begriff »privat« hat kaum eine Bedeutung; es war der Pharao, der aus bestimmten Gründen entschied, einem Nahestehenden zu gestatten, seine Ewigkeit an dem Ort zu verbringen, an dem die Monarchen ruhten.

Wurden alle Privatgräber des Tales entdeckt? Nichts ist weniger sicher, wenn man weiß, daß eine bestimmte Anzahl von ihnen wie einfache Löcher erscheinen, die zufällig im Verlaufe der Ausgrabungen entdeckt wurden. An bestimmten Stellen des Tales kann man sicher sein, daß die Nachforschungen mit der größten Sorgfalt durchgeführt wurden und daß es nichts mehr zu entdecken gibt. Bestimmte Gebiete dagegen sind weniger bekannt, und es ist anzunehmen, daß die etwa fünfzig privaten Grabstätten oder einfachen Begräbnisbrunnen keine endgültige Liste bilden. Aber wie viele Tonnen von Steinen und Sand muß man umgraben, um neue Erfolge zu erreichen?

Tiere für die Ewigkeit

Die Gräber Nr. 50, 51 und 53 sind weder die Anfänge wieder verlassener Grabmale noch Verstecke für das Material der Einbalsamierung, sondern Gräber aus der XVIII. Dynastie, die Tiere beherbergen, vor allem Hunde und Affen.

Ist das ein Zeichen der Zuneigung der mächtigen Monarchen zu getreuen Begleitern? Ohne Zweifel, aber in jedem Tier verkörperte sich eine göttliche Macht in voller Reinheit ohne die Deformationen, die der menschlichen Art angehören. Der Affe erinnerte an Thoth, den Gott der Weisheit und Herrn der heiligen Sprache, dessen Kenntnis notwendig war, um die Türen zur anderen Welt zu öffnen. Der Hund war die Verkörperung von Anubis, der damit beauftragt war, die Mumifizierung vorzunehmen, die einen Kadaver in einen Osiris, also einen Körper der Wiederauferstehung umwandelt. Die Tiere waren die Führer und Ratgeber, Sendboten der anderen Welt, deren Anwesenheit in einer Totenstadt notwendig war.

Charakteristiken der »Privatgräber«

Die Privatgräber sind sehr verschieden von den königlichen Grabstätten. Sie haben weder eine Verzierung noch Inschriften; sie sind kleiner, und ihr Bauplan ist einfach. Sie bestehen normalerweise aus einem Begräbnisbrunnen, der zu einer Gruft führt. Einige wurden mehr oder weniger von den Dieben vergessen, wie das von Juja und Tuja und das von Maherpa.

Diesen Persönlichkeiten schenkte der König einen Sarg aus Holz und nicht aus Stein, letzterer war den Pharaonen vorbehalten. Es waren bescheidene Stätten, die trotzdem Objekte von großem Wert enthalten konnten.

Die Pharaonen konnten übrigens in ihrer eigenen Gruft Prinzen und Prinzessinnen beherbergen. So kamen zu Amenhotep II. sein Sohn, zu Thutmosis IV. sein Sohn und seine Tochter.

Dieser Brauch verschwand unter den Ramessiden, bei denen sich die Söhne des Königs gern im Tal der Königinnen bestatten ließen. Die Kinder Ramses' III. jedoch belegen vielleicht die Gräber Nr. 3 und 12, und Mentuhirkhopshef, Sohn von Ramses IX., wurde im Grab Nr. 19 begraben.

Wer wurde im Tal der Könige zugelassen? Männer und Frauen aus der Nähe des regierenden Herrschers, deren Identität nicht immer bekannt ist. Die Privilegierten, deren Name erhalten blieb, hatten sehr unterschiedliche Aufgaben. In, die in Nr. 60 begraben war, war eine Amme des Königshofes (vielleicht von Hatschepsut), Maherpa (Nr. 36) war ein Militär und ohne Zweifel ein besonders geschätzter Waffenbruder eines Pharao, Meryatum (Nr. 5) war ein Hohepriester von Heliopolis, der ältesten der heiligen Städte, Sennufer (Nr. 42) war ein Bürgermeister von Theben wie sein Bruder, der Wesir Amenemope (Nr. 48), Userhat (Nr. 45) war oberer Hüter der Felder des Amontempels, Juja und Tuja (Nr. 46) waren die Eltern der großen Königsgemahlin Teje.

Diese Vielfalt der Personen ist charakteristisch für die ägyptische Gesellschaft, die weder Kasten noch unüberwindbare Schranken kannte. Der Hohepriester von Heliopolis konnte, ohne hierarchisch zu sinken, mit einer Amme oder einem Soldaten verkehren. Die Anwesenheit des Bürgermeisters von Theben, der am Ostufer gelegenen Hauptstadt, ist kaum befremdlich. Aber warum diese und keine anderen? Warum jener Wesir und nicht andere?

So viele Fragen und keine Antworten. Es ist nicht einfach, Gräber sprechen zu lassen, die für die Ewigkeit sind. Es gibt nur ein paar rituelle Titel und einige aus dem oft geplünderten oder beschädigten Begräbnismobiliar gezogenen Hinweise. Die Besitzer dieser Stätten haben keine biographische Notiz hinterlassen, man muß wohl dieses Schweigen akzeptieren, das, den ägyptischen Texten zufolge, das Schweigen der Weisen war.

39
Die Botschaft des Tales

Die göttliche Regel

Die pharaonische Spiritualität war auf das Bewußtsein von Maât, der universellen Regel, und ihre Anwendung in der Welt der Menschen gerichtet. Die Hauptrolle des Pharaos bestand darin, Maât zu verkörpern und es auf Erden leben zu lassen; ohne Regel wäre die Gesellschaft eine Beute der Korruption, der Lüge und des Unglücks. Maât ist im Tal der Könige in Gestalt einer Göttin anwesend; man trifft sie oft am Eingang zu den Grüften. Man muß an ihr vorbei, um ohne Furcht die Wege des Jenseits zu betreten. Die Seele wurde im »Saal der zwei Maât« gerichtet, den man als den doppelten Aspekt der Regel, den göttlichen und den menschlichen, verstehen kann. Eine Existenz wurde als harmonisch angesehen, wenn das Herz des Wesens so leicht wie die Feder eines Straußes war, der die Regel symbolisierte; wenn das Wesen nicht nach der Regel gelebt hatte, wog das Herz zu schwer. Das Wesen war also verdammt zum zweiten Tod, dem »verzehrenden«, der es auffraß.

Das Urteil des Präsidenten des Tribunals, Osiris, war hart; man band die Verdammten an Pfähle, lieferte sie schrecklichen Dämonen aus, die die Köpfe mit ihren Messern abschnitten, man warf sie in Feuerseen.

Dem Verdammten wurde das Licht entzogen, er blieb aufgelöst und der Dunkelheit verhaftet. Aber die Regel zeigte sich sanft vor Liebe gegenüber denen, die sie zu Lebzeiten angewandt hatten; wer sie im Herzen trug, hatte als Reisender des Jenseits nichts zu befürchten.

Die Reise der Sonne

Das Hauptthema der Königsgräber ist die Reise der Sonne in die andere Welt. Beim Hinabsteigen in die Dunkelheit durchläuft sie schreckliche Prüfungen. Von ihrem Überleben hängt das Überleben der Schöpfung ab, die sie jede Nacht erneuert, indem sie sich der Urkräfte bedient. Abends schluckt Nuth, die Göttin des Himmels, die Sonne, die in ihren Körper eintritt, der von Tierkreiszeichen übersät ist, von den Dekaden, von Konstellationen und Planeten, deren Energie sie ernährt. Nuth ist an der Decke einiger Königsgräber dargestellt, wie in dem von Setoy I., Ramses IV. und Ramses VI.; sie ist in Stunden geteilt, die die Türen bewachen. In ihr werden die Gerechten zu Sternen. Morgens bringt Nuth eine neue Sonne zur Welt.

Sterbend in ihrem sterblichen Körper, vereinigt sich die Sonne mit ihrem unsterblichen Körper; wenn sie ihren Weg erhellt, erleuchtet sie die Dunkelheit und macht sichtbar, was verborgen war, d. h. die latenten Kräfte der Schöpfung. Das Leben erwacht aus dem, was leblos war, die Pforten der »weiten und ewigen Stadt« öffnen sich, die Wiederauferstandenen jubilieren, denn nur die Sonne kann die Stimme der Wesen des Jenseits hören, die der eines Stieres, einer Katze, dem Summen einer Biene oder dem Wehen des Windes gleicht. Das Licht bricht die Stille der Dunkelheit. Die Sonnenbarke wird »Barke der Millionen« genannt, da sie die göttlichen Kräfte und auferstandenen Wesen empfängt, die, indem sie an der Reise teilnehmen, mit der Dynamik der Auferstehung verbunden werden.

Pharao, Rê und »das erste Mal«

»Rê (oder Râ)«, schreibt Piankoff, »ist nicht die Sonne, das ist die Energie, die göttliche Kraft, die sich in allen Göttern zeigt.« Sie nimmt vier Hauptformen an: die des Skarabäus Khepri am Morgen, des Falken Horakhty am Mittag, des Alten Atum mit dem Kopf eines Widders am Abend und die des Osiris in der Dunkelheit.

Wenn der Pharao eingeweiht wird in das Universum der göttlichen Mächte, während des Rituals der großen Geheimnisse, wird er Rê. Er wendet sich an ihn und ruft aus, nach der *Litanei des Rê:* »Ich bin du, du bist ich.« Dort, wohin Rê reist, reist der König; wenn Rê geschaffen wird, wird der König geschaffen.

Diese Schöpfung findet nicht ein für allemal statt, in irgendeiner Vergangenheit, sie hat kein Datum und keine Manifestation in der Zeit. Wenn der Zeitpunkt, an dem diese Schöpfung erfolgt, »das erste Mal« heißt, so wiederholt es sich bei jeder neuen Morgendämmerung. Die Welt erneuert sich jeden Tag, Neugeborenes am Morgen, Erwachsener am Mittag, Alter am Abend. Zwischen der ersten Stunde des Tages und der letzten Stunde der Nacht vergeht eine Ewigkeit.

Der Ursprung der Schöpfung ist auf eine bestimmte Art und Weise permanent. Das ägyptische Jenseits stellt sich dar wie eine ständige Umwandlung, eine ewige Reise.

Landschaften des Jenseits

Der Auferstandene durchquert Regionen des Wassers und fruchtbare Felder, Paradiese, die vom Nun, dem Ozean der wichtigen Energie, aus dem alle Lebensformen entstehen, gebadet werden. Im Verhältnis zur Erde ist das Jenseits gigantisch. Der Weizen, der dort sprießt, erreicht eine Höhe von neun Ellen (4,68 Meter), eine Stunde nächtlicher Reise entspricht einer gesamten Existenz, die gerade Linie erlischt zugunsten gebogener Kanäle.

Das Wesentliche besteht darin, die Texte zu kennen, die

es erlauben, nicht mit gesenktem Kopf zu gehen, die Hüter von der Pforte zu entfernen und in die Stätte des Westens einzutreten, in der das Geheimnis der Auferstehung lebt.

In der Sonne verkörpert, muß Pharao die gefährliche Schlange Apophis besiegen, die versucht, ihm den Weg zu versperren. Der Sonnenhimmelskörper geht über in den Körper des gewaltigen Reptils, indem er die Richtung der Zeit und des Raumes vertauscht; er verwandelt in Jugend, was alt war, geht vom Westen zum Osten, um wiederzuerstehen. An den Wänden des Grabes schlagen Geier mit den Flügeln, um den Atem zu unterhalten, der alle Teile des Gebäudes am Leben erhält.

Das Geheimnis von Osiris

So wie Osiris der Herrscher der anderen Welt und der Richter der Toten ist, so ist er auch die Mumie, die als Träger der Wiederauferstehung des Lichtkörpers geschaffen wurde. Jedes gerechte Wesen wird ein Osiris, den Rê mit seinem Licht belebt. Eine wichtige Tatsache ist, daß Rê in Osiris ruht, und Osiris ruht in Rê. Osiris ist gestern, und Rê ist morgen. Der Eingeweihte ruft aus: »Ich bin gestern, ich kenne morgen.« Das Leben führt zum Tode, der Tod führt zum Leben, nach einem Prozeß, der weder Anfang noch Ende hat. Auch der Ort der Ruhestätte ist eines der größten Mysterien, das erst im Inneren des Sarkophags aufgelöst werden wird, in dem sich das Wesen Pharaos mit dem Gold des Himmels verbindet.

In all diesen Ruhestätten bestätigt das Tal die Omnipräsenz des Lichtes, das in jedem Ausdruck des Lebens, vom Stein bis zum Stern, anwesend ist, und das aus der Schöpfung wie eine ewige Auferstehung hervorgegangen ist.

Die »königlichen Begräbnisbücher«

Die Hüter der Riten des Neuen Reiches schufen eine Reihe von spezifischen Zusammenstellungen, die auf die Wände der Königsgräber des Tales graviert oder gemalt wurden: das *Amduat* oder *Buch der verborgenen Kammer*, das *Buch der Türen*, das zum ersten Mal bei Haremhab erscheint und dessen einzige vollständige Version sich bei Ramses VI. findet, das *Buch der Höhlen* (oder genauer gesagt, das *Buch der »Hüllen«*), das *Buch des Tages und der Nacht*, die *Litanei des Rê*, das *Buch der göttlichen Kuh*, das *Buch von Aker* (dem Gott der Erde), das *Ritual der Öffnung des Mundes*. Diese esoterischen Texte waren den Pharaonen vorbehalten und wurden vor dem Ende der XX. Dynastie nicht außerhalb der königlichen Gräber verbreitet.

Diese Zusammenstellungen boten die Kenntnis der Mythen und Gottheiten, öffneten die Wege in die Ewigkeit, erlaubten es, gegen die Feinde zu kämpfen und den Übergang vom Leben zum Tod zu bewältigen.

Der Text in den ersten Gräbern des Tales war das Amduat, dessen vollständige Version bei Thutmosis III. und Amenhotep II. zu finden ist. Man weiß heute, daß dieses »Buch« von den ältesten Vorläufern inspiriert war.

Während die Privatpersonen über das *Buch der Toten* verfügten, war das *Amduat* ein Charakterzug der Königsgräber* und der einzige, auf die Mauern geschriebene Text von Thutmosis I. bis zu Haremhab; danach kommen die anderen Texte hinzu. Die erste vollständige Version, bei Thutmosis III., erscheint als ein ausgerollter Papyrus. Die Formen und Namen der siebenhundertfünfundsiebzig Gottheiten, vor die eine kleine Vase gestellt ist, in der Weihrauch brennt, werden im hohen Saal des Grabes enthüllt; im Sarkophagensaal nehmen sie an diversen Episoden der Um-

---

* Es ist anzumerken, daß es eine Kopie des *Amaduat* im Grabe des Wesirs User gab.

wandlung des Lichtes und der Auferstehung teil. Hier der vollständige Titel des *Amduat*: »Schriften des heiligen Zimmers, Sitz der Seelen, der Götter, der Schatten, der Geister und ihrer Handlungen. Am Anfang das Horn des Okzidents, Pforte der westlichen Welt. Um die Seelen des Duat kennenzulernen, um ihre Handlungen zu kennen, um ihre Handlungen der Verherrlichung des göttlichen Lichtes (Rê) zu kennen, um die geheimen Mächte zu kennen, um den Inhalt der Stunden und ihres Gottes zu kennen. Um zu wissen, was er ihnen sagt, um die Türen zu kennen, die Wege, die der große Gott nimmt, um den Verlauf der Stunden und ihres Gottes zu kennen, um die Glücklichen und die Verdammten zu kennen.«

Unter der Erde und in der Dunkelheit ist die Reise der Sonne in zwölf Etappen geteilt, die den zwölf Stunden der Nacht entsprechen, die je einen Namen, ein Gebiet und einen Wächter besitzen. Nach dem Ausspruch von Champollion fährt die göttliche Barke »im himmlischen Fluß, auf der ursprünglichen Flüssigkeit oder dem Äther«. Vorn steht Sia, die Eingebung, die die Barke in den Tiefen der ursprünglichen Energie und im Körper der Göttin des Himmels führt. Das Grab ist genaugenommen die architektonische Verkörperung dieses Weges der Sonne, der am Sarkophag endet, dem mütterlichen Milieu, in dem sie wiederaufersteht, wie Pharao.

Amduat bedeutet wörtlich »Was sich im Duat befindet«, ein Wort, das man mit »verborgene Kammer« übersetzen kann, mit der Einschränkung, daß es sich nicht um einen Ort im gewöhnlichen Sinne des Wortes handelt, sondern um eine Gesamtheit von Kräften und Energien, die es erlauben, alles zusammenzufassen, was zerstreut war, und die Kontinuität der Schöpfung zu ermöglichen. Das Duat ist also ein Raum der Umwandlungen, in dem sich die ewige Wiedergeburt des Lichtes und seines Vertreters auf Erden, des Pharaos, verwirklicht. In seinem Brief vom 26. Mai 1829 schreibt Jean-François Champollion: »Der generelle Sinn dieser Komposition hängt mit dem verstorbenen König zusammen. Im Verlaufe seines Lebens, vergleichbar dem Lauf der Sonne vom Osten zum Westen, mußte der König der Beleber, der Erleuchter Ägyptens sein und die Quelle aller für seine Einwohner notwendigen physischen und moralischen Güter. Der tote Pharao wurde also normalerweise noch verglichen mit der untergehenden Sonne, die in die untere dunkle Hemisphäre überging, die sie durchlaufen mußte, um aufs neue im Osten aufzugehen und der oberen Welt (in der wir leben) Licht und Leben zu spenden, auf die gleiche Weise mußte der gestorbene König wiederauferstehen, sei es, um seine Seelenwanderung fortzusetzen, sei es, um in der himmlischen Welt zu wohnen und absorbiert zu werden im Inneren von Amon, dem universellen Vater.«

Zusammenfassung

Der Verstorbene wurde am Westufer Thebens durch eine lächelnde Göttin empfangen, »den schönen Okzident«. Das Tal der Könige ist eine überraschende Mischung aus Charme und Strenge. Wenn es von der Sonne erdrückt wird und einem Hitzekessel gleicht, wirkt es ungastlich. Man muß die Hitze lieben, die Wüste und die Steine, um sich in dieses geheimnisumwobene Gebiet zu wagen, in dem die Seelen der Pharaonen wandeln. Es ist gut, sich Schritt für Schritt an den Geist des Tales zu gewöhnen, es ohne Eile kennenzulernen. Es ist ein riesiges Heiligtum, in dem man herumwandelt, eine mineralische Welt, in der sich die Zugänge zum Jenseits öffnen, die Türen der Königsgräber.

Daß diese andere Welt auf Erden gegenwärtig war, schien den Ägyptern unverzichtbar; die Baumeister mußten die besten Plätze auswählen, die als Kontaktpunkte zwischen der Welt der göttlichen Mächte und der der Menschen dienten. Das Tal war auf Grund seiner geographischen Lage und seines physischen Aspektes eine der bezauberndsten Gegenden; trotz der modernen Installationen und Veränderungen des Gebietes durch die Ausgrabungen bewahrt es seinen besonderen Charakter und seine ursprüngliche Kraft.

Bei Sonnenuntergang besänftigt ein goldenes, beruhigendes Licht die steilen Abhänge. Die Stunde des Atum erhebt sich, die der Heiterkeit der Abende Ägyptens, wenn der Tag sich mit der Nacht vermählt in der Hochzeit des Todes und der Auferstehung.

Jedes Königsgrab hat seinen eigenen Geist, seine Farben, seine Aufteilung der Texte und Szenen; jedes ist eine einzigartige Schöpfung, aber mit der traditionellen Symbolik im

Einklang. Bei jedem neuen Besuch, bei jeder neuen Erkundung ist die Verzauberung intensiver, die Verständigung tiefer. Liebhaber des Tales können mehrere Stunden vor einem Flachrelief von Setoy I. oder Ramses VI. verweilen, mit einer Göttin Zwiesprache halten, über einen Skarabäus meditieren, der die Wiedergeburt der Sonne darstellt, oder, wie Carter, den himmlischen Körper der Göttin Nuth bewundern. Diese eigenartigen Figuren von einer geheimen Schönheit erzählen eine Wahrheit ohne Alter, von dieser Ewigkeit, in die das unergründbare Geheimnis der Pharaonen geschrieben ist.

Niemals wird die große Stimme des Tals der Könige verstummen.

Tal der Könige, Winter 1991

Anhang

Der Besuch des Tals der Könige

Die Touristen wohnen normalerweise am Ostufer, in einem der Hotels von Luxor. Sie nehmen eine der häufig übersetzenden Fähren, die sie an die Anlegestelle des Westufers bringt. Ein Wagen oder Taxis erwarten sie dort, um sie in das Tal der Könige zu fahren.

Heutzutage muß man eine Eintrittskarte an der Hütte in der Nähe der Anlegestelle lösen. Diese Karte erlaubt den Besuch von drei Gräbern.

Es ist möglich, einen Besuch zu reservieren, denn je nach Saison, dem Andrang und den Entscheidungen des Antiquitätendienstes kann dieses oder jenes Grab geschlossen oder geöffnet sein.

Das berühmteste von allen, das Grab des Tutanchamun (Nr. 62), von dem nur die Grabkammer teilweise verziert ist, ist zur Zeit auf Grund seines schlechten Konservierungszustandes geschlossen. Selbst wenn das Restaurierungsprogramm gut zu Ende geführt wird, wie für das bezaubernde Grab der Nefertari im Tal der Königinnen, ist nicht sicher, daß es der Öffentlichkeit wieder zugänglich gemacht wird. Eine Reproduktion wird unumgänglich sein.

Die längste Besuchszeit verdient das Grab von Setoy I. (Nr. 17); eröffnet im Juni 1991, wurde es erneut im November desselben Jahres geschlossen.

Vor allem lohnend ist der Besuch der Gräber von Thutmosis III. (Nr. 34), Ramses III. (Nr. 11) und Ramses VI. (Nr. 9); die Gräber von Amenhotep II. (Nr. 35), Haremhab (Nr. 57), Sethnacht und Tausret (Nr. 14), Ramses IX. (Nr. 16), Merenptah (Nr. 8), Setoy II. (Nr. 15) und von Thutmosis IV. (Nr. 43) verdienen ebenfalls Aufmerksamkeit im Rahmen eines längeren Aufenthaltes.

Chronologie des Neuen Reiches

Wir haben die Datierungen von N. Grimal, *Histoire de l'Egypte ancienne*, Paris 1988, aufgenommen. Der Autor schlägt selbst zwei Datierungssysteme vor, und es gibt andere Hypothesen, die von verschiedenen Ägyptologen vorgeschlagen werden.

Neues Reich

1552–1069: 483 Jahre

XVIII. Dynastie 1552–1295 (257 Jahre)
XIX. Dynastie 1295–1188 (107 Jahre)
XX. Dynastie 1188–1069 (119 Jahre)

*Aufstellung der Könige,
Zeiten der Herrschaft
und Numerierung der Gräber
im Tal der Könige*

XVIII. Dynastie

Ahmose	1552–1526	–
Ahmenhotep I.	1526–1506	–
Thutmosis I.	1506–1493	38
Thutmosis II.	1493–1479	42 ?
Hatschepsut	1478–1458	20
Thutmosis III.	1479–1425	34
Amenhotep II.	1425–1401	35
Thutmosis IV.	1401–1390	43
Amenhotep III.	1390–1352	22
Amenhotep IV./ Echnaton	1352–1336	?
Semenchkare	1338–1336	55 (?)
Tutanchamun	1336–1327	62
Aja	1327–1323	23
Haremhab	1323–1295	57

XIX. Dynastie

Ramses I.	1295–1294	16
Setoy I.	1294–1279	17
Ramses II.	1279–1212	7
Merenptah	1212–1202	8

Amenmesse	1202–1199	10
Setoy II.	1202–1196	15
Siptah	1196–1190	47
Tausret	1196–1188	14

XX. Dynastie

Sethnacht	1188–1186	14
Ramses III.	1186–1154	11
Ramses IV.	1154–1148	2
Ramses V.	1148–1144	9
Ramses VI.	1144–1136	9
Ramses VII.	1136–1128	1
Ramses VIII.	1128–1125	?
Ramses IX.	1125–1107	6
Ramses X.	1107–1098	18
Ramses XI.	1098–1069	4

Aufstellung der Gräber nach Ordnungsnummer und Entdeckungsdatum

1. Ramses VII.: seit der Antike (?). Ausgrabung 1905–1906.
2. Ramses IV.: ohne Zweifel seit der Antike. Freigeräumt 1905–1906.
3. Ein für Ramses III. vorgesehenes Projekt, das dann fallengelassen wurde. Ausgegraben um 1820.
4. Ramses XI.: seit der Antike.
5. Meryatum: 1820. Ein eventuell für Ramses II. vorgesehenes Projekt, das fallengelassen wurde. Stellt sich in Gestalt eines Ganges dar.
6. Ramses IX.: seit der Antike. Ausgrabung 1888 und 1905–1906
7. Ramses II.: seit der Antike.
8. Merenptah: seit der Antike.
9. Ramses V. und Ramses VI.: seit der Antike. Freigeräumt 1888.
10. Amenmesse: Dezember 1907.
11. Ramses III.: seit der Antike.
12. ?, keine Inschrift. 1820.
13. Baja: 1909 (?).
14. Tausret und Sethnacht: ohne Zweifel seit der Antike. Freigeräumt im Jahre 1909.
15. Setoy II.: ?
16. Ramses I.: 10./11. Oktober 1817.
17. Setoy I.: 16. Oktober 1817.
18. Ramses X.: ?
19. Mentuhirkhopshef: 9. Oktober 1817.

20. Hatschepsut: 1824.
21. ?, keine Inschrift. 9. Oktober 1817.
22. Amenhotep III.: 1799.
23. Aja: Winter 1816.
24. Begräbnisbrunnen ohne Inschrift, entdeckt von Wilkinson.
25. Begräbnisbrunnen ohne Inschrift: August 1817.
26. Begräbnisbrunnen ohne Inschrift.
27. Gang mit vier Grabstätten, entdeckt von Wilkinson.
28. Gang mit Grab, entdeckt von Wilkinson.
29. Begräbnisbrunnen, ohne Inschrift.
30. Begräbnisbrunnen, mehrere Kammern, ohne Inschrift.
31. Begräbnisbrunnen, ohne Inschrift.
32. Gang, ohne Inschrift.
33. Gang, ohne Inschrift.
34. Thutmosis III.: 12. Februar 1898.
35. Amenhotep II.: 9. März 1898.
36. Maherpa: März 1899.
37. Gang mit einer Kammer, keine Inschrift.
38. Thutmosis I.: März 1899.
39. Grab, ohne Inschrift.
40. Begräbnisbrunnen, ohne Inschrift.
41. Begräbnisbrunnen, ohne Inschrift.
42. Sennufer: Ende November 1900. Thutmosis II. (?).
43. Thutmosis IV.: Januar 1903.
44. Begräbnisbrunnen, ohne Inschrift: 26. Januar 1901.
45. Userhet: 25. Januar 1902. Wiederbenutztes Grab von Merenkhonsu, Hüter der Pforte des Amon-Tempels, XXII. Dynastie.
46. Juja und Tuja: 5. bis 11. Februar 1905.
47. Siptah: November 1905.
48. Amenemope: Januar 1906.
49. Gang ohne Inschrift: Ende 1905.
50. Begräbnisbrunnen, ohne Inschrift.
51. Begräbnisbrunnen, ohne Inschrift.
52. Begräbnisbrunnen, ohne Inschrift.

53. Begräbnisbrunnen, ohne Inschrift.
54. Versteck von Tutanchamun: 21. Dezember 1907.
55. Teje (?), Semenchkare (?), Amenhotep IV. (?): Januar 1907.
56. »Goldenes Grab« für eine Tochter von Setoy II. und von Tausret: 5. Januar 1908.
57. Haremhab: 22. Februar 1908.
58. Brunnen (Anhang von Tutanchamun?): Januar 1909 oder Februar 1907.
59. Grab, ohne Inschrift.
60. In (?), Gang, ohne Inschrift: Frühjahr 1903.
61. Begräbnisbrunnen, ohne Inschrift.
62. Tutanchamun: 5. November 1922.

Man muß dieser Liste zwei Gräber hinzufügen, die nicht numeriert sind. Das erste befindet sich hundert Meter im Südwesten von Nummer 22; es handelt sich um ein Begräbnisdepot von Amenhotep III.; das zweite ist der Anfang eines Grabes in der Nähe von Nummer 34.

Die ungefähre Länge der Königsgräber

(chronologisch geordnet)

Thutmosis I. (Nr. 38)	25 Meter
Thutmosis II. (Nr. 42) (?)	50 Meter
Hatschepsut (Nr. 20)	200 Meter
Thutmosis III. (Nr. 34)	55 Meter
Amenhotep II. (Nr. 35)	60 Meter
Thutmosis IV. (Nr. 43)	90 Meter
Amenhotep III. (Nr. 22)	100 Meter
Tutanchamun (Nr. 62)	40 Meter
Aja (Nr. 23)	55 Meter
Haremhab (Nr. 57)	114 Meter
Ramses I. (Nr. 16)	29 Meter
Setoy I. (Nr. 17)	100 Meter
Ramses II. (Nr. 7)	100 Meter
Merenptah (Nr. 8)	115 Meter
Setoy II. (Nr. 15)	72 Meter
Amenmesse (Nr. 10)	75 Meter
Siptah (Nr. 47)	90 Meter
Tausret und Sethnacht (Nr. 14)	110 Meter
Ramses III. (Nr. 11)	125 Meter
Ramses IV. (Nr. 2)	66 Meter
Ramses V. und Ramses VI. (Nr. 9)	104 Meter
Ramses VII. (Nr. 1)	40 Meter
Ramses IX. (Nr. 6)	86 Meter
Ramses X. (Nr. 18)	40 Meter
Ramses XI. (Nr. 4)	93 Meter

Entwicklung der Ausmaße der Türen und Gänge der Königsgräber

(Nach E. Hornung, *The Valley of the Kings,* in Metern)

	Länge des Ganges	Höhe des Ganges	Türen
Thutmosis I.	2,30	1,70	1,27/1,45
Hatschepsut	1,80/2,30	2,05	
Thutmosis III.	2,05/2,16	1,96	1,01/1,88
Amenhotep II.	1,55/1,64	1,99/2,30	1,30/1,42
Thutmosis IV.	1,98/1,99	2,10/2,20	1,72/1,83
Amenhotep III.	2,15/2,56	2,54/2,83	2,01/2,08
Tutanchamun	1,86	2,05	1,49/1,50
Aja	2,60/2,64	2,47	2,12
Haremhab	2,59/2,64	2,59/2,64	2,04/2,11
Ramses I.	2,61/2,62	2,58	2,05/2,10
Setoy I.	2,61	2,61	2,07/2,10
Ramses II.	2,62	2,62	1,99/2,10
Merenptah	2,60	3,10/3,27	wie d. Gang
Amenmesse	2,70/2,71	3,15	2,16/2,19
Setoy II.	2,82	3,25/3,29	2,17/2,28
Siptah	2,61/2,62	3,24/3,34	2,03/2,09
Ramses III.	2,64/2,69	3,32/3,36	2,10/2,18
Ramses IV.	3,12/3,17	3,94/4,18	2,55/2,76
Ramses VI.	3,15/3,19	3,60/4,05	2,61/2,80
Ramses VII.	3,13	4,10	2,75
Ramses IX.	3,24/3,25	4,09	2,77/2,78
Ramses X.	3,17	4,01	2,72
Ramses XI.	3,18/3,30	4,10	2,80/2,86

Plan der Königsgräber

(chronologisch geordnet)

Man kann diese Pläne in einer Anzahl von Werken finden (Porter-Moss, Romer, Reeves usw.). Wir geben hier jene wieder, die von E. Hornung, *The Valley of the Kings*, S. 211–216 dargelegt wurden.

Thutmosis I.
Nr. 38

Thutmosis II. (?)
Nr. 42

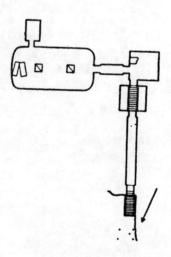

Hatschepsut
Nr. 20

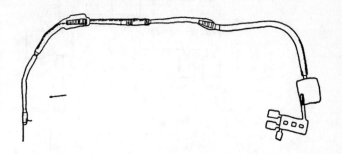

Thutmosis III.
Nr. 34

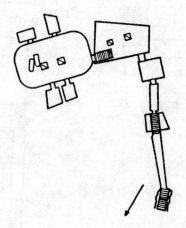

Amenhotep II.
Nr. 35

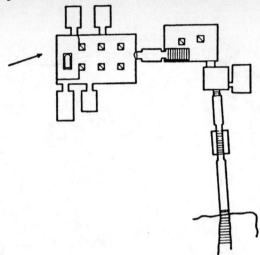

Thutmosis IV.
Nr. 43

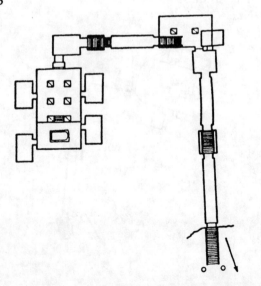

Amenhotep III.
Nr. 22

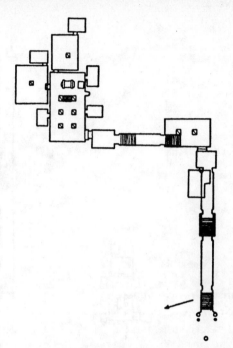

Tutanchamun
Nr. 62

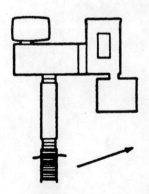

Aja
Nr. 23

Haremhab
Nr. 57

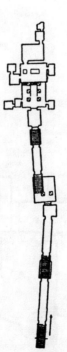

Ramses I.
Nr. 16

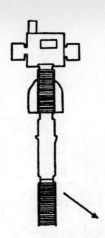

Setoy I.
Nr. 17

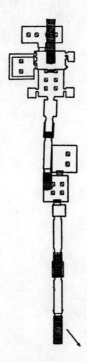

Ramses II.
Nr. 7

Merenptah
Nr. 8

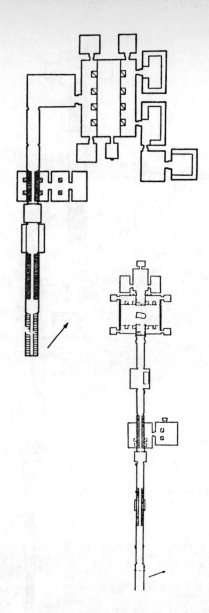

Setoy II.
Nr. 15

Amenmesse
Nr. 10

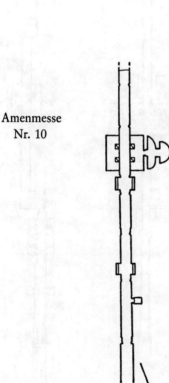

| Siptah | Tausret und Sethnacht | Ramses III. |
| Nr. 47 | Nr. 14 | Nr. 11 |

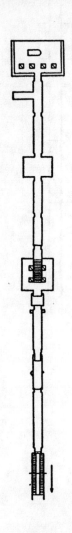
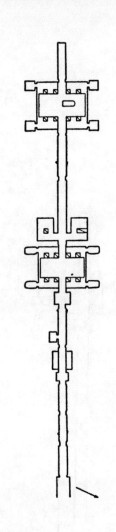
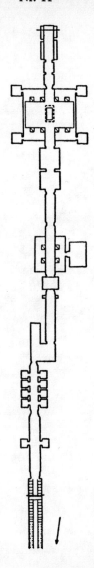

Ramses IV.	Ramses VI.	Ramses VII.	Ramses IX.	Ramses X.	Ramses XI.
Nr. 2	Nr. 9	Nr. 1	Nr. 6	Nr. 18	Nr. 4

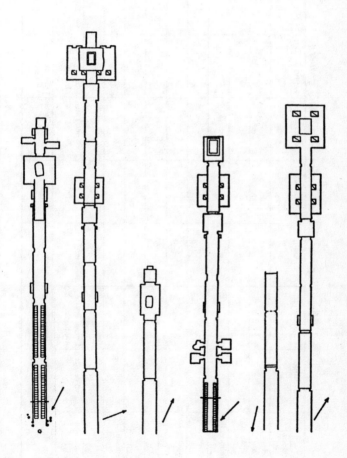

Verteilung und Art der Texte in den Königsgräbern

Grab	1. Gang	2. Gang	3. Gang	Brunnen	Säulenhalle	4. und 5. Gang	Vorraum	Grabkammer
Thurmosis I (Nr. 38)								Fragmente des Amduat
Hatschepsut (Nr. 20)								Fragmente des Amduat
Thurmosis III. (Nr. 34)								Amduat; Litanei des Rê (auf den Säulen)
Amenhotep II. (Nr. 35)								Amduat
Thurmosis IV. (Nr. 43)								
Amenhotep III. (Nr. 22)								Amduat
Tutanchamun (Nr. 62)								Amduat, Öffnung des Mundes
Aja (Nr. 23)								Amduat
Haremhab (Nr. 57)								Buch der Türen
Ramses I. (Nr. 16)								Buch der Türen
Setoy I. (Nr. 17)	Litanei des Rê	Litanei des Rê Amduat	Amduat		Buch der Türen	Öffnung des Mundes		Buch der Türen, Amduat, astronomische Decke
Ramses II. (Nr. 7)	Litanei des Rê	Litanei des Rê Amduat	Amduat		Buch der Türen	Öffnung des Mundes		Buch der Türen, Amduat, astronomische Decke

Tomb								
Merenptah (Nr. 8)	Litanei des Rê	Litanei des Rê, Amduat	Amduat				Buch der Toten	Buch der Türen, astronomische Decke
Setoy II. (Nr. 15)	Litanei des Rê	Litanei des Rê Amduat	Amduat		Buch der Türen			Buch der Türen
Amenmesse (Nr. 10)	Litanei des Rê	Litanei des Rê	?		Buch der Türen			Buch der Türen
Siptah (Nr. 47)	Litanei des Rê	Litanei des Rê Amduat	Amduat					
Tausret/Sethnacht (Nr. 14)		Buch der Toten	Buch der Toten		Buch der Toten	Öffnung des Mundes		Buch der Türen, astronomische Decke
Ramses III. (Nr. 11)	Litanei des Rê	Litanei des Rê Amduat	Amduat		Buch der Türen	Öffnung des Mundes	Buch der Toten	Buch der Türen / Buch des Aker
Ramses IV. (Nr. 2)	Litanei des Rê	Litanei des Rê	Buch der Gruften				Buch der Toten	Buch der Türen / Bücher des Himmels
Ramses VI. (Nr. 9)	Buch der Türen / Buch der Gruften / astronomische Decke	Buch der Türen Buch der Gruften astronomische Decke	Buch der Türen Buch der Gruften astronomische Decke	Buch der Türen Buch der Gruften astronomische Decke	Buch der Türen Buch der Gruften astronomische Decke	Amduat Bücher des Himmels	Buch der Toten	Buch der Erde / Bücher des Himmels
Ramses VII. (Nr. 1)	Buch der Türen / Buch der Gruften							Buch der Erde
Ramses IX. (Nr. 6)	Litanei des Rê / Buch der Gruften / Buch der Toten	Litanei des Rê Buch der Gruften Buch der Toten	Amduat					Buch der Gruften / Buch der Erde / Amduat / Bücher des Himmels

(aus: E. Hornung, *Das Tal der Könige*, S. 209-210)

Bibliographie

Fünf Standardwerke wurden über das Tal der Könige veröffentlicht. In chronologischer Reihenfolge handelt es sich um:

THOMAS, E., *The Royal Necropolis of Thebes*, Princetown, 1966.
CERNY, J., *The Valley of the Kings*, Kairo, 1973.
ROMER, J., *Valley of the Kings*, London, 1981*.
HORNUNG, E., *The Valley of the Kings. Horizon of Eternity*, New York, 1990.
REEVES, C. N., *The Valley of the Kings. The Decline of a Royal Necropolis*, London, 1990.

Wir haben daraus das Wichtigste für unsere Dokumentation entnommen, vervollständigt durch die Bücher und Artikel, die in den Standardwerken zitiert werden; wir haben eine Bibliographie für jedes Königsgrab hinzugefügt.

Benutzte Abkürzungen :
KV = King's Valley = Tal der Könige.
BSEG: *Bulletin de la Société d'Egyptologie de Génève.*
GM: *Göttinger Miszellen*, Göttingen.
JARCE: *Journal of the American Research Center in Egypt*, New York.
JEA: *Journal of Egyptian Archeology*, London.
MDAIK: *Mitteilungen des Deutschen Archäologischen Instituts, Abteilung Kairo*, Mainz.
SAK: *Studien zur Altägyptischen Kultur*, Hamburg.

---

*Eine französische Übersetzung wurde 1991 veröffentlicht; sie enthält leider nicht die Illustrationen der Originalausführung.

Die Bibliographie für die Königsgräber
(Nach Ordnungszahlen geordnet)

KV 1, Ramses VII.

PIANKOFF, A., »La Tombe Nr. 1 (Ramses VII)«, *Annales du Service des Antiquités de l'Egypte* 55, 1958, 145–146.
HORNUNG, E., »Zum Grab Ramses VII.«, SAK 11, 1984, 419–424.
REEVES, C. N., *Valley of the Kings*, 119.
HORNUNG, E., *Zwei Ramessidische Königsgräber: Ramses IV. und Ramses VII.*, Mainz 1990.

KV 2, Ramses IV.

REEVES, a. a. O., 115–117.
HORNUNG, a. a. O.

KV 4, Ramses XI.

REEVES, a. a. O., 121–123,
John Romer wird ein Werk über dieses Grab veröffentlichen.

KV 6, Ramses IX.

GUIMANT, F., *Le Tombeau de Ramses IX*, Kairo, 1907.
REEVES, a. a. O., 119–120.

KV 7, Ramses II.

MAYSTRE, C., »Le Tombeau de Ramses II«, *Bulletin de l'Institut français d'archéologie orientale* 38, 1938, 183–190.
REEVES, a. a. O., 94–95.

KV 9, Ramses VI.

PIANKOFF, A. und RAMBOVA, *The Tomb of Ramesses VI*, New York, 1954
ABITZ, F., *Baugeschichte und Dekoration des Grabes Ramses' VI.*, Freiburg/Göttingen, 1989.
REEVES, a. a. O., 117–119.

KV 11, Ramses III.

REEVES, a. a. O., 115.
Marek Marciniak wird ein Werk über dieses Grab veröffentlichen.

KV 14, Tausret

ALTENMÜLLER, H., »Das Grab der Königin Tausret im Tal der Könige von Theben«, SAK 10, 1983, 1–244; »Das Grab der Königin Tausret (KV 14)«, GM 84, 1985, 7–17: *Dossiers de l'Archéologie*, 149–150, 1990.
REEVES, a. a. O., 115.

KV 16, Ramses I.

PIANKOFF, A., »La Tombe de Ramses Ier«, *Bulletin de l'Institut français d'archéologie orientale* 56, 1957, 189–200.
REEVES, a. a. O., 91–92.

KV 17, Setoy I.

LEFEBURE, E., *Les Hypogées royaux de Thèbes*, Première partie, Paris, 1886.
REEVES, a. a. O., 92–94,
HORNUNG, E., *The Tomb of Pharaoh Seti I,* 1991.

KV 20, Hatschepsut

DAVIS, T. M., u. a., *The Tomb of Hâtshopsîtû*, London, 1906.
REEVES, a. a. O., 24–25.

KV 22, Amenhotep III.

PIANKOFF, A., und E. HORNUNG, »Das Grab Amenophis' III. im Westtal der Könige«, MDAIK 17, 1961, 117–127.
REEVES, a. a. O., 38–40.

KV 23, Aja

PIANKOFF, A., »Les peintures dans la tombe du roi Aja«, MDAIK 16, 1958, 247–251.
REEVES, a. a. O., 70–72.

KV 34, Thutmosis III.

BUCHER, P., *Les Textes des Tombes de Thutmosis III et d'Aménophis II*, Kairo, 1932.
ROMER, J., »The Tomb of Thutmosis III.«, MDAIK 31, 1975, 315–351.
REEVES, a. a. O., 19–24.

KV 25, Amenhotep II.

BUCHER, P., a. a. O.

KV 43, Thutmosis IV.

CARTER, H., P. E. NEWBERRY und G. MASPERO, *The Tomb of Thoutmôsis IV.*, London, 1904 (und Catalogue Général du Musée du Caire, Band 15).
REEVES, a. a. O., 34–38.

KV 47, Siptah

DAVIS, T. M., u. a., *The Tomb of Siptah*, London, 1908.
REEVES, a. a. O., 105–108.

KV 55

DAVIS, T. M., u. a., *The Tomb of Queen Tiyi*, London, 1910.
GARDINER, A. H., »The So-Called Tomb of Queen Tiye«, JEA 43, 1957, 10–25.
PEREPELKIN, G., *The Secret of the Gold Coffin*, Moskau, 1978.

REEVES, C. N., »A Reappraisal of Tomb 55 in the Valley of the Kings«, JEA 67, 1981, 48–55, und a. a. O. 42–45.

KV 57, Haremhab

DAVIS, T. M., u. a., *The Tomb of Harmhabi and Touatânkhamanou*, London, 1912.
HORNUNG, E., *Das Grab des Haremhab im Tal der Könige*, Bern 1971.
REEVES, a. a. O., 75–79.

KV 62, Tutanchamun

REEVES, a. a. O., 61–69.
CARTER, H., MACE, A. C., *The Tomb of Tut.Ankh.Amen*, 3 Bände, London, 1923–1933.
REEVES, N., *The Complete Tutankhamun*, London, 1990.

Grundlagenliteratur

ABITZ, F.
Baugeschichte und Dekoration des Grabes Ramses' VI., Freiburg/Göttingen, 1989.
König und Gott. Die Götterszenen in den ägyptischen Königsgräbern von Thutmosis IV. bis Ramses III., Wiesbaden, 1984.
Die religiöse Bedeutung der sogenannten Grabräuberschächte in den ägyptischen Königsgräbern der 18. bis 20. Dynastie, Wiesbaden, 1974.
Statuetten in Schreinen als Grabbeigaben in den ägyptischen Königsgräbern der 18. und 19. Dynastie, Wiesbaden, 1979.

»Zur Bedeutung der beiden Nebenräume hinter der Sarkophagenhalle der Königin Tausret«, SAK 9, 1981, 18.

ALDRED, C.
»More Light on the Ramesside Tomb Robberies«, in: *Glimpses of Ancient Egypt*, 1979, 92–99.
»Valley Tomb Nr. 56 of Thebes«, JEA 469, 1963.

ALTENMÜLLER, H.
»Bemerkungen zu den Königsgräbern des Neuen Reiches«, SAK 10, 1983, 25–61.
»Das Grab der Königin Tausret im Tal der Könige von Theben«, SAK 10, 1983, 1–24.
»Das Grab der Königin Tausret (KV 14)«, GM 84, 1985, 7–17.
»Rolle und Bedeutung des Grabes der Königin Tausret im Königsgräbertal von Theben«, BSEG 8, 1983, 3–11.
»Tausret und Sethnacht«, JEA 68, 1982, 107–115.
»La tombe de la reine Taosert«, *les Dossiers de l'archéologie*, 149–150, 1990, 64–67.

ASSMANN, J.
Re und Amun. Die Krise des polytheistischen Weltbilds im Ägypten der 18. – 20. Dynastie, Freiburg, 1983.

BALOUT, L., ROUBERT, B.
La Momie de Ramses II. Contribution scientifique à l'égyptologie, Paris, 1985.

BARGET, P.
»L'Am-Douat et les funérailles royales«, Revue d'égyptologie 24, 1972, 7–11.
»Le livre des portes et la transmission du pouvoir royal«, Revue d'égyptologie 27, 1975, 30–36.
»Remarques sur quelques scènes de la salle du sarcophage de Ramses VI«, Revue d'égyptologie 30, 1978, 51–56.

BARTA, W.
»Die Anbringung der Sonnenlitanei in den Königsgräbern der Ramessidenzeit«, GM 71, 1984, 7–10.
Die Bedeutung der Jenseitsbücher für den verstorbenen König, München, 1985.

BEINLICH, H., SALEH, M.
Corpus der hieroglyphischen Inschriften aus dem Grab des Tutanchamun, Oxford, 1989.

BIERBRIER, M.
Les Bâtisseurs de Pharaon, Monaco, 1986.

BRODBECK, A., STAEHELIN, E.
Das Buch von den Pforten des Jenseits, Genf, 1979–1980.

CARTER, H., GARDINER, A.,
»The Tomb of Ramesses IV and the Turin Plan of a Royal Tomb«, JEA IV, 1917, 130–158.

CARTER, H., MACE, A. C.
The Tomb of Tut.Ankh.Amen, 3 Bände, London, 1923–1933.

CARTER H., NEWBERRY, P. E., MASPERO, G.
The Tomb of Thoutmosis IV, London, 1904.

CERNY, J.
A Community of Workmen at Thebes in the Ramesside Period, Kairo, 1973.
The Valley of the Kings, Kairo, 1973.

DARESSY, G.
Fouilles de la Vallée des rois, Hauptkatalog des Kairoer Museums, Kairo, 1902.

DAVIS, T. (und viele Mitautoren)
The Tombs of Harmhabi and Toutânkhamanou, London, 1912.
The Tomb of Hatshopsîtû, London, 1906.
The Tomb of Siptah, London, 1908.
The Tomb of Thoutmosis IV, London, 1906.
The Tomb of Queen Tiyi, London, 1910.

DODSON, A.
»The Tomb of King Amenmesse: Some Observations«, *Discussions in Egyptology* 2, 1985, 7–11.
»The Tombs of the Kings of the Eighteenth Dynasty at Thebes«, ZÄS 115, 110–123.

DOSSIERES DE L'ARCHEOLOGIE, 149–150 (Mai–Juni 1990), Vallée des reines, Vallée des rois, Vallée des nobles.

GABOLDE, L.
»La chronologie du règne de Thoutmosis III, ses conséquences sur la datation des momies royales et leurs répercussions sur l'histoire du développement de la Vallée des rois«, SAK 14, 1987, 61–81.

GARDINER, A.
»The So-Called Tomb of Queen Tiye«, JEA 43, 1957, 10–25.

GRAPOW, H.
»Studien zu den thebanischen Königsgräbern«, ZÄS 72, 1936, 12–39.

GUILMANT, F.
Le Tombeau de Ramsès IX, Kairo, 1907.

HARRIS, J. E., WENTE, E. F.
An X-Ray Atlas of the Royal Mummies, Chicago, 1980.

HAYES, W. C.
The Royal Sarcophagi of the XVIII Dynasty, Princetown, 1935.

HEYDEN, VAN DER, A.
Valley of the Kings. Tal der Könige, Vallée des Rois, Kairo/Lausanne, 1982.

HORNUNG, E.
Ägyptische Unterweltsbücher, Zürich/München, 1984.
Das Amduat. Die Schrift des verborgenen Raumes, Wiesbaden, 1963.
»Auf den Spuren der Sonne: Gang durch ein ägyptisches Königsgrab (Sethi I.)«, *Eranos Jahrbuch* 50, 1981, 431–475.
Das Buch der Anbetung des Re im Westen (Sonnenlitanei), Genf, 1975–77.
Das Buch von den Pforten des Jenseits, Genf, 1980–84.
»Eine änigmatische Wand im Grabe Ramses' IX., in Form und Maß«, *Festschrift Fecht*, Wiesbaden, 1987, 226–237.
Das Grab des Haremhab im Tal der Könige, Bern, 1971.
»Das Grab Thutmosis' II.«, *Revue d'égyptologie* 27, 1975, 125–131.

»Struktur und Entwicklung der Gräber im Tal der Könige«, *ZÄS 105*, 1978, 59–66.

The Valley of the Kings. Horizon of Eternity, New York, 1990.

Zwei Ramessidische Königsgräber; Ramses IV. und Ramses VII., Mainz, 1990.

JONG, DE, W. J.

»Het Graf von Koning Ramses I.« *De Ibis 9*, Amsterdam, 1984, 34–76.

KRAUSS, R.

»Zum archäologischen Befund im thebanischen Königsgrab Nr. 62«, *Mitteilungen der Deutschen Orient-Gesellschaft zu Berlin 118*, 1986, 165–181.

LEFEBURE, E.

Les Hypogées royaux de Thèbes, 2 Bände, Paris, 1886–1889.

MASPERO, G.

Etudes de mythologie et d'archéologie égyptienne, Band II, Paris, 1983, 1–181.

La trouvaille de Deir el-Bahari, Kairo, 1881.

Les Momies royales de Deir el-Bahari, Kairo, 1889.

MAYSTRE, C.

»Le tombeau de Ramsès II«, *Bulletin de l'Institut français d'Archéologie orientale*, Kairo, 1939, 183–190.

PEET, T. E.

The Great Tomb Robberies of the Twentieth Egyptian Dynasty, Oxford, 1930.

PEREPELKIN, G.

The Secret of the Gold Coffin, Moskau, 1978.

PIANKOFF, A.

Les Chapelles de Toutankhamon, 2 Bände, Kairo, 1951–1952.

La Création du disque solaire, Kairo, 1953.

»Les différents ›livres‹ dans les tombes royales du Nouvel Empire«, *Annales du Service des Antiquités de l'Egypte* XL, 1940, 283–9.

The Litany of Rê, New York, 1964.

Le Livre du jour et de la nuit, Kairo, 1942.

Le Livre des portes, 3 Bände, Kairo, 1939–1962.

Le Livre des quererts, Kairo, 1946.

»Les peintures dans la tombe du roi Ai«, MDAIK 16, 1958, 247–251.

The Shrines of Tut-Ankh-Amon, New York, 1955.

»La tombe de Ramsès Ier«, *Bulletin de l'Institut français d'Archéologie orientale*, 56, 1957, 189–200.

The Tomb of Ramesses VI, 2 Bände, New York, 1954.

»La tombe n 1 (Ramsès VII)«, *Annales du Service des Antiquités de l'Egypte* 55, 1958, 145–156.

»Les tombeaux de la Vallée des rois avant et après l'hérésie amarnienne«, Bulletin de la société française d'égyptologie 28–29, 7–14.

PIANKOFF, A., HORNUNG, E.

»Das Grab Amenophis' III. im Westtal der Könige«, MDAIK 17, 1961, 111–127.

PORTER, B., MOSS, R. L. B., BURNEY, E., MALEK, J.

Topological Bibliography of Ancient Egyptian Hieroglyphic Texts, Reliefs and Painting, Band 1, Teil 2: *The Theban Necropolis: Royal Tombs and Smaller Cemeteries*, 1973.

QUIBELL, J.

Tomb of Yuaa and Thuiu, Hauptkatalog des Kairoer Museums, Kairo, 1908.

REEVES, C. N.

The Complete Tutankhamun, London, 1990.

»The Discovery and Clearance of KV 58«, GM 53, 1982, 33–45.

»A Reappraisal of Tomb 55 in the Valley of the Kings«, JEA 67, 1981, 48–55.

»The Tomb of Thutmosis IV: Two Questionable Attributions«, GM 44, 1981, 49–56.

The Valley of the Kings, The Decline of a Royal Necropolis, London, 1990.

ROBINS, G.
»Anomalous Proportions in the Tomb of Haremhab (KV 57)«, GM 65, 1983, 91–96.

»The Canon of Proportions in the Tomb of Ramesses I (KV 16)«, GM 68, 1983, 85–90.

ROMER, J.
»Royal Tombs of the Early Eigtheenth Dynasty«, MDAIK 32, 1976.

»The Tomb of Thutmosis III«, MDAIK 31, 1975, 315–351,

»Thutmosis I and the Bîban el-Molûk: Some Problems of Attribution«, JEA 60, 1974, 119–13.

Valley of the Kings, London, 1981.

SCHADEN, O. J.
»Clearence of the Tomb of King Ay (WV 23)«, JARCE 21, 1984, 39–65.

»Preliminary Report on the Re-clearence of Tomb 25 in the Western Valley of the Kings«, *Annales des Service des Antiquités de l'Egypte 63*, 1979, 161–8.

SOUROUZIAN, H.
Les Monuments du Roi Merenptah, Mainz, 1989.

THOMAS, E.
The Royal Necropolis of Thebes, Princetown, 1966.

»The ›Well‹ in King's Tombs of Bîban el-Molûk«, JEA 64, 1978, 80–83.

TUTANKHAMUN'S TOMB SERIES, Sammlung Griffith Institut, Oxford, o. J.

VANDERSLEYEN, C.
»Pour qui a été creusée la tombe de Toutankhamon?«, *Studia Naster II*, Leuven, 1982, 263–267.